中国石油生产安全风险防控丛书

工程技术服务企业生产安全风险防控指南

中国石油天然气集团有限公司质量安全环保部 编著

石油工业出版社

内 容 提 要

本书是石油石化行业工程技术服务企业基层岗位员工识别生产安全风险和落实控制措施的工作指南。内容包括风险管理的总体概述、风险防控流程与方法、物探作业活动风险防控、钻井作业活动风险防控、测井作业活动风险防控、大修作业活动风险防控及企业风险防控机制建设的持续改进。

本书可供石油石化行业工程技术服务企业基层岗位员工阅读。

图书在版编目（CIP）数据

工程技术服务企业生产安全风险防控指南 / 中国石油天然气集团有限公司质量安全环保部编著 .—北京：石油工业出版社，2019.10

（中国石油生产安全风险防控丛书）

ISBN 978–7–5183–3615–9

Ⅰ．①工⋯ Ⅱ．①中⋯ Ⅲ．①石油工业 – 工程技术 – 服务业 – 安全生产 – 安全管理 – 中国 – 指南 Ⅳ．① F426.22–62

中国版本图书馆 CIP 数据核字（2019）第 210682 号

出版发行：石油工业出版社

（北京安定门外安华里 2 区 1 号　100011）

网　　址：www.petropub.com

编辑部：（010）64523550　　图书营销中心：（010）64523633

经　　销：全国新华书店

印　　刷：北京中石油彩色印刷有限责任公司

2019 年 10 月第 1 版　2019 年 10 月第 1 次印刷
787×1092 毫米　开本：1/16　印张：17
字数：400 千字

定价：70.00 元
（如出现印装质量问题，我社图书营销中心负责调换）
版权所有，翻印必究

《中国石油生产安全风险防控丛书》
编委会

主　　任：张凤山

副 主 任：吴苏江　邹　敏

成　　员：黄　飞　赵金法　周爱国　张　军　杨联国　赵邦六
　　　　　吕文军　张　宏　仲文旭　吴世勤　陈曙东　喻著成
　　　　　李崇杰　雍瑞生　胡启月　郭喜林　邱少林　刘景凯
　　　　　郭立杰　杨光胜　齐俊良　孙德坤　王福国　乐　彬
　　　　　乔永富　张建明

《工程技术服务企业生产安全风险防控指南》
编写组

主　　编：吴苏江　邹　敏

副 主 编：郭喜林　齐俊良　杜　民

编写人员：吴东平　黄国平　李文胜　熊长善　胡月亭　李献勇
　　　　　常宇清　谢国忠　马盼群　王进军　徐开杰　李传华
　　　　　李识宇　张朝阳　周　贺　冯相军　王继宏　宋江涛
　　　　　刘玉虎　宝　钧　彭斯刚　谷新江　刘建威　马红玉
　　　　　靳　鹏　黄力维　王成良

前 言

石油石化行业生产经营过程中,在工艺、设备、工作环境等诸多方面存在火灾爆炸、井喷、失控、中毒窒息、物体打击、触电、高处坠落等各类安全风险。近些年,国内外石油石化行业生产安全事故多发、后果严重、损失巨大、社会反响强烈,也充分证明了这一点。一些典型生产安全事故,例如,青岛黄岛经济开发区东黄输油管线泄漏爆燃事故,造成重大人员伤亡和财产损失,给企业带来了严重的负面影响。这些重特大生产安全事故引发了人们的深入思考,也从政府层面出台了更加严格的安全法规和标准,要求企业必须进一步夯实管理基础,提升风险管控能力,真正树立安全发展的理念,真正弘扬生命至上、安全第一的思想,坚决遏制重特大安全事故。

想要有效防范事故发生,需要研究科学的、适用的、符合企业实际的风险防控模式和方法,健全完善风险防控机制,以"关口前移、注重预防"为原则,强化事故预防与控制。建设企业生产安全风险防控模式和机制,确保生产运行全过程受控,也是建立安全生产长效机制的重要举措。

石油石化行业生产安全风险防控是 HSE 管理体系建设的核心内容。本书提出的生产安全风险防控模式和机制,是从生产作业活动和生产管理活动两条主线涉及的主要内容、程序方法进行研究,以提高企业员工风险管控能力为着重点,符合企业实际。它是一种更全面、更有效的管理模式和运行机制,强调分层分级管控,注重直线责任落实,关注过程管理。这对石油石化行业生产安全风险受控,有效预防和控制生产安全事故,保护人员和财产安全,减少损失,实现企业安全和可持续发展具有较好的推广应用价值。

本书从物探作业、钻井作业、测井作业和大修作业的生产作业活动入手,从基层班组和具体岗位抓起,按照"作业活动分解—危害因素辨识—风险分析与评估—风险控制"的工作流程,积极探索实践,总结形成"任务拆分法",即在划分管理单元、梳理操作项目和设备设施的基础上,通过拆解操作步骤、拆分设备设施部件来辨识作业活动的危害因素,评估风险等级,制订落实控制措施。对于生产作业活动风险突出一个"控"字,把风险控制措施贯穿到生产作业活动的各个环节,落实到岗位职责、操作规程、检查表、应急处置卡和培训矩阵"五位一体"中。

  本书由中国石油天然气集团有限公司质量安全环保部组织,由安全环保技术研究院、东方地球物理公司、渤海钻探公司、长城钻探公司和测井公司等单位共同承担编写任务,在物探作业、钻井作业、测井作业和大修作业的生产安全风险防控试点和模板编制研究成果的基础上编写完成,用于指导工程技术服务企业开展生产安全风险防控工作。本书在编写过程中吸纳了基层单位管理人员和岗位员工参与,力求做到言简意赅、通俗易懂,使之成为石油石化行业工程技术服务企业相关人员开展生产安全风险防控工作的参考书。由于编者水平有限,难免存在一些错误之处,敬请广大读者提出宝贵意见和建议。

2019 年 7 月

目 录

第一章　概述 ··· 1
 第一节　风险相关内涵与概念 ··· 1
 第二节　国外风险管理现状 ··· 2
 第三节　我国风险管理现状 ··· 4
 第四节　生产安全风险防控机制建设 ······································ 8

第二章　风险防控流程与方法 ·· 11
 第一节　生产管理活动风险防控流程 ····································· 11
 第二节　生产作业活动风险防控流程 ····································· 17
 第三节　生产安全风险防控方法 ··· 20

第三章　物探作业活动风险防控 ·· 24
 第一节　概述 ·· 24
 第二节　风险防控工作准备 ··· 26
 第三节　物探作业活动分解 ··· 32
 第四节　危害因素辨识 ··· 38
 第五节　风险分析与评估 ··· 43
 第六节　风险控制 ··· 56

第四章　钻井作业活动风险防控 ·· 91
 第一节　概述 ·· 91
 第二节　风险防控工作准备 ··· 92
 第三节　钻井作业活动分解 ··· 97
 第四节　危害因素辨识 ·· 107

第五节　风险分析与评估·· 120

　　第六节　风险控制·· 128

第五章　测井作业活动风险防控·· 147

　　第一节　概述·· 147

　　第二节　风险防控工作准备·· 148

　　第三节　测井作业活动分解·· 157

　　第四节　危害因素辨识·· 166

　　第五节　风险分析与评估·· 172

　　第六节　风险控制·· 186

第六章　大修作业活动风险防控·· 208

　　第一节　概述·· 208

　　第二节　风险防控工作准备·· 209

　　第三节　大修作业活动分解·· 216

　　第四节　危害因素辨识·· 224

　　第五节　风险分析与评估·· 230

　　第六节　风险控制·· 234

第七章　风险防控机制建设的持续改进·· 256

　　第一节　风险防控与其他相关工作的关系·· 256

　　第二节　风险防控工作存在的困难与问题·· 258

　　第三节　风险防控机制建设和持续改进·· 259

附录　生产安全风险防控有关文件目录·· 263

第一章 概 述

第一节 风险相关内涵与概念

一、风险的含义

1. "风险"一词的由来

从远古时代起,以打鱼捕捞为生的渔民们,每次出海前都要祈祷,祈求神灵保佑自己能够平安归来。渔民们祈祷的主要内容就是让神灵保佑自己在出海时能够风平浪静、满载而归。在长期的捕捞实践中,渔民们深深地体会到"风"给他们带来的是无法预测、无法确定的危险,他们也认识到,在出海打鱼的生活中,"风"即意味着"险",这就是"风险"一词的由来。

2. 风险的认识

我国古人在长期的生产生活实践中,对风险有着广泛和深入的思考,形成的认识可以在许许多多的史料和典籍中看到。例如《诗经·豳风·鸱鸮》"迨天之未阴雨,彻彼桑土,绸缪牖户",就是应对风险的一种典型做法,也是"未雨绸缪"成语的由来,还有诸如《左传·襄公十一年》"居安思危,思则有备,有备无患"、《礼记·中庸》"凡事预则立,不预则废"、宋朝左圭《百川学海》"趋吉避凶,积谷防饥"、《孟子·尽心》"君子不立于危墙之下"、《史记·司马相如列传》"坐不垂堂"、《战国策·楚策》"亡羊补牢"等,充分体现了古人防控风险的智慧。

在西方国家,对风险也有着长期的思考,如国外有一种说法:"面包落地的时候,永远是抹奶油的一面着地"。20世纪中叶提出一个重要的定律,即墨菲定律,它说的是如果可以有两种或两种以上的方式去做某件事情,而其中一种选择方式将导致灾难,则必定有人会做出这种选择,也可以解释为:如果事情有变坏的可能,不管这种可能性有多小,它总会发生。

墨菲定律阐述了一种偶然中的必然性,给我们的启示之一是不能忽视小概率危险事件,启示之二是危险意识时刻不能放松。

二、风险的概念

在《风险管理 术语》(GB/T 23694—2013)中,"风险"是这样定义的:不确定性对目标的影响。与《风险管理 术语》(GB/T 23694—2009)中定义"某一事件发生的概率和其后果的组合"有了不同的表现形式。

在《职业健康安全管理体系 要求》(GB/T 28001—2011)中,"风险"是这样定义的:

发生危险事件或有害暴露的可能性，与随之引发的人身伤害或健康损害的严重性的组合。

在《健康、安全与环境管理体系　第1部分：规范》（Q/SY 1002.1—2013）中，"风险"是这样定义的：某一特定危害事件发生的可能性，与随之引发的人身伤害或健康损害、损坏或其他损失的严重性的组合。

综上所述，风险是某种可预见的危害事件发生的概率及其后果的严重程度这两项指标的总体反映，是对危害事件的一种综合性描述。

危害事件有两个主要特性，即可能性和严重性。可能性是指危险情况发生的概率；严重性是指危害事件一旦发生后，将造成的人员伤害、环境破坏和经济损失的大小和程度。

在安全领域，风险管理主要集中在伤害的预防和减缓上，即如何在一个肯定有风险的工作环境里把风险减至最低或可接受的管理过程。

第二节　国外风险管理现状

一、国外风险管理的现状

国外历来重视风险管理，形成多种枝繁叶茂的理论体系，政府管理部门结合生产事故教训和预防控制的需求制定了相关法律法规作为安全监管的手段，生产企业按照合规守法的要求执行，并以形成的最佳实践推动风险防控工作持续开展。

石油石化行业生产经营涉及高温高压、易燃易爆、有毒有害等高风险，一旦发生事故，往往造成人员重大伤亡、经济损失巨大，甚至引发次生环境污染事件，后果严重，社会反响强烈，事故教训极其惨痛。例如，1979年6月3日，墨西哥石油公司墨西哥湾的伊斯托克1号钻井平台井喷事故，历时296天，其流失原油45.36×10^4t；1988年7月6日，英国北海油田的帕珀尔·阿尔法平台爆炸事故造成平台沉没，167人死亡；2010年4月20日，英国石油公司（BP公司）位于墨西哥湾的深水地平线钻井平台爆炸事故造成11人失踪和巨大的环境污染，被判赔偿和罚金共计208亿美元。

因此，石油生产安全问题引起全世界的广泛关注，这督促企业必须采取有效的安全措施，防患于未然，避免事故的发生，将生产安全逐步从事故管理向风险管理转变。

分析2010年墨西哥湾的钻井平台爆炸事故，让人们意识到，像BP公司这样的国际石油大公司，尽管海上钻井采用了世界领先的技术及装备，代表着当今世界石油科技领域的最高成就，但涉及海上高风险作业时，仍然发生如此严重的灾难事故，这给予人们深刻的启示，仅靠性能先进的设备，还不足以建立可靠的安全保障。建立健全风险防控机制，才是控制事故、减少损失的关键。

二、国外风险管理理论

国外基于对风险和风险防控的探索与实践，形成多种风险管理理论，并不断发展。根据研究对象和目标的不同，发展形成了系统分析理论、事故致因理论、安全评价理论、系统可靠性理论等理论体系,尤其以事故致因理论传播更广。

从事故致因理论,又发展出事故冰山理论(美国萨提亚提出)、事故频发倾向理论(1919年英国格林伍德提出)、事故因果连锁理论或称多米诺骨牌理论(1931年,美国海因里希提出)、能量意外释放理论(1970年美国哈顿提出)及轨迹交叉理论等理论分支。

危害因素辨识、风险评估与风险控制是以危害因素及可能导致的风险为研究对象,理论基础是对事故因果性的认识,以及对危害因素及可能导致的风险和危害事件链过程的确认。建立了事件链的概念,就有了事故系统的超前和动态认识,因此确认了人、机、环境、管理等事故系统要素,从而通过工程技术硬手段与教育、管理软手段的综合措施,提出防范和预先评估的概念和思路。

三、国外相关法规标准要求

1. 法规

在国外,由于意大利塞维索化学品泄漏事故、英国邦斯菲尔德油库爆炸、美国得克萨斯州帕萨迪纳市高密度聚乙烯装置着火爆炸等事故,引起人们对生产过程存在的安全风险的极大关注,对预防和控制重大工业事故立法的要求,催生了一些著名生产安全法规性文件的出台,比较典型的法规包括:《关于危险物质重大事故危害控制的2012-18-EU指令》(欧盟Seveso Ⅲ指令)、《重大事故危害控制法规》(英国COMAH)、《职业安全与健康法》(美国OSHA)等,对指导现代工业企业生产过程风险管理具有重要意义。

2. 标准

国外也发布了与法规配套的安全风险相关的标准,比较典型的标准有《风险管理 原则与指南》(ISO 31000)、《风险管理 术语》(ISO Gudie 73)等。由于英国北海油田的帕玻尔·阿尔法平台爆炸事故的巨大影响,催生出石油行业《健康安全环境管理体系》《石油天然气工业 陆上开采装置 危险识别、风险评估方法和技术指南》(ISO 17776:2000)等,对规范石油工业生产过程的风险管理起到积极作用。

四、国外石油企业风险管理

国际石油大公司重视安全管理体系的建设,更注重风险管理在安全管理中的作用,建立起基于风险管理思想的过程安全管理模式,构成企业安全管理体系的核心内容。在外部法规和企业探索实践基础上,逐步形成了具有各自企业特色的安全文化。以下简要介绍荷兰皇家壳牌集团(简称壳牌公司)、杜邦公司和埃克森美孚公司等国际大石油公司风险管理的做法。

1. 壳牌公司

壳牌公司是最早提出并推行健康安全环境(HSE)管理体系的公司之一,危害和影响管理程序(Hazard and Effects Management Process,简称HEMP)是壳牌公司HSE管理体系的重要组成部分。壳牌公司把HEMP作为公司生产经营活动对人员、财产、环境和声誉的危害和风险进行管理的关键过程,是整个管理体系的核心,按领导层的承诺所制定的方针和战略是通过 HEMP 的持续循环过程来实现的。风险管理是实施 HEMP 的过程,主要包括识别、评价、控制和恢复。

2. 杜邦公司

在风险管理上,杜邦公司实行全员参与,涉及工艺、设备等所有专业,并且由直线领导推动,采用工艺危害分析(PHA)、工作安全分析(JSA)、工作循环检查(JCC)等风险管理工具。针对新装置、现有装置、封存工艺装置、拆除工艺装置进行工艺危害分析(PHA),包括危害辨识、后果分析、危害评估、人为因素评估、装置定点评估、本质安全工艺评估等内容,工艺危害分析采用"假如"/检查单("What if"/Checklist)、危害和可操作性分析(HAZOP)、失效模式和影响分析(FMEA)等具体方法。

3. 埃克森美孚公司

埃克森美孚公司在生产过程中主要采用操作完整性管理系统(Operations Integrity Management System,简称 OIMS),操作完整性管理系统是对环境、安全、健康进行管理的基本框架,是埃克森美孚公司内部全球安全健康环境保障业务共同的工作框架,在安全管理领域主要用于识别危害和进行风险管理。这个工作框架把应用、执行和改进联成一个整体,其中的每一个员工(包括管理者和操作者)都有具体的安全责任。埃克森美孚公司认为,如果能够管好操作运行,就能管好安全。OIMS 的各要素都有明确的要求,公司的各类业务都要根据 OIMS 的要求制定标准的指导守则和各个环节详细的操作规范。表 1-1 为国外石油企业 HSE 风险防控情况。

表 1-1 国外石油企业 HSE 风险防控情况

国外公司	体系	技术/工具	发展趋势
壳牌公司	HSE 管理体系	危害和影响管理程序(HEMP)	安全文化
杜邦公司	安全管理体系	工艺安全管理(PSM)	安全文化
埃克森美孚公司	安全管理体系	操作完整性管理系统(OIMS)	安全文化

第三节 我国风险管理现状

一、国内风险管理现状

党中央、国务院高度重视安全生产工作,中央领导同志多次对此做出重要批示和指示。2016 年 1 月 6 日,习近平总书记在中共中央政治局常委会会议上提出:"必须坚决遏制重特大事故频发势头,对易发重特大事故的行业领域采取风险分级管控、隐患排查治理双重预防性工作机制"。这是在国家层面上首次提出安全风险管控的理念,实现了从单一隐患治理向安全风险分级管控和隐患排查治理双重预防性工作并重的转变。近年来,发生的2013年青岛"11·22"输油管道泄漏爆炸事故造成62人死亡、2014年昆山"8·2"中荣爆炸事故造成146人死亡、2015年天津港"8·12"危险品仓库火灾爆炸事故造成165人死亡、2016年江西丰城"11·24"发电厂冷却塔坍塌造成74人死亡等重特大事故暴露出当时安全生产领域"认不清、想不到"的问题突出。针对这些情况,习近平总书记多次指出,对易发生重特大事故的行业领域,要将安全风险逐一建档入账,把新情况和想不到的问题都想到。国家相继出台多项安全管理法规制度,以此为分水岭,将遏制重特大事故发生作为重要抓手,将安全风险防控纳入政府安全监管工作中,更加重视企业生产安全风险防控基础工作的开展。

二、我国风险管理法规标准

我国政府和行业主管部门在风险管理标准建设上,主要吸收和采纳国际标准和国外先进标准,结合国内生产实际情况,组织制定出台了多项法规标准,对企业风险分级防控工作提出明确要求。

1. 相关法规制度

梳理风险管理相关法规制度主要包括:《中共中央、国务院关于推进安全生产领域改革发展的意见》(中发〔2016〕32号)、《国务院办公厅关于印发安全生产"十三五"规划的通知》(国办发〔2017〕3号)、《国务院安委会办公室关于印发标本兼治遏制重特大事故工作指南的通知》(安委办〔2016〕3号)、《国务院安委会办公室关于实施遏制重特大事故工作指南构建双重预防机制的意见》(安委办〔2016〕11号)、《国务院安委会办公室关于实施遏制重特大事故工作指南全面加强安全生产源头管控和安全准入工作的指导意见》(安委办〔2017〕7号)等。

2. 相关标准规范

梳理风险管理相关国家和行业标准规范主要包括:《企业职工伤亡事故分类》(GB 6441—1986)、《生产过程危险和有害因素分类与代码》(GB/T 13861—2009)、《职业健康安全管理体系 要求》(GB/T 28001—2011)、《风险管理 术语》(GB/T 23694—2013)、《风险管理 原则与实施指南》(GB/T 24353—2009)、《风险管理 风险评估技术》(GB/T 27921—2011)、《危险化学品重大危险源辨识》(GB 18218—2018)、《化工企业工艺安全管理实施导则》(AQ/T 3034—2010)、《化工企业定量风险评价导则》(AQ/T 3046—2013)等。

三、国内安全管理体系建设情况

尽管国内企业安全管理体系建设方式方法不尽相同,但目前推行的职业健康安全管理体系、安全生产标准化、HSE管理体系,都是以风险管理为核心的安全管理体系。

1. 职业健康安全管理体系

职业健康安全管理体系(Occupation Health Safety Management System,简称"OHSMS")是20世纪80年代后期在国际上兴起的现代安全生产管理模式。职业健康安全管理体系产生的主要原因是企业自身发展的需要和劳工保障发展的要求。随着企业规模扩大和生产集约化程度的提高,对企业的经营模式和安全管理提出了更高的要求。企业必须采用现代化的管理模式,使包括安全生产管理在内的所有生产经营活动科学化、规范化和法制化。我国以国家标准的形式发布了《职业健康安全管理体系 要求》(GB/T 28001—2011),作为国内企业开展职业健康安全管理体系建设的基本标准规范。

2. 安全生产标准化

安全生产标准化是《中华人民共和国安全生产法》要求企业推进建设的安全生产管理体系,是指通过建立安全生产责任制,制定安全管理制度和操作规程,排查治理隐患和监控重大危险源,建立预防机制,规范生产行为,使各生产环节符合有关安全生产法律法规和标准规范的要求,人(人员)、机(机械)、料(材料)、法(工法)、环(环境)、测(测量)处于良好的生产状态,并持续改进,不断加强企业安全生产规范化建设。

安全生产标准化建设是以《企业安全生产标准化基本规范》(GB/T 33000—2016)为基础标准,各行业有自己的具体实施标准。例如,非煤矿山标准包括《石油行业安全生产标准化 第1部分:导则》(AQ 2037—2012)及地球物理勘探、钻井、测录井、井下作业、陆上采油、陆上采气、海上油气生产、管道储运、工程建设施工等专业实施规范。

3. HSE 管理体系

HSE 管理体系是指健康(Health)、安全(Safety)和环境(Environment)三位一体的管理体系。国内 HSE 管理体系建设是以石油行业标准《石油天然气工业 健康、安全与环境管理体系》(SY/T 6276)为基本标准,各企业结合生产特点和风险性质,制定符合自身企业发展要求的企业标准,例如,中国石油天然气集团有限公司制定发布健康、安全与环境管理体系标准系列,《健康、安全与环境管理体系 第1部分:规范》(Q/SY 08002.1)、《健康、安全与环境管理体系 第2部分:实施指南》(Q/SY 1002.2)、《健康、安全与环境管理体系 第3部分:审核指南》(Q/SY 1002.3)等。

四、国内石油企业风险管理情况

1. 国家有关风险防控的要求

2015 年天津港"8·12"危险品仓库爆炸事故发生以后,国务院安委会办公室对标本兼治遏制重特大事故做出重要部署,明确了标本兼治、综合治理,把安全风险管控挺在隐患前面,把隐患排查治理挺在事故前面,扎实构建事故应急救援最后一道防线。坚持关口前移,超前辨识预判岗位、企业、区域安全风险,通过实施制度、技术、工程、管理等措施,有效防控各类安全风险。到 2018 年,构建形成点、线、面有机结合、无缝对接的安全风险分级管控和隐患排查治理双重预防性工作体系。

原国家安全生产监督管理总局(以下简称国家安全监管总局)按照行业特点,2016 年 5 月 27 日发布了《国家安全监管总局关于印发非煤矿山领域遏制重特大事故工作方案的通知》(安监总管一〔2016〕60号),2016年6月3日发布了《国家安全监管总局关于印发遏制危险化学品和烟花爆竹重特大事故工作意见的通知》(安监总管三〔2016〕62号)。

各地方安全监管部门也相继制定安全风险管控的实施指南。例如山东省安全生产监督管理局发布《关于印发非煤矿山等行业(领域)风险分级管控与隐患排查治理体系建设实施指南的通知》,为进一步推进风险分级管控与隐患排查治理体系建设,指导企业做好风险分级管控和隐患排查治理工作,建立企业安全风险管控档案,形成"一企一册",并及时报备。

2. 国内石油企业生产安全风险防控工作的开展

石油行业是一个高风险的行业。石油企业生产具有生产链长、生产规模庞大、设备设施复杂等特点,在勘探开发、炼制加工、储运销售等石油天然气生产经营过程中涉及高温高压、易燃易爆、有毒有害等危害因素,潜在的安全风险巨大,一旦发生安全事故,往往会造成群死群伤,后果极其严重,社会影响巨大。

当前,国内石油企业正处于发展的重要机遇期,随着生产经营范围的不断拓展、产业链的不断延伸,特别是新技术、新工艺、新设备、新材料的不断应用,安全生产面临的风险也在不断加大。同时,国际化进程的加快,国际竞争中更加严峻的外部环境,风险不仅仅只是生产安全风险,还有更多需要关注的社会安全风险和自然灾害风险。

国内石油企业积极开展基于风险管理的HSE管理体系建设,对生产安全风险,从生产工艺、作业活动、设备设施及所处的生产经营环境,研究、探索生产安全风险防控机制,对可能造成生产安全事故的危害因素和潜在风险进行有效的管理。

表1-2为国内石油企业HSE风险防控情况。

表1-2 国内石油企业HSE风险防控情况

国内公司	体系	技术/工具
中国石油	HSE管理体系	风险管理工具、应急预案
中国石化	HSE管理体系	风险管理工具、应急预案
中国海油	基于OSHA的HSE管理体系	重大危险源及隐患排查风险管控系统

3. 中国石油生产安全风险防控工作的实践

中国石油天然气集团有限公司(简称中国石油)从1997年开始引入基于风险管理的HSE管理体系,以危害因素辨识、风险评价和风险控制为基础,强化生产过程薄弱环节管理,从顶层设计开始考虑,进行总体部署,结合以往发生的事故,梳理明确了中国石油在油气勘探开发井喷失控、炼油化工泄漏和爆炸、油气集输环境污染、油气储运防火、天然气下游爆炸、交通运输较大以上事故、海上施工和自然灾害是突发事件等八个领域中存在重大风险。2014年11月发布了《生产安全风险防控管理办法》,2015年11月发布了《生产安全风险防控导则》,完善了风险防控的相关制度和标准。

中国石油在持续防控"八大"安全风险的基础上,对生产安全风险进行了再识别、再认识,又明确了生产过程关键环节管理上存在"六个方面"新的较大风险,包括节假日管理力量薄弱的风险,季节转换期人员不适应的风险,改革调整期人员思想波动的风险,承包商管不住的风险,检维修监管不到位、许可管理不到位的风险,新工艺、新技术、新产品、新材料应用带来的风险等。针对"8+6"的生产安全风险,中国石油相继出台了《关于加强生产安全六项较大风险管控的通知》(安委办〔2018〕12号)、《关于强化关键风险领域"四条红线"管控严肃追究有关责任事故的通知》(中油质安〔2017〕475号)和《较大及以上安全环保事故隐患问责管理办法(试行)》(安委〔2018〕3号),通过生产安全措施落实、生产过程安全隐患问责、触犯"四条红线"责任追究,进一步加大风险管控力度。

第四节　生产安全风险防控机制建设

一、定义与含义

生产安全风险防控定义:是指在危害因素辨识和风险评估的基础上,预先采取措施削减或者控制生产安全风险的过程。

生产安全风险防控机制含义:是指企业按照组织管理架构,梳理各个层级的生产安全风险防控流程,确定企业、二级单位、车间(站队)、基层岗位等各个层级的生产安全风险防控重点,落实各级生产安全风险防控责任,建立健全生产安全风险防控模式。

二、功能与定位

1. 必要性

首先是行政要求,党中央、国务院高度重视安全风险分级管控和事故隐患排查治理双重预防机制建设工作,国家法规制度明确要求开展这项工作;二是机制可行,风险管控理念在国际上已经普遍被接受,国内外风险管控和隐患治理有很多成功经验,安全风险管控到位就不会形成事故隐患,隐患一经发现及时治理就不会酿成事故,通过双重预防机制建设,能够把每一类风险都控制在可接受的范围内,把每一个隐患都治理在形成之初,就能够把每一起事故都消灭在萌芽状态;三是压力挑战,石油企业生产规模不断扩大,人员变动频繁,新技术、新工艺、新设备、新材料等应用中可能存在的风险给安全管理工作带来挑战;四是发展需要,事故频发企业往往依靠传统经验管理或管理不系统,存在认不清、没有风险意识或风险意识不强,存在想不到或想不全、没有风险管控措施或措施有效性不强导致管不好等问题,需要有很好的解决问题的对策与措施。因此有必要在企业现有组织管理构架下,在逐步完善风险防控管理制度的同时,建立健全有效的风险防控机制。

2. 功能与作用

生产安全风险防控工作作为深化HSE体系建设和加强安全管理工作的核心,也是HSE管理体系建设、安全环保履职能力评估、基层站队HSE标准化建设、HSE管理体系量化审核、安全技术与管理诊断评估、安全生产标准化达标建设等各项工作的核心。其目的就是有效防控风险,切实起到遏制重大事故、降低较大事故、杜绝一般事故发生的作用,是风险防控机制建设的重要抓手。

3. 工作定位

生产安全风险防控是 HSE 管理体系中风险管理的深化、细化,是 HSE 管理体系有效运行的重要抓手,本身就是 HSE 管理体系的一个组成部分。要把风险防控工作与基层 HSE 标准化站队建设、基层单位岗位培训矩阵的编制和应用、全员安全环保履职能力评估、风险警示和告知等工作相结合,将风险防控要求落实到日常工作中,做到关口前移、预防为主。

三、工作原则

以风险管控为主线,把全面评估风险和严格管控风险作为安全生产的第一道防线,切实解决"认不清、想不到"的突出问题。坚持系统性管理,从人、机、环、管四个方面,覆盖企业生产经营全流程和生命周期。坚持全员参与,将风险管控各项工作责任分解落实到企业的各层级领导、各业务部门和每个具体工作岗位,确保责任明确。坚持持续改进,持续进行风险分级管控与更新完善,不断深入、深化,不断提升水平。

生产安全风险防控工作遵循以下原则:

(1)分层管理、分级防控。将生产安全风险防控的责任划分到各个管理层级,每一层级对照专业领域、业务流程,评估并确定生产安全风险防控重点,落实防控责任。

(2)直线责任、属地管理。将生产安全风险防控的职责落实到规划计划、人事培训、生产组织、工艺技术、设备设施、安全环保、物资采购、工程建设等职能部门和属地管理岗位,实现"管工作必须管风险"。

(3)过程控制、逐级落实。从设计、施工、投产、运行等生产经营的全过程和各环节进行生产安全风险防控,逐级落实生产安全风险防控措施。

四、工作思路

生产安全风险防控工作是 HSE 管理体系的基本内容,工作的开展也应按照 PDCA 的体系管理思路来开展,即以危害因素辨识和风险管控为基础,从源头上系统辨识危害因素、分级管控风险,努力把各类风险控制在可接受范围内。

生产安全风险防控工作的模式应该包括组织体系、制度体系和运行机制等三个方面的内容。

组织体系应该是以企业现有组织架构为基础,一般按照企业、二级单位、车间(站队)和基层岗位,对于扁平化管理企业,可以按企业实际情况来考虑。

制度体系是指导生产安全风险防控工作的管理要求和技术规范,需要在和企业层面上,建立健全风险防控专项管理规章制度、标准规范和技术指南。

运行是按照组织管理架构和生产安全风险防控流程,以风险防控管理规章制度、标准规范和技术指南为指导,按照确定的各管理层级的生产安全风险防控重点,落实各级生产安全风险防控责任,持续推进生产安全风险防控工作的开展。

生产安全风险防控工作具体按照生产作业活动风险防控和生产管理活动风险防控两条主线开展。风险防控运行机制示意图如图1-1所示。

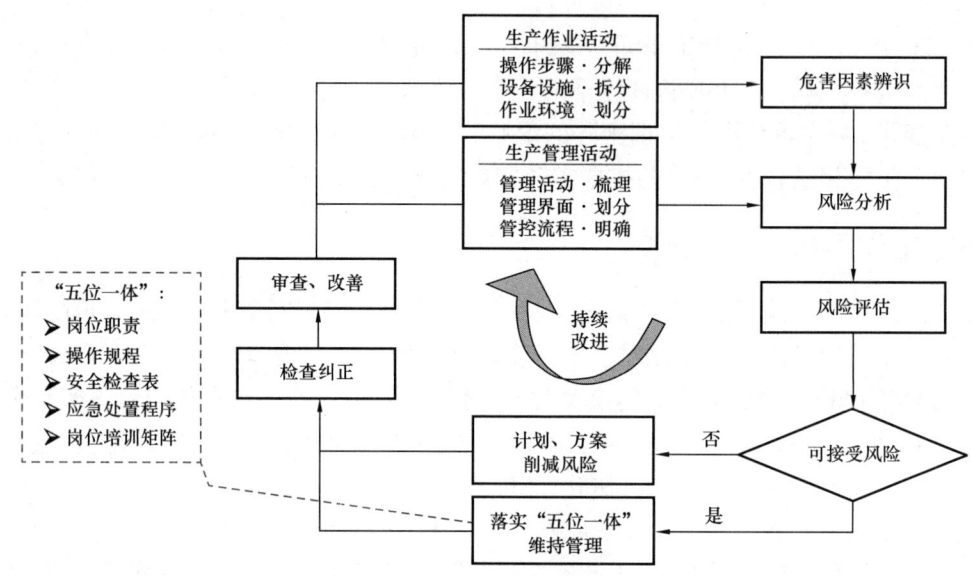

图1-1 风险防控运行机制示意图

生产作业活动风险防控,是结合生产特点,以岗位或作业工序为重点,分解生产作业活动,辨识危害因素、分析和评估风险,通过建立和完善操作规程、安全检查表、应急处置程序、岗位培训矩阵和岗位职责"五位一体"等主要内容,推动落实风险控制措施,最终落实岗位属地管理要求。

生产管理活动风险防控是按照管控流程,梳理生产管理任务,分析存在的风险,制订风险管控措施,落实风险分级防控职责和直线责任要求。生产管理活动风险防控围绕职能部门的业务风险,重点控制与生产运行活动密切相关的工艺安全变更、作业许可、承包商管理等环节,实现风险受控。

第二章　风险防控流程与方法

企业的生产经营活动是由生产管理活动和生产作业活动两部分组成的。研究生产安全风险防控就是要理清两个活动中存在的风险，制订严密的风险防控措施，确保风险可控和受控。下面主要从这两方面阐述风险防控的流程和方法。

第一节　生产管理活动风险防控流程

一、基本要求

生产管理活动是指企业、二级单位和车间（站队）等管理层级的各职能部门，在生产经营过程中按流程所开展的业务活动，是企业生产经营活动的重要组成部分。

生产管理活动风险防控工作是以各管理层级规划计划、人事培训、生产组织、工艺技术、设备设施、物资采购、工程建设、安全管理等职能部门的主要业务活动为核心，根据业务流程，按照生产管理活动梳理、分析与评估风险，制定风险管控流程、落实分级防控责任的过程，主要工作内容包括：制定风险管控流程，确定各管理层级重点防控风险，制定企业级、二级单位级生产安全风险防控方案；完善企业安全生产管理规章制度、应急预案；组织运行、维护本企业生产安全风险防控信息库，及时更新相关信息，对风险防控工作情况进行记录；制订和落实各管理层级生产安全风险防控责任。

二、生产管理活动梳理

生产管理活动梳理是管理活动风险防控的基础工作。通过对企业组织机构、管理岗位设置及职责要求，适用的法律法规、标准规范、企业规章制度要求，危害因素辨识和风险分析情况，风险防控措施制订和落实情况等信息的收集，全面了解现状和存在的问题，为管理活动的风险分析提供基础保障。

结合企业管理架构，组织梳理各管理层级生产管理活动内容，包括规划计划、人事培训、生产组织、工艺技术、设备设施、物资采购、工程建设等职能部门和管理岗位，按生产经营业务流程，以管理职能业务活动、非常规作业管控及与生产经营活动密切相关的安全管理事项等为重点，编制生产管理活动清单。管理活动梳理可以基于每一职能部门的业务开展，也可以基于整个单位的业务流程开展。

三、生产管理活动风险分析与风险评估

在生产管理活动梳理的基础上,分析管理活动存在的生产安全风险,确认现有风险控制措施是否有效,风险分析结果应形成记录或者报告。生产管理活动风险分析中主要关注内容包括:本单位业务存在的不符合法律法规、部门规章、标准规范和要求的问题;安全生产组织机构不健全;业务管理流程不畅、职责不清,安全生产责任制未落实;安全生产管理规章制度不完善;安全生产投入不足;工艺变更安全管理存在缺陷;承包商安全管理存在的问题;新技术、新工艺、新设备、新材料安全管理存在的问题;HSE 体系审核发现的问题;对照先进管理发现的安全生产薄弱环节等。

生产管理活动风险分析可以灵活采用标准比对、合规性评价、经验分析、头脑风暴、会议研讨等方式。

在出现相关法律法规、标准规范的要求发生变化时,工艺技术、作业活动、设备设施等发生变更时,新技术、新工艺、新设备、新材料引进、采用前,业务范围发生变化时,近期国内外同类企业发生事故后,有重大活动或临时性高风险活动前,需要重新进行风险分析。

例如在石油企业采用新工艺和新技术方面发生过多起风险失控事故。双氧水,学名过氧化氢(H_2O_2),作为采油井解堵剂和原油脱硫剂的主要成分,往往以新工艺推广的名义在油田作业中使用,由于风险管控措施不到位,曾经造成多起事故。如在采油井进行解堵作业中,解堵剂主要成分过氧化氢分解产生氧气,与井筒内天然气混合形成爆炸性气体,在高温下发生爆炸着火事故。又如大连"7·16"事故是管道输送原油脱硫作业中发生的事故,在原油输油管道上加注"脱硫化氢剂"作业,其主要成分双氧水过量富集,发生强氧化反应,导致输油管道发生爆炸。事故最主要原因是,对加注助剂的工艺安全没有进行过安全论证,管理人员和作业人员均不知道作业存在的风险,没有采取任何防控措施,也没有落实责任。

企业应结合风险评估结果,确定风险对应的管理层级和重点防控内容。

四、生产管理活动风险控制

企业各管理层级负责人依据风险分析和风险评估结果,组织理清风险管控流程,绘制风险管控流程图。按照专业领域、业务流程,制订和落实风险控制措施,主要包括:

(1)健全完善企业生产安全风险防控规章制度、标准规范,执行和落实国家法律法规、标准规范的规定。

(2)组织进行风险防控能力评估,提出风险防控措施改进与完善的建议。

(3)组织生产安全风险防控措施的论证与评审,确保防控措施的有效性。

(4)制定和规范生产活动的审核审批程序和职责,落实审核审批职责。

(5)动火、进入受限空间、动土、高处、临时用电等作业,严格实施作业许可管理,按照申请、批准、实施、延期、关闭等流程,落实作业过程中各项风险控制措施。

(6)对建设(工程)项目、生产经营关键环节实施安全监督,严格监督检查生产安全风险

防控措施的落实。

（7）在设备设施采购、安装、检查等环节,制订和落实生产管理风险防控措施,对关键设备设施进行监测和检验,及时发现并消除隐患。

（8）涉及重大危险源的,按重大危险源安全管理制度,制订和落实重大危险源安全监控措施。对确认的重大危险源登记建档,并按规定备案。

（9）进行生产安全事故隐患排查和治理,评估隐患治理效果,对排查出的生产安全事故隐患登记建档。

（10）进行承包商准入、选择、使用、评价的安全监督管理,严格监督检查承包商生产安全风险防控措施的落实。

（11）针对设备、人员、工艺等变更可能带来的风险进行管理,落实变更中各项生产安全风险的控制措施。

（12）新技术、新工艺、新设备、新材料应用前,在风险分析的基础上,制订和落实生产安全风险控制措施。

（13）分层级、分专业组织教育培训,使各管理层级了解生产安全管理知识,掌握生产管理活动风险防控工作的内容和要求,提高风险的防控能力。

（14）企业在生产安全风险失控且发生突发事件时,要及时启动应急预案,协调、指挥应急救援与响应,做好应急处置工作。

五、企业级风险防控方案

1. 企业级生产安全风险

2013年,中国石油结合以往发生的重特大事故,明确了八个生产领域中存在的重大风险,并提出重大风险要制订方案。

2016年4月,国务院安委会办公室发布《关于印发标本兼治遏制重特大事故工作指南的通知》（安委办〔2016〕3号）和《关于实施遏制重特大事故工作指南构建双重预防机制的意见》（安委办〔2016〕11号）,提出重特大事故预防与中国石油提出的企业级生产安全风险防控要求相对应。

企业级生产安全风险是指风险失控可能给企业带来颠覆性影响的风险,可以理解为蝴蝶结图中的顶上事件。企业级生产安全风险实际上指的是风险事件,从本质上看,石油企业生产存在着火灾、爆炸等风险;从状态上看,企业生产过程中大量设备设施在运转,客观存在着一些重大危险源;从后果上看,企业级风险失控导致安全事故往往带来较严重的后果。

企业级生产安全风险可以通过对下属单位风险评估结果进行汇总分析,企业级风险的确定主要从所从事业务的主要风险（如钻井业务存在的井喷风险）、客观存在的重大危险源（或关键装置要害部位）可能产生的风险等方面去分析、评审提出。例如,某油田企业确定的企业级生产安全风险包括钻修井井喷失控和大型油气站库油气泄漏火灾爆炸等风险。

2. 企业级生产安全风险防控方案

企业级风险要编制专项防控方案。2016年6月，中国石油制定发布了《企业级生产安全风险防控方案编制工作指南》，明确了方案是以推进风险防控责任的归位、实施分级防控、落实直线责任为目标，通过方案制订、实施、效果评价和持续改进，实现对企业重大生产安全风险全过程、动态化、重预防的管理。此指南给出了风险防控方案编制的框架和主要内容。

企业级生产安全风险防控方案是一个综合性方案，具有一定的特殊性。方案将企业相关职能部门集合在一起，对相关制度要求进行整合，包含了隐患治理方案和应急预案的相关内容。

风险防控方案的主要内容应当包括：风险描述、风险防控目标、风险防控组织机构、风险防控流程与分级防控责任、风险防控措施（制度措施、技术措施、工程措施、管理措施、应急措施）、实施保障等，具体内容如下：

（1）风险描述。企业级生产安全风险描述要准确，才能保证方案编制定位准确。描述企业级生产安全风险，说明方案针对的具体风险类型和存在的区域、部位、地点或装置设备名称，以及事故发生的可能性、严重程度及影响范围等。

（2）风险防控目标。描述风险防控方案具体防控的企业级风险所达到的预期控制结果。目标要具体、可衡量、可分解、可实现。

（3）风险防控组织机构。根据具体的风险类型，描述风险防控组织机构及人员的具体职责。风险防控组织机构可以与相关专项应急预案中的应急指挥机构为同一机构。

（4）风险防控流程与分级防控责任。描述具体风险的防控流程，纵向上按照组织架构描述企业、二级单位、车间（站队）等各管理层级风险防控责任，横向上按照风险防控业务流程描述关键环节和节点的主管部门、配合部门及其风险防控职责，落实直线责任，做到责任归位。

（5）风险防控措施。根据风险防控需要，在制订防控措施时首先要采取消除风险措施，在不能消除的情况下采取降低风险措施，不能降低的情况下采取个体防护，从制度、技术、工程、管理措施及风险失控导致突发事件时的应急措施等方面制订并落实风险防控措施。

制度措施。描述用于控制该风险的管理制度、管理程序、管理标准、作业指导书、操作规程等制度措施。

技术措施。描述采用的监测预警、自动化控制，紧急避险、自救互救等信息化、自动化安全生产技术，以及用于降低风险的技术、工艺、设备、材料等。例如，危险化学品生产装置、储存设施自动化控制和紧急停车（切断）系统、可燃有毒气体泄漏报警系统、危险货物运输车辆防碰撞系统等。

工程措施。描述风险防控所需采用的消除、隔离、防护等用于提升生产条件本质安全性和消除事故隐患的措施和手段。例如，重大危险源在线监测及事故预警工程、危险化学品罐区本质安全提升工程、粉尘防爆治理工程及事故隐患治理项目等。

管理措施。描述用于防控非常规作业、变更管理、承包商等活动风险而采取的教育培训、作业许可、目视化管理、上锁挂牌、履职能力评估、监督检查、专项审核及个人劳动防护用品用具配备使用等管理措施,要明确措施实施的主管部门、配合部门及相关要求。如监督检查要制订计划,明确责任部门和检查内容、标准、频次等要求。例如,对于危险化学品风险防控,可根据危险化学品事故发生的规律、特点和化工行业发展情况,在认真吸取事故教训和总结实践经验的基础上,确定了预防化工行业重大工业事故的重点内容,即重点监管的危险化学品、重点监管的危险化工工艺和危险化学品重大危险源,结合实际调整重点监管范围,完善监管内容,防范重大工业事故。

应急措施。描述在风险失控且导致突发事件时,报告的程序、处置的方法及专项应急预案,重点是要与企业现行的应急预案、应急救援响应程序做到无缝衔接。

（6）实施保障。保障措施是方案编制和有效落实的基础,具体措施包括:

① 企业要明确风险防控方案实施所需资金、设备设施、管理及技术人员等资源,满足数量、质量和时间要求,保证风险防控方案的有效实施。

② 企业要明确风险防控方案实施的具体步骤、方式方法、时间进度等,并落实主管和配合等有关责任部门。责任部门要根据需要制订具体的技术方案、实施步骤、岗位分工等,保证与企业生产经营活动相协调。

③ 企业要建立风险防控信息沟通交流机制,明确沟通交流的内容、方式、频次等。建立风险防控联席会议制度,牵头部门要定期组织召开相关部门和单位人员参加的专题会议,汇报工作开展情况、沟通相关信息、研究讨论实施过程中发现的问题。

④ 企业要明确监督检查和持续改进的要求,以保证风险防控方案有效实施并达到预期目标。每年至少组织一次危害因素再辨识、风险防控能力再评估,同时组织重大危险源辨识和事故隐患排查,评审风险防控方案的可行性、适宜性,及时修订完善。

3. 企业级生产安全风险防控方案编制与评审

企业级生产安全风险描述要准确,才能保证方案编制定位准确。需要由单位的主要负责人或业务主管领导亲自组织,因为需要协调相关职能部门共同参与,提供所需资源,做好分工和明确职责。

企业针对确定的企业级风险,按业务分配给相关业务管理部门编制企业级生产安全风险防控方案。

方案由企业安全生产委员会或专业委员会组织评审通过后,报单位主要负责人或业务主管领导批准发布实施。

六、生产管理活动风险分级防控责任落实

生产管理活动风险分级防控责任落实是企业风险防控工作最后的落脚点。企业各管

理层级应针对确定的重点防控风险和控制措施,进行关键任务分配和风险防控责任划分,明确各管理层级和基层岗位风险分级防控的责任和内容,完善岗位责任制,实施风险分级控制。

企业各管理层级相关职能部门和单位应按照企业级生产安全风险防控方案要求,将相应的生产安全风险防控责任落实到本部门各岗位。企业各管理层级间应落实各自的生产安全风险防控直线管理责任。

七、生产管理活动风险防控工作开展示例

生产管理风险防控既要考虑职能业务活动存在的风险,也要考虑高危作业和非常规作业变更管理、作业许可、承包商管理等重点环节存在的危险,还要加强动态风险管理,要通过管理活动梳理和生产管理风险分析,明确各个层级的风险管控重点。可以按照以下步骤开展企业生产管理活动风险防控工作。

(1)成立组织机构。一般成立企业层面领导小组、工作小组,领导小组可以由安全生产委员会代替,工作小组可以由专业委员会代替或按照"业务主管部门主导,相关职能部门参与,安全监管部门指导协调和监督落实"的原则组建。

(2)制订工作方案、培训和启动。工作组负责编制风险防控工作推进方案。方案要明确组织方式、工作目标和任务、进度安排,责任应落实到部门、岗位和人员,包括启动、培训、督导和检查工作的策划及试点、示范的安排等,提交领导小组审议批准后,发布实施。组织启动会,同时进行培训,明确要求。

(3)组织企业、二级单位各管理层级、各部门按照业务活动梳理管理流程,对关键岗位进行划分,例如设备管理业务,从采购、监造、安装、检验、报废处置等方面划分,形成管理活动清单。

(4)组织企业、二级单位各管理层级、各部门按照管理活动清单,分析管理活动各环节可能存在的风险,形成管理风险清单,报工作小组讨论、确定,返回各部门和业务管理人员。针对确定的风险,从安全生产责任制、规章制度和标准规范完善、培训及应急等方面研究、提出具体的管控措施。

(5)工作小组提出管控措施分解到相关部门及管理岗位的建议,报领导小组审议后发布实施。各管理部门将管控措施落实到岗位职责完善、规章制度制修订、专业检查表健全和培训矩阵编制落实之中,形成"四位一体"管理。

(6)对工作小组评议、领导小组审议确定的企业级风险,由业务主管部门负责组织编制相应的企业级生产安全风险防控方案,报工作小组讨论通过后,经批准发布实施。企业级生产安全风险防控方案由业务主管部门负责组织落实方案各项措施。例如,井喷失控风险防控方案由工程技术管理部门牵头组织、炼化企业油气泄漏火灾爆炸风险防控方案由设备管理部门牵头组织等。

(7)企业级生产安全风险防控方案按要求进行备案。

第二节　生产作业活动风险防控流程

一、基本要求

生产作业活动是班组、岗位员工为完成日常生产任务进行的全部操作活动,是企业生产经营活动的重要组成部分。生产作业活动风险防控工作是以班组、岗位员工为核心,按照生产作业活动分解、辨识危害因素、分析与评估风险、制订和完善风险控制措施的程序,实施"五位一体"管理。

二、信息资料收集

信息资料收集是企业生产作业活动风险防控的基础工作。基层单位通过收集基层组织结构、岗位设置及岗位职责要求、岗位区域划分或区域位置、相关工艺流程、主要设备设施、主要管理制度、操作规程、安全检查表、应急处置措施、相关事故事件案例、危害因素辨识和风险分析情况、风险评估或安全评价报告、HAZOP 分析报告等,全面了解生产岗位作业活动现状和存在的问题,为生产作业活动风险防控工作提供基础保障。

三、生产作业活动分解

生产作业活动分解是在岗位管理单元划分基础上,通过对操作项目和操作步骤的分解、设备设施的拆分、作业环境的划分来进行的。

1. 岗位管理单元划分

班组、岗位员工根据岗位职责内的工艺流程、设备设施和工作区域,划分岗位管理单元,按照管理要求,梳理每个管理单元的管理内容。划分方法主要包括:

(1)以单一岗位为基础,对本岗位负责管理的工艺流程、设备设施、生产装置、工作区域进行梳理,划分为相对独立的管理单元。

(2)对多工序、多岗位同时进行的生产作业活动,以作业工序为基础,划分为相互关联、相对独立完整的管理单元。

岗位管理单元划分原则包括:覆盖生产作业活动的全过程,考虑涉及的各种因素,考虑所有活动类型,考虑所有人员,考虑所有设备设施。岗位管理单元划分不宜过粗或者过细。

2. 操作项目分解

班组、岗位员工对管理单元中的工作任务按照操作活动顺序进行分解,分解步骤如下:

(1)对管理单元中的工作任务进行细分,分解成相对独立的工作任务,即操作项目,并对照检查现有操作规程。

（2）对每个操作项目进一步进行细分,最后分解成一系列连续的基本操作步骤,基本操作步骤不应相互交叉。操作步骤分解应满足以下要求：

① 分解先后顺序一般为常规生产作业、辅助作业、非常规作业、相关方配合作业。

② 划分操作步骤时应按照实际操作过程进行,同时参考现有操作规程。

3. 设备设施拆分

班组、岗位员工对设备设施进行拆分,拆分步骤如下：

（1）梳理岗位管理的所有设备设施,确定拆分设备设施（包括生产工具）的清单,并对照检查每台（套）设备设施现有的安全检查表。

（2）对每台（套）设备设施,根据设备设施说明书、结构图、操作规程或技术标准等,按顺序对设备设施每个部分逐项分析、进行拆分,最后拆分成关键部件,各个关键部件应相互独立。设备设施拆分应满足以下要求：

① 先拆分设备设施本体,再拆分附件；

② 先拆分设备设施功能性附件,再拆分安全附件；

③ 由近及远、由外及里、由上及下的顺序逐项拆分设备设施的关键部件。

对于设备设施已有的安全检查表,应确认安全检查表的完整性。

4. 作业环境划分

车间（站队）、班组、岗位员工还要对作业环境进行划分,结合设备设施位置、操作活动范围、区块功能、岗位属地责任等划分操作活动辖区单元,划分的区域不应相互重叠。

四、生产作业活动危害因素辨识

生产作业活动危害因素辨识是在生产作业活动分解的基础上,针对可能存在危害因素的操作步骤、设备设施关键部件进行分析的过程。

生产作业活动危害因素可以参照《生产过程危险和有害因素分类与代码》（GB/T 13861）的规定,按照物的因素、人的因素、环境因素和管理因素进行分类。

班组、岗位员工宜采用经验法和头脑风暴法,按照法规、标准和制度规定进行危害因素辨识。

对日常生产任务宜采用工作前安全分析（JSA）法开展操作步骤危害因素辨识；对非常规作业、临时检维修等应按照作业许可要求,采用工作前安全分析（JSA）方法开展操作步骤危害因素辨识。

设备设施宜采用安全检查表法开展危害因素辨识。

在发生变更时,及时组织重新进行危害因素辨识,更新生产作业活动危害因素清单,变更包括：相关法律法规、标准规范要求发生变化时；作业环境、作业内容、作业人员、工艺技术、设备设施等发生变更时等。

五、生产作业活动风险分析与风险评估

生产作业活动风险分析与风险评估是在生产作业活动危害因素辨识的基础上,针对已经确定的操作步骤、设备设施关键部件、作业环境存在的危害因素进行风险分析和风险评估的过程。

基层单位在确定风险来源,了解和描述风险性质基础上,采用定性或半定量方法分析风险后果,分析结果应形成记录或者报告。针对确定的风险应分析现有风险控制措施的有效性,找出现有控制措施的不足,为进一步开展风险评估并制订完善风险控制措施提供依据。分析内容包括:控制文件是否齐全;岗位操作规程、安全检查表、作业许可、岗位应急处置预案和岗位应急处置卡、岗位培训矩阵等是否完善;安全防护设备设施是否完善;安全警示标志标识是否齐全规范;个人防护用品是否齐全有效;是否纳入安全检查项;是否对基层岗位员工进行了必要的培训;是否存在隐患或违章情况;是否发生过事故、事件等。

生产作业活动风险分析可选用工作前安全分析(JSA)、危险与可操作性分析(HAZOP)等方法。

在风险分析的基础上,开展风险评估,采用适当方法确定风险等级划分标准,结合实际判断风险大小,确定风险是否可以接受。风险等级划分和风险评估可选用风险评估矩阵法(RAM)、作业条件危险分析法(LEC)等方法。

六、生产作业活动风险控制

生产作业活动风险控制是全过程控制,是应用生产作业活动风险评估的结果,通过完善操作规程、安全检查表、岗位应急处置措施、岗位培训矩阵和岗位职责,实现岗位风险防控的"五位一体"管理。

1. 岗位职责完善

基层单位按照确定的生产作业活动风险防控内容和风险控制点,明确关键任务分配,完善岗位职责和落实属地管理责任。

2. 操作规程完善

可以采用工作循环分析(JCA)等方法组织系统分析各项岗位操作规程的有效性,完善现有操作规程,将所确定的风险防控措施纳入操作规程中,确保在操作规程中已明确了相应的风险提示、风险控制措施。

3. 安全检查表完善

将所确定的设备设施风险纳入安全检查表中,从检查项目、检查内容、检查依据、检查人员等方面完善设备设施安全检查表。

4. 岗位应急处置措施完善

结合生产作业活动风险评估结果,完善现场处置措施,明确岗位应急职责、处置要领和防护措施等内容。

5. 岗位培训矩阵

结合生产作业活动分解、危害因素辨识、风险分析和风险评估过程,建立和完善岗位需求型培训矩阵,采取分岗位、小范围、短课时、多形式等方式,对岗位员工进行岗位职责、操作规程、安全检查表、应急处置措施等内容的培训,使其掌握生产作业活动各项风险控制措施的要求。

第三节 生产安全风险防控方法

企业在生产安全风险防控工作中,形成了以现场观察、直观经验法、工作前安全分析、安全检查表、危险与可操作性分析等危害因素辨识与风险分析常用方法,以风险评估矩阵法和作业条件危险分析等风险评估常用方法,将作业许可、上锁挂牌、安全目视化、工艺和设备变更管理等方法用于风险控制,并在生产作业活动中主要通过"五位一体"的完善与落实,有效推动了生产安全风险防控工作的开展。

一、常用危害因素辨识和风险评估方法

1. 现场观察

现场观察是一种通过检视生产作业区域所处地理环境、周边自然条件、场内功能区划分、设施布局、作业环境等来辨识存在危害因素的方法。开展现场观察的人员应具有较全面的安全技术知识和安全法规、标准方面的知识,对现场观察出的问题要做好记录,规范整理后填写相应的危害因素辨识清单。

2. 直观经验法

这种方法是根据已有的经验,通过操作现场的直观观察与分析,根据辨识的危害因素发生风险的概率及其可能产生的危害程度,确定其风险等级、评估其导致的事故后果严重程度。此方法应用简单、直观,但需要分析与评估者具有丰富的专业经验,能够全面和准确地分析所识别的危害因素可能产生的风险大小。

3. 工作前安全分析(JSA)

这种方法是指事先或定期对某项工作任务进行风险评价,并根据评价结果制订和实施相应的控制措施,达到最大限度消除或控制风险的方法。新工作任务开始前,理论上均应进行安全分析。若工作任务风险低且由有胜任能力的人员完成,以前做过分析或已有操作规

程的可不再进行安全分析,但应进行有效性检查,并判断工作环境是否变化及环境变化是否导致工作任务风险和控制措施的改变。

4. 安全检查表(SCL)

为检查某一系统、设备及操作管理和组织措施中的不安全因素,事先对检查对象加以剖析和分解,并根据理论知识、实践经验、有关标准规范和事故信息等确定检查的项目和要点,以提问的方式将检查项目和要点编制成表,在设计或检查时,按规定项目进行检查和评价以辨识危害因素。安全检查表对照有关标准、法规或依靠分析人员的观察能力,借助其经验和判断能力,直观地对评价对象存在的危害因素进行分析。安全检查表一般由序号、检查项目、检查内容、检查依据、检查结果和备注等组成。

5. 危险与可操作性分析(HAZOP)

这种方法是指在开展工艺危险性分析时,通过使用指导语句和标准格式分析工艺过程中偏离正常工况的各种情形,从而发现危害因素和操作问题的一种系统性方法,是对工艺过程中的危害因素实行严格审查和控制的技术。HAZOP 分析的对象是工艺或操作的特殊点(称为"分析节点",可以是工艺单元,也可以是操作步骤),通过分析每个工艺单元或操作步骤,由引导词引出并识别具有潜在危险的偏差。

6. 作业条件危险分析(LEC)

针对在具有潜在危险性环境中的作业,用与风险有关的三类因素,即发生事故的可能性(L)、人体暴露于危险环境中的频繁程度(E)和事故可能造成的后果的严重性(C)等,用这三者的乘积(即 $D=E \cdot C \cdot L$)来评价操作人员遭遇伤亡风险的大小。

7. 风险评估矩阵法(RAM)

这种方法是在确定风险概率和事故后果严重程度的基础上,根据风险等级划分标准建立风险矩阵,利用风险矩阵对识别危害因素进行风险分析和评估。

8. 工作循环分析(JCA)

这种方法是以操作主管和员工合作方式对已经制订的操作程序和员工实际操作行为进行分析和评价的一种方法。通过现场检查的方法来检查、记录、分析实际操作步骤的不足、其中存在的风险、提出对操作规程的修改意见,并提出相应的风险控制措施。根据危害因素识别、风险分析与评估的技术要求及操作规程修订的管理要求,制定检查标准和检查规则,指导和要求岗位员工据此开展日常的安全检查,并对异常情况提出提示。通过现场实际观察和分析操作规程的缺陷和错误,辨识其中的风险危害,分析和评估其风险等级,提出相应修订或增补操作规程的意见,以及相应的风险控制措施。它是风险评估与控制的基础资料,也是重要的风险控制措施制订中最初的、来自现场的关键资料,对于后续的风险控制措施的进一步分析、审定和发布具有重要的客观性、基础性和针对性的指导作用。

9. 失效模式和效应分析（FMEA）

这种方法是用来识别设备组件或系统是否达到控制目标的方法，广泛用于风险分析和风险评价中。FMEA 是一种归纳方法，其特点是从基本单元的故障开始逐级分析其原因、影响及应采取的应对措施，通过分析系统内部各个组件的失效模式并推断其对于整个系统的影响，考虑如何才能避免或减少损失。

二、常用风险控制方法

1. 作业许可

针对非常规作业和高危作业的一种有效的风险管理手段和管理工具。为有效控制生产过程中的非常规作业、关键作业、缺乏程序的作业及其他危险性较大作业的风险，组织者或作业者需要事前提出作业申请，经有关主管人员对作业过程、作业风险及风险控制措施予以核查和批准，并取得作业许可证方可开展作业，称为作业许可制度。包括对进入受限空间作业、挖掘作业、高处作业、移动式吊装作业、管线打开作业、临时用电作业、动火作业等，均需要实行作业许可管理。

2. 上锁挂牌

在作业过程中为避免设备设施或系统区域内蓄积危险能量或物料的意外释放，对所有危险能量和物料的隔离设施进行锁闭和悬挂标牌的一种现场安全管理方法。上锁挂牌可从本质上解决设备因误操作引发的安全问题，但关键还是需要人的操作，要对相关人员进行安全培训，以解决人的行为习惯养成问题，同时还要加强人员交接班时的有效沟通。

3. 安全目视化

通过使用安全色、标签、标牌等方式，明确人员的资质和身份、工器具和设备设施的使用状态，以及生产作业区域的危险状态的一种现场安全管理方法。安全目视化以视觉信号为基本手段，以公开化和透明化为基本原则，尽可能地将管理者的要求和意图让大家都看得见，将潜在的风险予以明示，借以提示风险。

4. 工艺和设备变更管理

这种方法是指涉及工艺技术、设备设施及工艺参数等超出现有设计范围的改变（如压力等级改变、压力报警值改变等）的一种安全管理方法和管理工具。

变更一般包括工艺设备变更、微小变更和同类替换。所有的变更都要按照变更内容和影响范围正确分类。微小变更和工艺设备变更管理按照申请、批准、实施和变更结果确认的程序进行（同类替换不执行该程序）。变更要考虑安全影响，确认是否需要进行工艺危害分析，对需要做工艺危害分析的，分析结果要经过审核批准。变更要进行分级管理，根据变更影响范围的大小和所需要调配资源的多少，决定变更审批权限，在满足所有相关工艺安全管理要求的情况下批准人或授权批准人方能变更。变更实施前，要对变更影响或涉及的相关人员进行培训或沟通。变更实施完成后,要对变更是否符合规定内容,以及是否达到预期目的进行验证,并编写和提交变更结项报告。

5. 应急处置卡

这种方法是指在岗位员工职责范围内,将应急处置规定的程序步骤写在卡片上,当作业现场或工作场所出现意外紧急情况时,提示岗位员工采取必要的紧急措施,把事故险情控制在第一现场和第一时间的一种现场安全管理方法。

6. 培训矩阵

这种方法是将培训需求与有关岗位列入同一个表中,以明确说明各岗位需要接受的培训内容、掌握程度、培训频率等。培训矩阵是基层岗位需求分析的一种重要工具,能够规范基层安全生产培训并且能够鉴别员工的岗位基本能力,是岗位需求型培训有效推行和开展的一种管理方法和管理工具。

第三章　物探作业活动风险防控

本章以陆上地震勘探作业活动为例,结合物探作业生产的特点,细化分解作业活动步骤,分步骤识别各环节风险,分析现有风险防控措施的不足,提升风险管控能力,建立物探作业风险防控机制。

第一节　概　　述

一、物探作业宏观描述

物探是地球物理勘探的简称,是通过观测和研究不同岩层介质在密度、弹性、导电性、磁性、放射性及导热性等方面存在的差异,来探测地层岩性、地质构造等地质条件,分析油气构造的方法。物探作业方法分为重力勘探、磁法勘探、电法勘探和地震勘探等,其中地震勘探是应用最广泛和最主要的物探方法,主要激发源为震源药柱激发和人工可控震源激发两种。

物探专业野外作业内容主要包括测量作业、钻井作业、放线作业、激发、采集等系列活动,物探现场作业主要工序如图3-1所示。管理活动主要包括项目准备、资源准备、资源动迁、营地建设和交通、民爆、用电、消防等。根据物探生产需要,设置相应的作业班组具体实施,这些班组主要包括解释组、测量组、钻井组、放线班、爆炸班、可控震源组、仪器组、清线组、警卫班和修理组等。

二、物探作业系统存在的主要风险

物探作业典型地表情况如图3-2所示,主要包括山地、沙漠、高原、沼泽、滩浅海、丛林、城镇等地表环境复杂地区。施工涉及主要风险有民爆物品管理、交通安全、作业区域环境安全、安保防控等。

物探作业存在的主要风险:

（1）民爆物品管理:民爆物品包括储存、运输、搬运、药包制作、下药、激发和清线等七个环节,因管理不善可能造成被盗、丢失,因现场违章操作可能造成意外爆炸。

（2）交通安全:物探作业运行在各种路况条件下的车辆有成百上千辆,既有将作业人员运送到野外作业场所的载人车辆,也有运送生产物资、设备的载货车辆,发生各种交通事故的可能性较高,严重的会造成多人伤亡。

图 3-1　物探现场作业主要工序

图 3-2　物探作业典型地表

（3）水域施工：水上作业存在风暴潮袭击、船舶碰撞、人员落水等风险。

（4）安保风险：野外物探施工涉及国内外很多高安保风险地区，存在恐怖袭击造成人员伤亡或遭绑架的风险。

（5）作业环境风险：物探施工环境包括沙漠、山地、高原、沼泽、丛林等各种复杂环境，对野外物探作业活动带来冻伤、淹溺、坠落、迷失、毒虫叮咬等诸多安全风险。

因此，系统地实施物探作业风险分析与评估，对制订与落实有效风险防控措施，避免事故发生，建立完善风险防控机制十分重要。

第二节　风险防控工作准备

一、工作前的准备

开展风险防控工作前,依程序要做好六方面准备工作。

1. 成立组织机构

企业要成立风险防控领导小组和项目组,二级单位要成立以主要负责人为组长的风险防控工作领导小组,下设工作和评审两个小组,分管副职任评审小组的组长,工作组由相关专业人员、专职 HSE 人员、基层相关管理和操作人员组成,形成两级工作机构,并明确各自职责,强化对风险防控工作的组织领导,保障风险防控工作的开展和运行。

2. 明确主要职责

明确单位各个管理层次的主要领导在风险防控中对应的主要职责,要从各级领导层面引起足够的重视,明确其主要的和具体的管理职责。这是做好风险防控工作的基础和前提。

3. 组织专项调研

组织风险防控相关人员集中梳理、制定工作标准,到基层单位进行专题调研,结合物探生产实际,确定物探专业风险防控模板的编制流程和工作方法。

4. 制订工作方案

结合本单位实际及风险防控的需要,围绕物探作业主要风险,为完成 HSE 目标和指标,确保各项活动中的风险得到全面控制,制订并实施相应的管理方案。方案编写主要内容应包括规定职责权限、资源、程序(措施)和期限的文件。运用科学工具,抓住关键环节,系统辨识现场作业、设备运行和 HSE 管理中存在的主要危害因素,完善控制措施,全面提升野外物探作业风险管控水平。同时,制订详细的阶段性工作任务完成计划,制订风险防控工作计划和工作流程,及时汇总实施情况,掌握工作进展情况,协调和解决工作过程中出现的各种问题,确保风险防控工作顺利完成。

5. 组织专项培训

抽调与风险防控相关的人员组织针对性的专项培训。重点阐述风险防控工作的重要意义、主要目的和具体措施,重点讲授防控工作的流程与方法,并以实际案例详细讲解,确保工作人员掌握风险防控的工作内容。

6. 风险防控启动

由风险防控领导小组组织召开本单位风险防控工作启动大会,向全体人员阐述风险防控工作的意义、目的和任务,公布风险防控工作方案,宣布风险防控工作的正式启动。

二、收集相关信息资料

物探作业风险防控是以地震项目工作流程为主线,为准确分解作业活动,系统识别危害因素,组织收集各个层面的信息资料,主要包括组织机构、工序作业程序、主要设备设施清单、制度标准、事故案例、风险台账等。图3-3是物探作业资料收集、构成示意图。

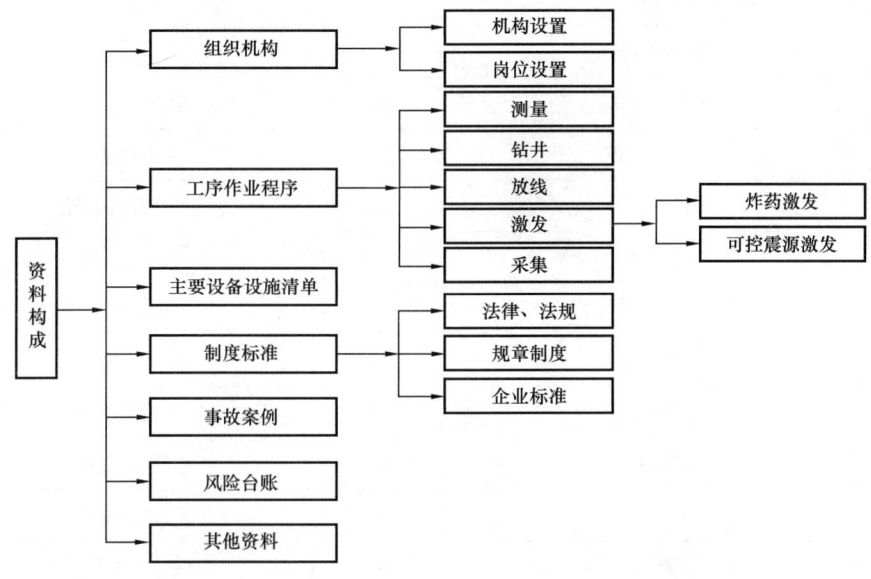

图3-3 资料收集、构成示意图

组织机构方面的资料收集,根据地震队组织结构和岗位设置进行相应资料的收集。

地震队直线管理网络图清楚地说明地震队的机构设置、岗位设置、直线管理等情况。图3-4是地震队直线管理网络图。

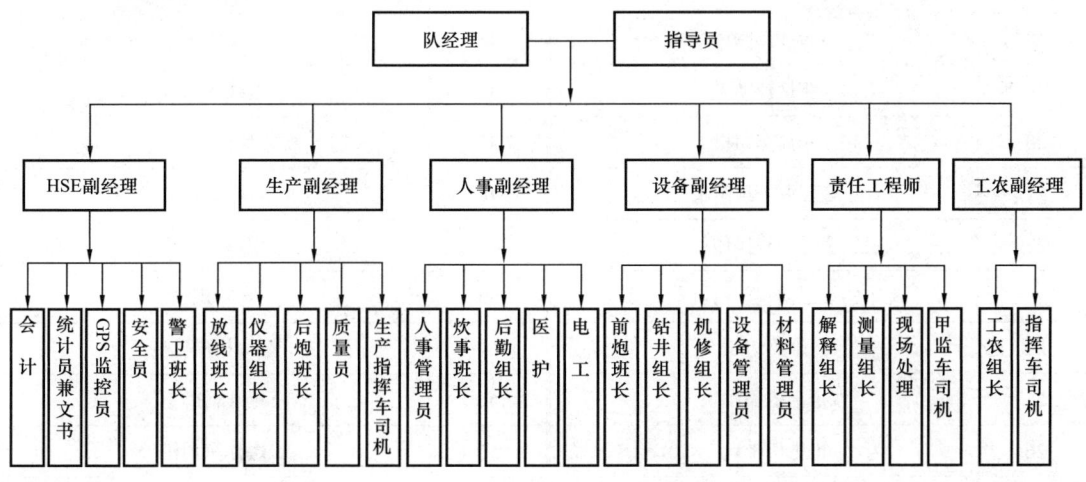

图3-4 地震队直线管理网络图

岗位梳理要结合地震队的岗位设置和作业工种开展,梳理得越详细,越有利于作业风险的辨识和防控措施的完善。表 3–1 是地震队主要岗位设置情况。

表 3–1　地震队主要岗位设置情况

序号	岗位名称	序号	岗位名称
1	队经理	28	机械化司机
2	指导员	29	机械化司钻
3	生产副经理	30	机械化一钻工
4	设备副经理	31	机械化二、三钻工
5	钻井副经理	32	山地钻班长
6	责任工程师	33	山地钻司钻
7	机械师	34	山地钻钻工
8	营地主管(后勤组长)	35	山地钻带点工
9	HSE 管理	36	井监
10	安全员	37	震源项目长
11	解释组长	38	震源操作手
12	解释员	39	震源带点工
13	现场处理	40	放线班长
14	静校正	41	放线工
15	质量体系管理员	42	排列质检员
16	测量组长	43	倒线车司机
17	测量员	44	查道班长
18	室内计算	45	查线工
19	测量辅助工	46	查线车司机
20	测量车司机	47	仪器组长
21	表层调查组组长	48	仪器操作员
22	表层调查操作工	49	仪器车司机
23	表层调查车司机	50	爆炸班长
24	推路组长	51	爆炸机操作员
25	推土机操作手	52	爆炸辅助工
26	推土机带点工	53	爆炸车司机
27	机械化班长	54	清线组组长

续表

序号	岗位名称	序号	岗位名称
55	清线工	72	发电工
56	清线车司机	73	充电工
57	炊事班长	74	会计核算
58	炊事员	75	出纳
59	炊事勤杂工	76	综合统计
60	茶炉工	77	载人车司机
61	修理班长	78	生产运输车司机
62	修理工	79	GPS监控员
63	电气焊工	80	工农员
64	修线工	81	工农车司机
65	油料保管员	82	后勤勤杂工
66	材料员	83	救护车司机
67	库房管理员	84	队医
68	民用爆炸物品警卫班长	85	生活车司机
69	民用爆炸物品警卫	86	生活水罐车司机
70	民用爆炸物品押运员	87	吊车司机
71	民爆物品运输车司机	…	……

地震勘探施工作业包括主要生产流程和辅助作业流程。先行梳理主要作业活动,再分块进行层级的细化,作业活动梳理完成后,再根据管控环节和具体作业内容,收集相关的配套制度、规程、程序等相关资料。图3-5是物探作业工序流程图。

主要生产设备清单整理中,要重点关注物探作业过程中与主要风险管控相关的主要生产设备。野外流动作业过程中,设备设施的完整有效性,与现场风险管控密切相关,因此,设备清单的整理既要关注主要生产活动,又要具有一定的代表性。表3-2是物探生产主要设备清单。

管理制度、标准规范的资料收集主要包括四个层面内容:一是企业HSE管理体系文件,包括手册、程序文件和记录表式汇编;二是管理体系运行支持性文件,包括企业HSE标准、HSE管理规定等内容,细化到每个体系要素运行所需支持性文件的名称和内容;三是法律法规和行业标准,包含了国家法律法规、国家有关HSE标准、国际有关公约、石油行业和集团公司相关标准和规定;四是作业规程和作业程序等规范性作业文件。以上四层文件包含了现场风险防控所应遵循的主要法规、标准和其他要求。表3-3是物探作业相关文件清单(部分)。

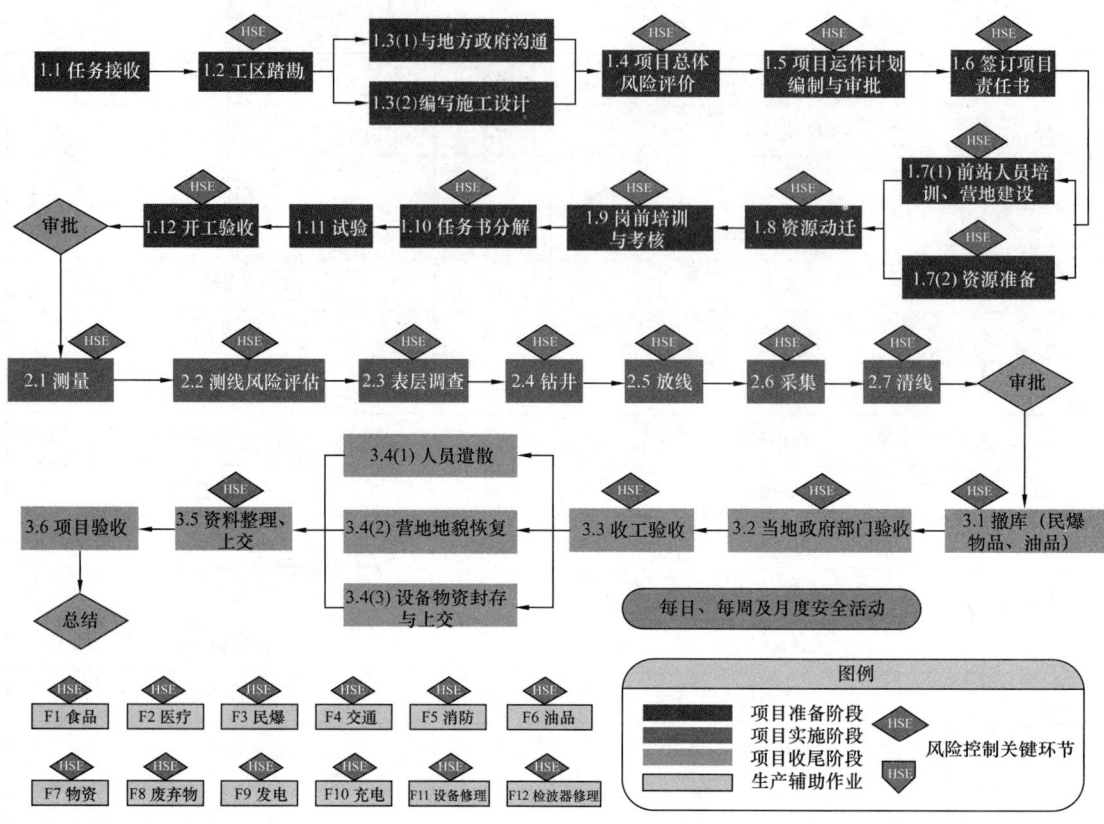

图 3-5 物探作业工序流程图

表 3-2 物探生产主要设备清单

序号	设备名称	序号	设备名称
1	单排奔驰	12	沙驼卡车
2	双排奔驰	13	沙豹水罐
3	沙驼油罐	14	北奔油罐
4	奔驰油罐	15	依维柯
5	沙驼工程水罐	16	机械化钻机
6	庆铃皮卡	17	山地钻机
7	庆铃多功能	18	推土机
8	沙驼载人卡	19	威尔信发电机
9	沙驼危货	20	沙滩摩托
10	吉普车	21	可控震源
11	沙驼吊车	…	……

表 3-3　物探作业相关文件清单(部分)

序号	文件名称	序号	文件名称
1	物探作业民爆物品安全管理规定	25	HSE培训管理规定
2	陆上地震队健康、安全、环境管理规定	26	全员安全环保履职能力评估实施细则
3	海滩淤泥作业车安全使用管理规定	27	安全技术措施投入管理办法
4	滩海地震队健康、安全、环境管理规定	28	员工HSE绩效管理实施方案
5	微测井作业安全管理规定	29	地震队岗位培训要求
6	锅炉压力容器安全管理规定	30	HSE联席会议管理规定
7	井中地震健康、安全、环境管理规定	31	创建"绿色基层队、车间(装置)"管理办法
8	浅层折射作业安全管理规定	32	物探项目工序HSE风险控制指南
9	员工个人劳动防护用品管理及配备规定	33	领导定点联系关键生产装置和要害部位(单位)管理规定
10	餐饮服务单位卫生规定	34	勘探项目分包商HSE管理规定
11	HSE活动规范	35	HSE作业计划书实施方案
12	职业健康管理规定	36	HSE作业指导书实施方案
13	电力安全工作规定	37	安全观察与沟通实施办法
14	用电安全管理规定	38	工作前安全分析管理规范
15	发配电安全操作规程	39	工作循环检查实施办法
16	特种作业安全管理规定	40	上锁挂签管理实施方案
17	液化石油气安全管理规定	41	作业许可管理办法
18	环境保护管理规范	42	动火作业安全管理办法
19	消防安全管理规定	43	高处作业安全管理规范
20	野外勘探作业载人卡车防翻架结构制作安装标准	44	进入受限空间管理规范
21	载人卡车防翻架制作安装技术规定	45	临时用电安全管理规范
22	清洁生产实施审核规范	46	机动车辆交通安全管理规定
23	地震勘探民爆器材验收规范	47	机动车辆准驾证管理规定
24	HSE隐患管理办法	48	车辆证照管理办法

续表

序号	文件名称	序号	文件名称
49	车辆GPS监控管理规定	54	应对突发事件(事故)管理办法
50	野外作业载人卡车安全管理规定	55	生产安全事故管理规定
51	车辆牵引作业安全管理规定	56	生产安全事件管理办法
52	沙滩摩托车管理暂行办法	57	员工培训管理办法
53	移动式起重机吊装作业安全管理规范	58	工程技术分公司地震队夜间施工管理规定
	……		

三、调查作业岗位情况

在收集和分析信息资料的基础上,进行岗位设置、工序流程、生产设备、作业环境和岗位职责等方面的现场调查。主要明确以下几方面:

(1)明确作业岗位的划分与实际分布、工序流程的原理和实际操作、设备设施的种类与工作原理、作业环境的实际分布与特点、岗位职责详细内容及其与实际工作的联系。

(2)明确岗位员工对作业岗位、设备设施等岗位职责、操作规程的了解和掌握程度,以及实际操作与要求的差距等。

(3)明确作业岗位、设备设施等在历史上出现的事故及其处理情况,详细调查其中的典型案例发生及其处理细节的情况。

(4)明确岗位员工及管理人员对风险防控工作的认识程度、意见及建议等。

上述岗位、作业环境、设备设施等方面的调查结束后,分析整理并报风险防控领导小组讨论确认后融入防控指南编制中。

至此,风险防控的准备工作结束,经领导小组审核通过后,按计划开始风险防控的下一个环节工作即作业活动的分解。

第三节 物探作业活动分解

风险防控以地震队工作流程为主线,划分作业活动单元。针对每一个单元进行系统的分析,将危害因素识别切入到每个作业单元中的操作步骤,从人、机、料、法、环全面考虑,从基层到管理层全员介入。针对识别的危害因素进行系统分析,遵循"最低、合理、可行"的原则,制订并落实风险控制措施,最终实现预防事故,避免造成人身伤害、财产损失、环境污染、声誉受影响。它是开展风险管控必要的基础工作。

一、分解原则

在对物探作业活动信息资料整理分析的基础上,科学合理地开展作业活动分解。主要注意以下四个原则:

(1)要考虑基层作业活动全过程,要全面涵盖和无遗漏。
(2)要考虑人、机、料、法、环等多种因素。
(3)要考虑作业场所里所有相关人员的活动。
(4)要考虑作业场所里所有设备、设施(包括租赁设备、设施)。

二、管理单元划分

开展生产管理活动风险防控工作的第一步是通过室内对标初步查清生产管理活动的现状,理顺物探专业所涉及的钻井、涉爆、放线、震源等生产管理活动及确定管理活动的直线管理部门。梳理过程中要遵循以下原则:

分级梳理。物探公司管理层级分为:公司、二级单位(处级)基层单位、班组和岗位。要重点对基层单位、班组和岗位两个层级的管理活动风险进行评价。

责任明确。试点单位按照工艺、设备、安全等专业进行业务梳理,工作组会同职能部门和基层单位领导进行审核确认;从各职能部门抽调人员进入工作组按照业务流程、部门职责梳理生产管理活动,从项目计划、人事培训、道路运输、营地建设、生产作业、工程技术、设备设施、收工验收等方面进行梳理,确保无遗漏、无死角,覆盖所有工序的管理活动。

讲求实际。根据地震队工作安排,从设计到生产,再到收工验收,工作组深入一线,面向基层,广泛收集和听取广大员工的建议和意见,对各个管理层级对照的所有工序全面梳理,从实际出发辨识管理活动风险,坚决杜绝凭经验想象、闭门造车现象。地震队根据工序实施项目管理,涉及工序见表3-4。物探作业资源动迁管理活动分解表见表3-5。

表3-4 地震队作业工序汇总表

序号	作业工序名称	序号	作业工序名称
1	工区踏勘	8	民爆物品使用
2	营地建设	9	收放线、查线作业
3	资源动迁	10	采集作业
4	发电、充电作业	11	清线作业
5	测量作业	12	撤库
6	表层调查作业	13	营地地貌恢复
7	钻井作业	14	设备物资封存与上交

表 3–5 物探作业资源动迁工序管理活动分解表

序号	工序名称	管理活动	管理环节
1	资源动迁	接受任务	明确任务与目的
2			确定人员
3			明确动迁物资
4			确定资源动迁活动所需物资、设备设施
5		风险评估	动迁风险评估
6		制订计划	成立动迁小组
7			动迁计划审批
8			确定动迁行程安排
9			培训教育
10			动迁设备检查、评估
11			制订控制措施
12			通信保障
13			应急预案演练
14		动迁人员培训	实施培训
15		动迁准备检查验收	对物资、设备和人员进行全面检查验收

三、作业活动分解

为做好操作类作业,要总结梳理工作方法,表 3-6 是物探作业活动梳理工作方法。

表 3–6 物探作业活动梳理工作方法

步骤	内容与方法	参加人员
第一步:分解	结合作业工序,紧扣风险控制点,分解管理环节和操作步骤	工作组
第二步:辨识	按照环节和步骤,逐一辨识危害	工作组、基层管理与操作人员
第三步:梳理	运用工作前安全分析,结合专项论证与实验结果,梳理完善控制措施	工作组、基层管理与操作人员、相关专业人员
第四步:验证	运用安全观察与沟通、工作循环检查和拍摄录像自我观察的方法,对完善后的措施进行现场验证	工作组、基层管理与操作人员
第五步:归纳	总结归纳提出整改建议	工作组

每一个作业工序分别包含若干个具体操作环节和步骤,针对作业工序划分作业环节。如果作业环节过多,为便于识别每一个操作步骤中的危害因素,将其中较为独立的环节作为

单独作业活动进行分解。例如,物探作业民爆物品使用工序可以分为13个具体活动,47个具体环节,图3-6是物探作业民爆物品使用工序操作项目分解图,表3-7是地震队民爆激发单元操作步骤分解表。

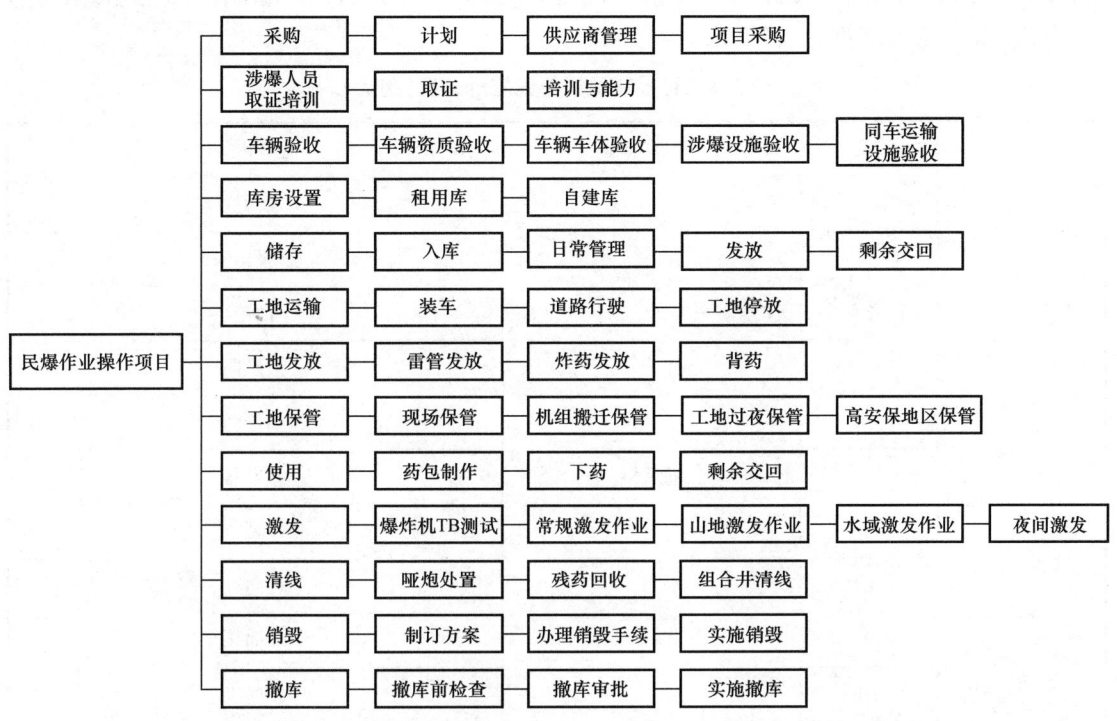

图3-6 物探作业民爆物品使用工序操作项目分解图

表3-7 地震队采集激发单元操作步骤分解表

序号	作业活动	作业环节	操作步骤
1	井炮激发	作业前准备	检查、测试爆炸机
2			确认炮点
3			设置爆炸站
4		现场激发	连线
5			报告激发因素
6			警戒
7			激发
8		现场恢复	检查确认
9			现场恢复
10		班报记录	班报填写

四、设备的拆分

明确地震队风险较大的可控震源、车载钻机、运载车辆等关键设备为设备风险防控梳理的主要对象,将复杂的设备部件/或系统分解为部分(零件),以便进行关键分析,表 3-8 是可控震源设备设施拆分表(摘录)。

表 3-8 可控震源设备设施拆分表(摘录)

设备名称	序号	管理单元	管理内容
可控震源	1	发动机	发动机
	2		泵箱
	3		油箱
	4		散热器
	5	前后桥	主传动
	6		差速器
	7		轮边减速器
	8	转向系统	转向缸
	9		转向泵
	10		转向机
	11	制动系统	打气泵
	12		刹车盘
	13		储气罐
	14		干燥罐
	15		多路阀
	16		自动排气阀
	17		刹车总泵
	18		手刹车卡钳
	19		手制动阀
	20	轮毂轮胎	轮胎
	21		轮毂
	22	车架	车架
	23		铰接装置

续表

设备名称	序号	管理单元	管理内容
可控震源	24	仪表灯光线路	仪表盘、雨刮器
	25		灯光装置
	26		通信导航装置
	27	液压系统及振动器	液压管线
	28		振动器
	29		振动器平衡链条
	30		储压装置
	31	安全附件	视频监控装置
	32		消防器材
	……		

设备设施关键部位划分应按照一定顺序进行,如先划分设备本体再划分附件,先划分功能性附件再划分安全附件和工作环境,按照由近及远、由外及里、由上及下的顺序对设备设施的关键部分逐项分解等。

在设备的梳理、拆分过程中,主要针对施工系统、动力系统、控制系统、安全附件等几大关键部位,按照功能划分的原则开展由外到内,由系统到细节的设备设施安全分析,明确产生风险的重点部位。

应用故障类型及影响分析(FMEA)的方法,按每个部件可能出现的缺陷或偏差辨识危害因素,判别事故的严重性、可能性,评估风险程度,提出建议。

五、注意事项

(1)生产作业活动分解是危害因素识别和风险评估及防控的基础,因此,作业活动分解要根据实际尽可能细分,保持危害因素的个体特点及其对应处置程序的个性化;同时,操作步骤划分不宜过粗或过细。若仅1~2个操作步骤的应考虑与其他项目合并;若包含几十个步骤,应考虑拆分成几个更小的操作项目。

(2)设备设施的拆分要根据其实际运行和功能情况,既防止拆分的笼统性,又要防止追求细分而导致一些原本不宜拆分的部分被硬性拆分但无实际功用的情况。

(3)考虑到危害因素辨识与风险评估的全面性和充分性,可根据需要对岗位所涉及的岗位制度、材料、工作环境等其他单元划分进行分析。

(4)在工作流程上,要遵循组织人员培训、室内提前对标、现场分析验证、认真评审完善、及时提交成果的流程。

(5)物探作业活动分解结果要经专家组审查后批准。

第四节 危害因素辨识

危害因素辨识是识别健康、安全与环境危害因素的存在并确定其特性的过程。是风险评价和风险控制的基础。其目的在于准确地识别系统中存在的危害因素,掌握系统潜在事故发生的根源,把握系统安全风险的大小,制订并落实危害控制措施,确保系统的安全平稳运行。

一、概述

危害因素既可能明显存在,也可能隐蔽(隐藏)在某些物体或现象背后,自发产生或被诱发而产生,造成人们生命、财产的损失。如何识别和认识这些危害因素,称为危害因素辨识。它是后续的风险评估与控制的前提和基础。

危害因素的识别方式有集中识别、属地识别、专家识别、事故调查、经验分享等。具体的方法包括检查表法、工作前安全分析法、安全观察与沟通、工作循环检查、检验检测、工艺危害分析等。地震项目风险评价报告、基层单位隐患管理台账、公司HSE监督周报及每年开展的危害因素辨识活动形成的危害因素评价清单等资料均是危害因素辨识活动的重要参考。

二、辨识的方式方法和工具

开展危害因素辨识时要从运行经验、风险特点和人员能力等方面考虑,以确定适用的危害因素识别方式、方法和辨识的工具。

工作前安全分析法的运用。针对一个作业活动,形成工作前安全分析小组,小组通常由熟悉工作前安全分析方法的管理、技术、安全、操作人员组成,并了解需要分析的作业活动。分析小组通过信息收集、现场考察,核查相关信息(此项活动是否出现过事故,活动关键环节,活动人员技能要求,是否需要作业许可,是否涉及第三方等)。针对作业活动的每一个步骤考虑人的不安全行为、物的不安全状态、环境因素等识别危害因素。

检查表法的应用。通过检查表法的运用,系统的识别设备设施的完整性,人员的不安全行为,以及核查相关规章制度是否遵守或措施是否落实。将发现潜在不安全因素一并汇总到危害因素识别表中,表3-9是民爆物品运输车押运员检查表。

表3-9 民爆物品运输车押运员检查表

序号	检查项目		检查内容
1	目视化	人员	佩戴员工卡
		设施	警戒区域配备的黄色警戒旗(4面)
2	劳动防护	配发	防静电套装
		使用	正确穿戴防静电保护用品

续表

序号	检查项目		检查内容
3	司乘管理	乘车	严禁携带香烟、火种、手机或无线电通信设备、其他易燃品等
			不准脱岗、睡岗
			行驶中,人员身体任何部位不应伸出车外
			不准和司机闲谈或做其他妨碍安全行车的行为
			途中休息,不应坐或躺在车前、车后和车下
4	设备设施	配备	配备防爆工具
			静电释放器
5	民爆物品	警戒区	涉爆场所50m内禁止吸烟、动火
			危货野外装卸现场应设置半径为50m的警戒区
			装卸和搬运民爆物品时,应轻拿轻放
			装卸和搬运雷管前,应先释放静电
		发放	不得进行撒药作业
			领取和发放人双方应核对名称、型号、数量、编码、包装等项目
			不得超量发放雷管、炸药
			民爆物品押运员、井监及搬运工不得携带火种及手机等设备(新增)
		班报	现场涉爆人员禁止转借民爆物品
			执行专人专账的原则
			对每次领取、发放和回收的民爆物品进行检查、清点和记录,班报填写应即时、清晰、准确
			班报填写规范(内容填写完整、统一)
			记录编码与实物相符,逐一核对,收、发双方签字确认
			班报填写有误只能划改,不得涂改,并由当事人在划改处签字确认
			禁止提前填写班报
		回收	押运员必须认真核对交回的民爆物品数量、批码及完好程度,发现异常分开存放并及时上报
			不得储存炸药包
			交回的雷管是否全部处于短路状态
			发现民爆物品丢失、被盗,应立即报告上级主管部门和所在地公安机关
			双方检查核对实物与账目签字确认

续表

序号	检查项目		检查内容
6	应急	物资	熟悉应急物资的配备和使用方法
		程序	熟悉应急急救程序、应急联络方式
			清楚紧急救护方式、方法
		演练	参加应急演练
7	环境保护	人员	是否明确垃圾清理责任人
			禁止追逐、捕杀野生动物
8	应知应会	掌握	熟知本岗位的风险及控制措施
			掌握设备、设施的正确使用方法
			掌握属地内初期火灾应急处置方法
		参与	及时参与班组内部隐患识别与整改活动
			积极参加本班组 HSE 各项活动
9	证件	人员	涉爆作业人员证件齐全（押运员证）持证上岗

工作循环检查的运用。工作循环检查是以操作主管和员工合作的方式对已经制定的操作程序和员工实际操作行为进行分析和评价。由基层单位班组长为主导，对本班组涉及的操作程序进行现场评估。现场评估结束后，操作主管针对潜在的风险和其他不安全事项填写评估表、改进措施，集中反馈后，作为风险评估和措施改进的重要参考内容。

同时，可以通过询问、交谈、现场观察等用于基层岗位员工开展危害因素的辨识或补充其他方法辨识，也可以参考事故事件调查报告和其他资料，确认事故事件中的危害因素已包含在现有危害因素辨识结果中；根据现场观察员工的实际操作，验证所分析的危害因素是否与实际相符，是否有遗漏等。

事故事件调查报告中发现的直接原因、间接原因和根本原因，均是作业活动中有可能再次导致事故发生的潜在危害因素，尤其是在针对曾经发生过事故事件的作业活动进行危害因素识别时，回顾事故调查报告是主要方法。

三、辨识工作的开展

物探作业活动的危害因素辨识主要包括三个方面：管理活动的危害因素辨识、操作活动的危害因素辨识和设备设施危害因素辨识。

1. 管理活动的危害因素辨识

管理活动侧重于完成某项工作任务的策划与实施，如果组织不力，会导致任务执行过程的混乱，进而导致事故的发生。表 3-10 是物探作业资源动迁危害因素辨识表。

表 3-10 物探作业资源动迁危害因素辨识表

序号	工序名称	管理活动	管理环节	业务描述	危害因素
1	资源动迁	接受任务	明确任务与目的	依据项目运行计划确定动迁人员、设备等具体任务	
			确定人员	确定动迁组长、动迁参与人员,核实相关人员资质(特种作业人员)	人员能力不足或作业人员资质不符
			明确动迁物资	确认动迁物资的种类、数量、重量、尺寸等情况	对动迁物资的情况掌握不够,造成动迁资源配置不合理,准备不充分,危害因素辨识不全面
			确定动迁活动所需物资、设备设施	(1)确定动迁所需的设备设施; (2)确定动迁所必备的 HSE 设施; (3)检查动迁资源准备情况	配置不合理或未检查确认
2		风险评估	动迁风险评估	对动迁的全过程通过 JSA 方式进行风险识别和评价	(1)危害因素辨识评估不全面; (2)控制措施针对性不强
3		制订计划	成立动迁小组	(1)成立动迁小组; (2)明确任务、责任及要求	(1)小组成员设置不合理; (2)动迁任务不明确、职责不清; (3)制度不清
			动迁计划审批	未报批计划	计划制订得不合理
			确定动迁行程安排	确定时间、路线	未提前踏勘时间、路线安排不合理
			培训教育	确定培训内容	培训内容与实际结合不紧密
			动迁设备检查、评估	动迁设备检查、维修、验收	(1)驾驶员应在出车前、行车中、收车后对机动车和装载物品进行检查; (2)搬迁前,设备部门应对托运车辆的安全性、有效性进行检查
			制订控制措施	针对主要风险制订控制措施和应急预案	(1)控制措施针对性不强; (2)未制订预案
			通信保障	确定通信器材和通信方式	通信联络不畅
			应急预案演练	应急预案未进行培训演练	未演练
4		动迁人员培训	实施培训	按照资源动迁准备计划对相关人员进行培训	(1)培训时间不够; (2)培训内容不全面; (3)培训效果不良
5		动迁准备检查验收	对物资、设备和人员进行全面检查验收	(1)动迁的物资验收; (2)动迁车辆设备及装运和固定工作验收; (3)动迁人员资质验收; (4)人员动迁培训工作验收	(1)动迁前的准备不充分; (2)动迁前准备检查不充分

2. 操作活动的危害因素辨识

操作活动的危害辨识以具体的作业活动为单元,开展工作前安全分析,按操作步骤逐一辨识存在的危害因素。表 3-11 是采集井炮激发单元危害因素辨识表。

表 3-11 采集井炮激发单元危害因素辨识表

序号	作业活动	作业环节	操作步骤	危害因素	风险
1	井炮激发	作业前准备	检查、测试爆炸机	电瓶极性反接	设备损坏
2			确认炮点	炮点安全距离不足	人员伤害、财产损失、环境污染
3				井口炮线未短路	人员伤害
4				药包上浮	人员伤害、财产损失
5				漏接炮点	民爆物品遗留
6			设置爆炸站	爆炸站位置不当	人员伤害、财产损失
7				未警戒	人员伤害、财产损失
8				存在盲区	人员伤害、财产损失
9		炮点激发	连线	未全过程短路	人员伤害
10				爆破员未亲自连线	人员伤害
11				组合井炮眼连线不全	民爆物品遗留
12				组合井爆破不全	民爆物品遗留
13				将两个炮点以上的炮线同时引到爆炸站	人员伤害
14				炮线搭接输电线路	人员伤害、财产损失
15			报告激发因素	报告错误	经济损失
16			警戒	未正确使用旗语	人员伤害、财产损失
17				警戒距离不够	人员伤害、财产损失
18			激发	意外爆炸	人员伤害
19				未警戒	人员伤害、财产损失
20				激发后主炮线未短路	人员伤害
21		现场恢复	检查确认	毒气、井口塌陷	人员伤害
22				爆破不完全	民爆物品遗留
23			恢复现场	刨坑未填埋、标识未处理	环境损坏
24			班报填写	填写班报未及时填写、填写不规范	账物不符、民爆物品遗留

3. 主要设备的危害因素辨识

针对主要生产设备,按照设备拆分的原则进行分解后,也应针对分解的系统和部件,逐一开展危害辨识。表 3–12 是 HY40 型车载钻机设备拆分危害因素辨识表。

表 3–12　HY40 型车载钻机设备拆分危害因素辨识表

序号	设备设施	关键部位	危害因素	风险
1	车载钻机	管线	未按要求安装管线;管线接头有杂物;管线开裂造成油品渗漏	人身伤害环境污染
2		液压系统	擅自调整系统压力	人身伤害环境污染
			混用液压油	
3		控制阀	开机前未检查控制阀	人身伤害环境污染
4		井架总成	检查调整保养不当	人身伤害设备损坏
5		主机、空压机	摆放位置不当,摆放不稳定	设备损坏
6		空压机	风管接头不牢固	人员受伤
			传动皮带调整不当	设备损坏
			工作温度过高	

四、汇总审查

组织和完成岗位危害因素辨识后,要根据分解的管理活动、作业活动和主要生产设备分别汇总危害因素台账,形成物探作业危害因素辨识清单。将初步汇总的危害因素清单发放至员工中,广泛听取员工的意见,并进行逐级讨论、汇总意见、修改完善,最后报请领导小组审核。

五、注意事项

(1)危害因素是导致事故的原因而不是结果,一般以人的不安全行为、物的不安全状态、管理缺陷和环境因素的形式体现。

(2)危害因素辨识不能被描述为某种作业活动,而是详细描述作业活动中存在的不安全状态或不安全行为。

(3)危害因素辨识避免笼统或宏观描述,要描述具体的不安全行为;物的不安全状态要描述出具体的缺陷,不能宏观描述为"设备缺陷"。

(4)危害因素辨识结果要经领导小组审查后批准发布。

第五节　风险分析与评估

在识别和辨别出危害因素的基础上,对所识别的危害因素根据其导致后果的严重程度和可能性两个方面进行风险的分析与评估。

一、风险分析与评估要求

从风险分析与评估的现场、人员、技术方法、危害程度及评估与审核的程序等方面出发，进行风险分析与评估工作，一般有以下五方面的要求：

（1）操作活动现场主要采用直观经验法进行风险分析与评估。

（2）专业技术人员和安全管理人员在系统开展风险评估时可采用矩阵法或LEC评价法。

（3）对采用经验法评估的重大风险或评估人员不能最终达成一致意见的风险，要采用矩阵法或LEC法进行二次评价。

（4）对评价出的重大风险，风险分析与评估小组人员要到作业现场观察相应的操作和设备设施进行确认和查证。

（5）经风险评估确定的重大风险要组织相关专家进行审定。

二、风险分析与评估方法

风险分析与评估的方法有多种，为了便于员工掌握，在风险分析与评估时，一般采用风险矩阵法，同时辅以工作前安全分析（JSA），在设备设施风险评估时，还会使用到故障类型及影响分析法（FMEA）。

三、风险评估技术等级划分

进行风险分析与评估时，应结合自身可接受风险实际，明确事故（事件）发生的可能性、严重性、风险值的取值标准和评价级别，进行风险评价，根据相关规范要求，将所识别的风险划分成4个等级，表3-13是风险等级划分标准。

表3-13 风险等级划分标准

风险等级	分值	描述	需要的行动	改进建议
Ⅳ级风险	16＜Ⅳ级≤25	严重风险（绝对不能容忍）	必须通过工程和/或管理、技术上的专门措施，限期（不超过6个月）把风险降低到级别Ⅱ或以下	需要并制订专门的管理方案予以削减
Ⅲ级风险	9＜Ⅲ级≤16	高度风险（难以容忍）	应当通过工程和/或管理、技术上的控制措施，在一个具体的时间段（12个月）内，把风险降低到级别Ⅱ或以下	需要并制订专门的管理方案予以削减
Ⅱ级风险	4＜Ⅱ级≤9	中度风险（在控制措施落实的条件下可以容忍）	具体依据成本情况采取措施。需要确认程序和控制措施已经落实，强调对它们的维护工作	个案评估。评估现有控制措施是否均有效
Ⅰ级风险	1≤Ⅰ级≤4	可以接受	不需要采取进一步措施降低风险	不需要。可适当考虑提高安全水平的机会（在工艺危害分析范围之外）

以风险评估矩阵法为例，风险评估矩阵法是一种表格式的危险事件或者事故发生可能性和事故后果严重程度的表示方法。风险矩阵中，事故发生可能性和事故后果严重程度分为五个等级，矩阵中的每一个单元格都代表可能性和后果严重度的一种组合。图3-7是风

险矩阵;表 3-14 是事故发生概率等级;表 3-15 是事故后果严重程度等级。

事故发生概率等级	5	II 5	III 10	III 15	IV 20	IV 25
	4	I 4	II 8	III 12	III 16	IV 20
	3	I 3	II 6	II 9	III 12	III 15
	2	I 2	I 4	II 6	II 8	III 10
	1	I 1	I 2	I 3	I 4	II 5
风险矩阵		1	2	3	4	5
		事故后果严重程度等级				

图 3-7 风险矩阵

表 3-14 事故发生概率等级

概率等级	硬件控制措施	软件控制措施	概率说明/年
1	(1)两道或两道以上的被动防护系统,互相独立,可靠性较高; (2)有完善的书面检测程序,进行全面的功能检查,效果好、故障少; (3)熟悉掌握工艺,过程始终处于受控状态; (4)稳定的工艺,了解和掌握潜在的危险源,建立完善的工艺和安全操作规程	(1)清晰、明确的操作指导,制定了要遵循的纪律,错误被指出并立刻得到更正,定期进行培训,内容包括正常、特殊操作和应急操作程序,包括了所有的意外情况; (2)每个班组上都有多个经验丰富的操作工。理想的压力水平。所有员工都符合资格要求,员工爱岗敬业,清楚了解并重视危害因素	现实中预期不会发生(在国内行业内没有先例) $<10^{-4}$
2	(1)两道或两道以上,其中至少有一道是被动和可靠的; (2)定期的检测,功能检查可能不完全,偶尔出现问题; (3)过程异常不常出现,大部分异常的原因被弄清楚,处理措施有效; (4)合理的变更,可能是新技术带有一些不确定性,高质量的工艺危害分析	(1)关键的操作指导正确、清晰,其他则有些非致命的错误或缺点,定期开展检查和评审,员工熟悉程序; (2)有一些无经验人员,但不会全在一个班组。偶尔的短暂疲劳,有一些厌倦感。员工知道自己有资格做什么和自己能力不足的地方,对危害因素有足够认识	预期不会发生,但在特殊情况下有可能发生(国内同行业有过先例) $10^{-4} \sim 10^{-3}$
3	(1)一个或两个复杂的、主动的系统,有一定的可靠性,可能有共因失效的弱点; (2)不经常检测,历史上经常出问题,检测未被有效执行; (3)过程持续出现小的异常,对其原因没有全搞清楚或进行处理。较严重的过程(工艺、设施、操作过程)异常被标记出来并最终得到解决; (4)频繁的变更或新技术应用,工艺危害分析不深入,质量一般,运行极限不确定	(1)存在操作指导,没有及时更新或进行评审,应急操作程序培训质量差; (2)可能一班半数以上都是无经验人员,但不常发生。有时出现的短时期的班组群体疲劳,较强的厌倦感。员工不会主动思考,员工有时可能自以为是,不是每个员工都了解危害因素	在某个特定装置的生命周期里不太可能发生,但有多个类似装置时,可能在其中的一个装置发生(集团公司内有过先例) $10^{-3} \sim 10^{-2}$

续表

概率等级	硬件控制措施	软件控制措施	概率说明/年
4	（1）仅有一个简单的主动的系统，可靠性差； （2）检测工作不明确，没检查过或没有受到正确对待； （3）过程经常出现异常，很多从未得到解释； （4）频繁地变更及新技术应用。进行的工艺危害分析不完全，质量较差，边运行边摸索	（1）对操作指导无认知，培训仅为口头传授，不正规的操作规程，过多的口头指示，没有固定成形的操作，无应急操作程序培训； （2）员工周转较快，个别班组一半以上为无经验的员工。过度的加班，疲劳情况普遍，工作计划常常被打乱，士气低迷。工作由技术有缺陷的员工完成，岗位职责不清，员工对危害因素有一些了解	在装置的生命周期内可能至少发生一次（预期中会发生）$10^{-2}\sim10^{-1}$
5	（1）无相关检测工作； （2）过程经常出现异常，对产生的异常不采取任何措施； （3）对于频繁地变更或新技术应用，不进行工艺危害分析	（1）对操作指导无认知，无相关的操作规程，未经批准进行操作； （2）人员周转快，装置半数以上为无经验的人员。无工作计划，工作由非专业人员完成。员工普遍对危害因素没有认识	在装置生命周期内经常发生 $>10^{-1}$

表 3-15 事故后果严重程度等级

严重程度等级	员工伤害	财产损失	环境影响	声誉
1	造成3人以下轻伤	一次造成直接经济损失人民币10万元以下、1000元以上	事故影响仅限于生产区域内，没有对周边环境造成影响	负面信息在集团公司所属企业内部传播，且有蔓延之势，具有在集团公司范围内部传播的可能性
2	造成3人以下重伤，或者3人以上10人以下轻伤	一次造成直接经济损失人民币10万元以上、100万元以下	（1）造成或可能造成大气环境污染，需疏散转移100人以下； （2）造成或可能造成跨乡镇级行政区域纠纷； （3）非环境敏感区油品泄漏量5t以下	负面信息尚未在媒体传播，但已在集团公司范围内部传播，且有蔓延之势，具有媒体传播的可能性
3	一次死亡3人以下，或者3人以上10人以下重伤，或者10人以上轻伤	一次造成直接经济损失人民币100万元以上、1000万元以下	（1）造成或可能造成大气环境污染，需疏散转移100人以上500人以下； （2）造成或可能造成跨县（市）级行政区域纠纷； （3）Ⅳ类、Ⅴ类放射源丢失、被盗、失控； （4）环境敏感区内油品泄漏量1t以下，或非环境敏感区油品泄漏量5t以上10t以下	（1）引起地（市）级领导关注，或地（市）级政府部门领导做出批示； （2）引起地（市）级主流媒体负面影响报道或评论。或通过网络媒介在可控范围内传播，造成或可能造成一般社会影响； （3）媒体就某一敏感信息来访并拟报道； （4）引起当地公众关注

续表

严重程度等级	员工伤害	财产损失	环境影响	声誉
4	一次死亡3~9人，或者10~49人重伤	一次造成直接经济损失人民币1000万元以上、5000万元以下	（1）造成或可能造成河流、沟渠、水塘、分散式取水口等水体大面积污染； （2）造成乡镇以上集中式饮用水水源取水中断； （3）造成基本农田、防护林地、特种用途林地或其他土地严重破坏； （4）造成或可能造成大气环境污染，需疏散转移500人以上1000人以下； （5）造成或可能造成跨地(市)级行政区域纠纷； （6）Ⅲ类放射源丢失、被盗或失控； （7）环境敏感区内油品泄漏量1t以上10t以下，或非环境敏感区内油品泄漏量10t以上100t以下	（1）引起省部级或集团公司领导关注，或省级政府部门领导做出批示； （2）引起省级主流媒体负面影响报道或评论，或引起较活跃网络媒介负面影响报道或评论，且有蔓延之势，造成或可能造成较大社会影响； （3）媒体就某一敏感信息来访并拟重点报道； （4）引起区域公众关注
5	一次死亡10人以上，或者50人以上重伤	一次造成直接经济损失人民币5000万元以上	（1）造成或可能造成饮用水源、重要河流、湖泊、水库及沿海水域大面积污染； （2）事件发生在环境敏感区，对周边自然环境、区域生态功能或濒危物种生存环境造成或可能造成重大影响； （3）造成县级以上城区集中式饮用水水源取水中断； （4）造成基本农田、防护林地、特种用途林地或其他土地基本功能丧失或遭受永久性破坏； （5）造成或可能造成区域大气环境严重污染，需疏散转移1000人以上； （6）造成或可能造成跨省级行政区域纠纷； （7）Ⅰ类、Ⅱ类放射源丢失、被盗或失控； （8）环境敏感区内油品泄漏量10t以上，或非环境敏感区内油品泄漏量100t以上	（1）引起国家领导人关注，或国务院、相关部委领导做出批示； （2）引起国内主流媒体或境外重要媒体负面影响报道或评论，极短时间内在国内或境外互联网大面积爆发，引起全网广泛传播并迅速蔓延，引起广泛关注和大量失控转载； （3）媒体来访并准备组织策划专题或系列跟踪报道； （4）引起国际或全国范围公众关注

四、风险等级确定

作业活动风险防控梳理以基层单位为主体，组织相关管理人员、安全专业人员、技术人员、操作人员和关键岗位人员对已识别的危害因素进行风险分析，共同判定风险等级，形成危害因素评价清单。例如，表3-16为物探作业资源动迁危害因素辨识评价表，表3-17为采集井炮激发单元危害因素辨识评价表，表3-18为HY40型车载钻机设备拆分危害因素辨识评价表。

表 3-16 物探作业资源动迁危害因素辨识评价表

序号	管理活动	管理环节	业务描述	危害因素	风险	风险评价 发生可能性	风险评价 后果严重性	风险评价 风险区域和等级		应采取的控制措施
1	接受任务	明确任务与目的	依据项目运行计划确定本次动迁的人员、设备等具体任务							
		确定人员	确定动迁组长，核实动迁参与人员，动迁人员资质情况（特种作业人员）	人员能力不足或作业人员资质不符	财产损失 人员伤害	2	2	4	1级	（1）应按国家规定定期组织驾驶员健康检查和驾驶证审验，严禁安排未按规定体检、资质审查，或资质审查不合格的人员驾驶车辆；（2）按资源审查准备需要配备相应专业人员；（3）各属地主管参与物资动迁准备
		明确动迁物资	确认动迁物资的种类、数量、重量、尺寸等情况	对动迁物资的情况掌握不够，造成动迁资源配置不合理，危害因素辨识不全面	财产损失 人员伤害	1	2	2	1级	要建立动迁物资清单，根据物资的情况制定动迁计划，合理配置动迁资源
		确定动迁活动所需物资、设备设施	（1）确定资源动迁所需的设备设施		财产损失					（1）确定资源动迁所需的设备设施
			（2）确定安全防护用必要的安全防护用品	配置不合理或未检查确认	财产损失 人员伤害	2	2	4	1级	（2）确定资源动迁所需安全防护用品
			（3）检查动迁所需资源准备情况							（3）检查动迁所需资源准备情况
2	风险评估	动迁风险评估	对动迁的全过程通过JSA方式进行风险识别和评价	（1）危害因素辨识评估不全面	财产损失	3	3	9	2级	（1）组织踏勘，了解掌握沿途的路况、气象、途经城镇、车流量、距离等相关信息；
				（2）控制措施针对性不强	人员伤害					（2）识别评估动迁使用的物资储存、搬运和装车固定存在的风险；（3）识别评估使用的车辆状况存在的风险

续表

序号	管理活动	管理环节	业务描述	危害因素	风险	风险评价 发生可能性	风险评价 后果严重性	风险评价 风险区域和等级	风险评价 风险区域和等级	应采取的控制措施
3	制订计划	成立动迁小组	（1）成立动迁小组 （2）明确任务和相应责任及要求	（1）小组成员设置不合理 （2）动迁任务不明确，职责不清	不能安全、按期完成动迁的准备工作	1	1	1	1级	（1）根据任务和职责确定动迁准备小组人员 （2）结合动迁存在的风险明确动迁任务及责任
		动迁计划审批	未报批计划	计划制订得不合理	可操作性不强	1	2	1	1级	应事先编制搬迁计划，经HSE管理部门审核通过后，报上一级单位生产管理部门批准后可实施
		确定动迁行程安排	确定时间、路线	未提前踏勘时间、路线安排不合理	交通伤害	1	2	2	1级	提前踏勘动迁路线，选择安全线路动迁
		培训教育	确定培训内容	培训内容等与实际结合不紧密	人员伤害	2	3	6	2级	（1）动迁小组负责人是动迁HSE培训管理的责任人，负责动迁人员的HSE培训工作； （2）动迁人员要积极参加HSE培训，确保动迁人员明确动迁各项规定及要求
		动迁设备检查、维修、验收	动迁设备检查、维修、评估、验收	未按照规定在出车前、行车中、收车后对机动车和装载物品进行检查	财产损失 人员伤害	2	3	6	2级	（1）驾驶员必须按照规定在出车前，行车中，收车后对机动车和装载物品进行检查； （2）搬迁前，设备部门应对托运车辆的安全性、有效性进行检查，并有防护措施
		制订控制措施	针对主要风险控制措施和应急预案	控制措施针对性不强	人员伤亡	3	3	9	2级	（1）依据危害因素辨识情况，针对主要风险制订控制措施并进行培训； （2）结合动迁实际，成立应急组织机构，并明确相关人员的应急职责
		通信保障	确定通信器材和通信方式	通信联络不畅	应急救援能力不足	2	2	4	1级	（1）车辆配置电台，统一联络频道； （2）确认动迁人员联系电话及方式
		应急预案演练	应急预案未进行培训演练	未演练	应急救援能力不足	2	2	4	1级	针对应急预案要对作业人员认真开展培训演练

续表

序号	管理活动	管理环节	业务描述	危害因素	风险	发生可能性	后果严重性	风险区域和等级	应采取的控制措施
4	动迁人员培训	实施培训	按照资源动迁计划对相关人员进行培训	(1)培训时间不够; (2)培训内容不全面; (3)培训效果不良	能力不够	2	3	6 2级	必须为员工提供充分而有针对性的培训,使其掌握完成工作任务进行全面的技能
5	动迁准备检查验收	对动迁准备工作的物资、设备和人员准备依据检查表项目进行全面检查验收	(1)动迁的物资验收 (2)动迁车辆设备及装运和固定工作验收 (3)动迁人员资质验收 (4)人员动迁培训工作验收	(1)动迁前的准备不充分; (2)动迁前准备检查不充分	动迁准备不充分	3	3	9 2级	(1)对需要动迁的物资进行验收 (2)对动迁车辆设备及装运和固定工作进行全面验收 (3)对动迁人员资质进行验收 (4)对人员动迁培训工作进行验收

表 3-17 采集井炮激发单元危害因素辨识评价表

序号	作业活动	作业环节	操作步骤	危害因素	风险	发生可能性	后果严重性	风险区域	风险等级	应采取的控制措施
1	井炮激发	作业前准备	检查、测试爆炸机	电瓶极性反接	设备损坏	2	2	4	1级	(1)按照爆炸机电瓶连接线颜色对应的电瓶极性接好,符合标注 (2)电瓶的正负极柱做成异形,更换成一体的卡槽式接头
2			确认炮点	炮点安全距离不足	人员伤害、财产损失,环境污染	5	3	15	3级	(1)地震队应通过踏勘事先确定施工区域内桥梁、水堤、输电通信线路和输油输气管道等设施的分布情况,如有上述设施的爆破安全距离 (2)解释组要在下达任务书时附安全距离表
3				井口炮线未短路	人员伤害	5	3	15	3级	(1)放炮前,爆炸机操作员应检查炮井周围情况,并对其构成威胁时,不得放炮,上报并做好记录 (2)解释组要在下达任务书时附安全距离表 (3)放炮前应先检查炮线短路情况,发现未短路情况及时进行记录 到达炮点后应报告爆炸机操作手进行记录
4				药包上浮	人员伤害、财产损失	5	3	15	3级	(1)爆炸机操作员放炮前应采用轻提炮线的方式检查炮线引至爆炸站确认无上浮后方准将炮线引至爆炸站 (2)如果确认药包上浮,应立即上报责任工程师,根据实际情况确认是否按生产井处理,或按废炮处理,当发生井深不小于100m; 一特殊情况另据爆炸方式,药量计算确定。 一井深小于或等于5m时放炮安全距离不小于100m; 按废炮处理,做好记录,上报清校小组
5				漏接炮点	民爆物品遗留	3	2	6	2级	到达炮点后应将任务书与井口信息卡及炮眼进行核对,发现不符的及时上报解释组

续表

序号	作业活动	作业环节	操作步骤	危害因素	风险	风险评价 发生可能性	风险评价 后果严重性	风险评价 风险区域和等级	应采取的控制措施
6	井炮激发	作业前准备	设置爆炸站	爆炸站位置不当	人员伤害、财产损失	5	3	15 3级	（1）爆炸站应设在视野宽阔、通视良好的炮井的上风位置，不得穿越输电线路，爆炸站距爆炸点的安全距离为： ——沙土、黏土层不小于40m； ——岩石、冻土层不小于70m； ——井深小于5m时不小于100m； ——特殊情况另据爆炸点确定药量计算确定 （2）在主炮线上做长度标识（每10m一标识）
7				未警戒	人员伤害、财产损失	5	3	15 3级	（1）在接近危区的边界处（即安全距离）应设警戒岗哨和安全标志，禁止人、畜、车（船）进入危险区域 （2）警戒区域内有道路时，应在道路两端派专人警戒
8				存在盲区	人员伤害、财产损失	5	3	15 3级	（1）受地形限制从爆炸站为盲区时，放炮前应派专人到看不见井口与爆炸站的安全地方设岗哨 （2）在高密植被区域内作业时要确保警戒区域内无人畜，方可作业
9		炮点激发	连线	未全过程短路	人员伤害	5	3	15 3级	（单井、组合井）采取全过程短路方式连线
10				爆破员未亲自连线	人员伤害	5	3	15 3级	由爆炸机操作员亲自直接炮线
11				组合井炮眼连线不全	民爆物品遗留	4	3	12 3级	将任务书与井口信息卡及炮眼进行现场核对，确保井眼连接无遗漏
12				组合井爆破不全	民爆物品遗留	4	2	8 2级	组合井采取串联方式连线

续表

序号	作业活动	作业环节	操作步骤	危害因素	风险	风险评价 发生可能性	风险评价 后果严重性	风险评价 风险区域	风险评价 和等级	应采取的控制措施
13				将两个或两个以上炮点的炮线同时引到爆炸站	人员伤害	4	3	12	3级	严禁将两个或两个以上炮点的炮线同时引到爆炸站
14		连线		炮线搭接输电线路	人员伤害、财产损失	4	3	12	3级	(1) 爆炸站应设在视野宽阔、通视良好的炮井的上风位置,不得穿越输电线路,当井口附近有输电线路时应在输电线路的远端,井深与加长线之和大于炮点与输电线路之间的距离时,应采取有效措施,防止冲井致使炮线搭上电线 (2) 使用软网防喷
15	井炮激发	报告激发因素		报告错误	经济损失	2	1	2	1级	操作手核对任务书和井位信息卡的激发因素,核对无误后报告给仪器操作员
16		警戒		未正确使用旗语	人员伤害、财产损失	3	3	9	2级	受地形限制从爆炸站至炮井为盲区时,放炮前应派专人到看见井口与爆炸站的安全地方设岗哨。警戒岗哨应用旗语(红旗规格400mm×300mm)传递信号,确认警戒区内处于安全状态后,红旗上举表示可以放炮。不准用口语代替旗语
				警戒距离不够	人员伤害、财产损失	4	2	8	2级	在接近危险区的边界处(即安全距离)应设警岗哨和安全标志
17		激发		意外爆炸	人员伤害	3	3	9	2级	(1) 爆炸机操作员不应提前将炮线接入爆炸机,警戒人员到位方可连线,不得提前充电。当发生拒爆或临时改变放炮信号(如测试信号)时,应拒绝爆炸机操作员停止放炮;——发现异常,爆炸员应立即采取断电措施,停止爆炸;——产生哑炮时,应拔掉爆炸机上的炮线,将炮线组合炮线短路后再查找原因;——组合炮后,应立即拔掉炮线,检查主炮线和组合炮线分开情况,无异常后解除警戒

续表

序号	作业活动	作业环节	操作步骤	危害因素	风险	风险评价 发生可能性	风险评价 后果严重性	风险评价 风险区域和等级		应采取的控制措施
18	井炮激发	炮点激发	激发	未警戒	人员伤害、财产损失	3	3	9	2级	放炮之前，爆炸机操作员应再次检查危险区内的安全情况，无误后方可放炮，同时发出放炮警戒指令
19				激发后主炮线短路	人员伤害	3	2	6	2级	加装快速接线器
20		现场恢复	检查确认	毒气、井口塌陷	人员伤害	2	2	4	1级	(1)刚爆炸完的井，禁止立即拔井口炮线，防止毒气熏人或井口塌陷。拒爆井(单井)或编号(组合井)填入爆炸班报，待清线处理； (2)露天浅孔、深孔、特种爆破，爆后应超过5min，方准许检查人员进入爆破作业地点；如不能确认无有盲炮，应经15min后才能进入爆区检查
21				爆破不完全	民爆物品遗留	3	2	6	2级	(1)逐一检查炮眼，确认有无盲炮； (2)拒爆的炮井(单井)或编号(组合井)填入爆炸班报，待清线处理
22			恢复现场	刨坑未填埋、标识物未处理	环境损坏	2	2	4	1级	放炮完成确认安全后，将炮线、标识物等进行回收，并将炮坑进行填埋
23			填写班报	未及时填写、填写不规范	账物不符、民爆物品遗留	3	3	9	2级	(1)民爆物品班报记录管理应符合以下要求： ——执行专人专账的原则； ——班报填写应即时、清晰、准确，并做到班报两两对口，不跨日期，不跨工区，不跨页(束)，单页连续记录应不跨工区，不跨日期，日清日结； ——班报填写有误只能划改，不得涂改，并由当事人在划改处签字确认。 (2)拒爆哑炮上报流程，每天由小组长统计遇到的哑炮井及时上报爆炸班长，由爆炸班长整理后上报主管队领导进行处理； (3)规范哑炮上报，由爆炸班长整理后及时上报主管领导进行处理

表 3-18 HY40 型车载钻机设备拆分危害因素辨识评价表

序号	设备设施	关键部位	危害因素	风险	风险评价			应采取的控制措施
					发生可能性	后果严重性	风险区域和等级	
1	山地钻机	管线	未按要求安装管线;管线接头有杂物;管线开裂造成油品渗漏	人身伤害 环境污染	3	2	6 2级	(1)各管路接头键口密封处不得有任何划痕、砸伤和磕碰,零件安装时,不得敲打撞击 (2)管线接头必须清洗干净,并用压缩空气吹干,清洗时严禁使用棉纱而应加调生布。清洗后将两端包好,以防灰尘进入 (3)管线渗漏及时进行更换
2		液压系统	擅自调整系统压力;混用液压油	人身伤害 环境污染	2	2	4 1级	液压系统压力在出厂前已调定,非专业人员不得随意调整 液压油箱内必须加入规定牌号的液压油,需补油时,不得混用不同牌号的油品
3		控制阀	开机前未检查控制阀	人身伤害 环境污染	2	3	6 2级	开机前,应仔细检查各控制阀是否操纵灵活、准确
4		井架总成	检查调整保养不当	人身伤害 设备损坏	2	2	4 1级	定期张紧、调整、润滑加压提升链条 链轮组件维修后应更换轴承等易损件和密封件
5		主机、空压机	摆放位置不当,摆放不稳定	设备损坏	3	1	3 1级	定期检查提升装置滑动件磨损量,严重磨损时应予以更换 选择安全位置摆放设备,修整平台,使设备摆放牢固、稳定
6			风管接头不牢固	人员受伤	3	2	6 2级	使用专用管卡固定风管接头,在接头处使用防脱链连接
7		空压机	传动皮带调整不当工作温度过高	设备损坏	2	1	2 1级	确保空压机传动皮带张紧状态符合要求,空压机放置在开阔区域

五、注意事项

（1）风险评估中要针对不同的评估对象选择相应的技术方法，在划分管理单元、明确管理内容和细化操作步骤的基础上，逐项、逐步开展风险分析与评估，并对评估结果展开讨论，对于意见不能统一的风险评估结果可以用作业条件危险评价法（LEC）进行再次评估。

（2）风险评估中，既要克服以大的某项管理内容来宏观评估其存在的风险，又要防止脱离实际地盲目细化评估项目。要根据生产作业活动的实际操作进行风险的分析与评估，使风险评估结果更具有指导性和实效性。

（3）风险分析与评估结果要经领导小组审查批准。

第六节　风险控制

危害因素辨识、风险分析与评估的目的是有效实施风险防控。根据风险评价的结果，制订应采取的控制措施，评价现有控制措施的全面性和适用性。风险控制措施的制订按消除、替代、工程技术控制措施、程序、警示标识、个体防护装备的顺序降低风险。风险控制目标和措施的制订遵循"最低、合理、可行"的原则。措施的实施责任到基层单位具体岗位，或二级单位和公司科室部门，原则上只有一个责任主体。

深入野外作业施工现场，与班组长、岗位作业员工沟通交流，现场分析验证等方式确认新修订、增加的控制措施的合规性、有效性、适用性和可操作性。根据梳理的控制措施修改操作程序，现场开展工作循环检查，对操作程序进行评估，发现问题再补充完善控制措施，并修改操作程序，直至风险得到全面受控。物探专业的风险防控工作主要包括以下主要做法。

一、建立物探项目风险控制模式

针对物探项目全流程的生产特点，建立二次风险策划加动态管控的模式，图3-8是物探项目二次风险策划加动态管控模式示意图。

根据项目风险策划的结果，针对不同级别的风险，应制定分级管控的方式，并层级落实管控责任，图3-9是物探项目风险管控分级模式。

针对所有作业风险，均应有可遵循的制度、标准、程序；对于关键作业环节，要将"五位一体"的风险管理要求落实到基层班组；针对非常规和高危作业，必须建立作业目录清单，严格执行作业许可管理；对于存在重大风险的作业活动，应由二级单位或基层单位组织专业人员集中开展专项评估，制订专项技术方案，本着简单、实用的原则，专项技术方案的内容主要应包括：作业活动和风险概况、编制目的、主要危险点、施工方案和现场紧急情况处置等。图3-10是班组五位一体管理内容。

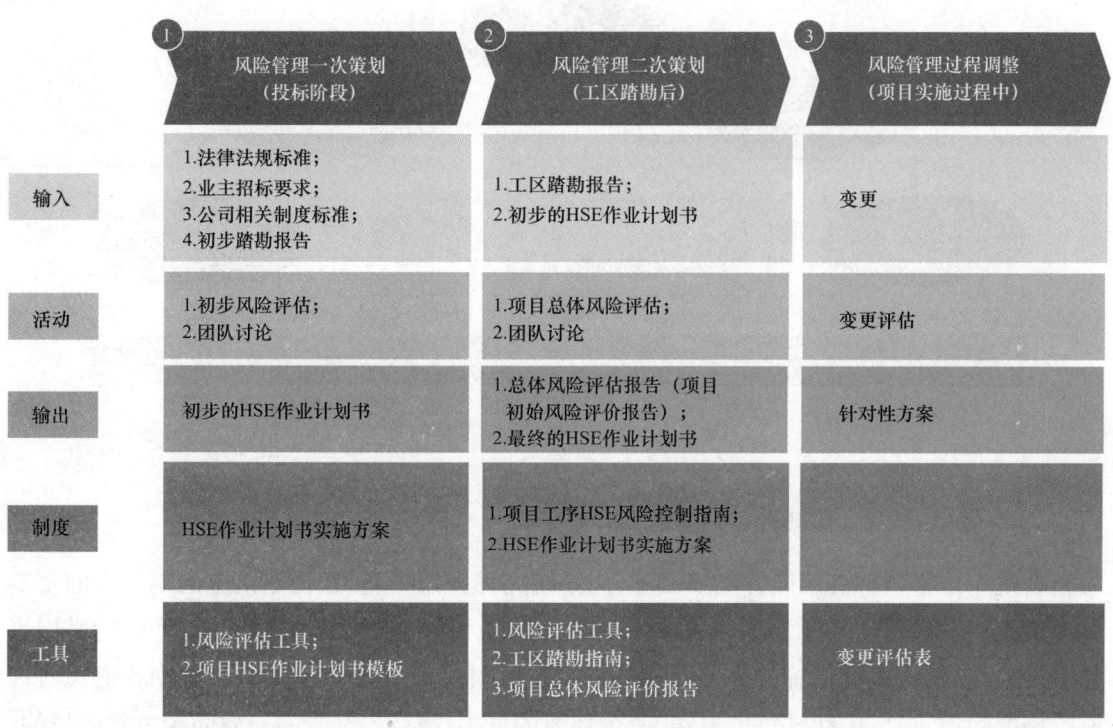

图 3-8 物探项目二次风险策划加动态管控模式示意图

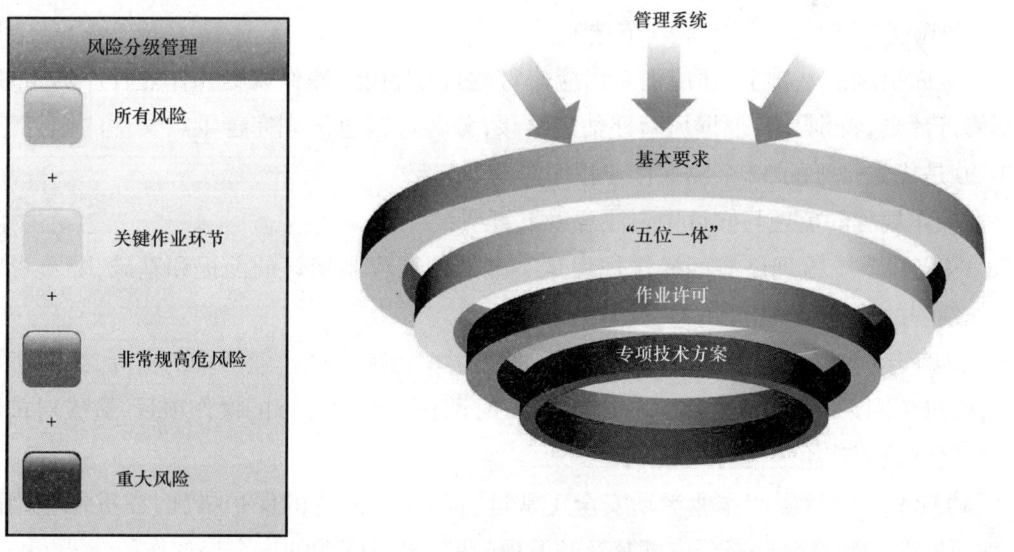

图 3-9 物探项目风险管控分级模式

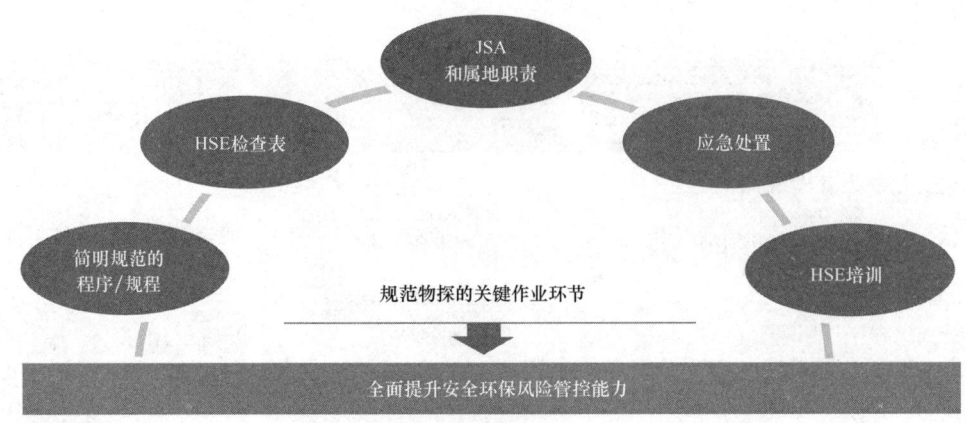

图 3-10 班组五位一体管理内容

二、操作规程的制修订与完善

在危害因素辨识和风险评估基础上,应系统完善控制措施,在控制措施的制订方面主要注意两点:一是除了管理人员、技术人员和安全人员以外,更重要的是要让有经验的基层操作骨干参与进来,确保措施的完整性、准确性和适用性;二是在措施制订过程中要避免对现有措施的简单重复,应针对每个步骤、每个环节的危害评估结果,本着有效防控风险的目的,逐一制订应有的防控措施,在此基础上再与现有的防控措施进行对比,提出新增、修改等建议,并将这些建议融入制度、标准、程序等各种规范性文件的完善过程中。例如,对井炮激发作业进行梳理后,针对风险管控的需要,通过对照,给出了措施的完善内容,表 3-19 是井炮激发风险管控措施对照梳理表(节选)。

在全面梳理的基础上,还应汇总出应修订的规章制度、操作规程和作业程序的目录,制订制修订计划,特别是要根据风险评估的结果,分轻重缓急优先完善重点文件的修订工作。表 3-20 是优先修订的 32 个物探作业程序清单。

在操作规程的梳理与修订中要注意以下事项:

(1)全面系统梳理已有的操作规程是实施操作规程制修订的前提和基础,要重视对已有操作规程的梳理和分析。

(2)确定增加、减少和修订的操作项目既要根据当前生产作业活动的实际,又要考虑其长远性,避免因某一项设备或操作的临时或短时调整而删除已有的操作项目,造成对操作规程的反复修改而产生混淆。

(3)JCA 方法是生产作业活动安全正常进行的一项前置的保护措施,在重视应用的同时,加强培训、及时完善,充分发挥其及时发现问题、处理问题的安全保护作用。

(4)操作规程制修订和风险控制措施的修改与增补意见要经领导小组审查后批准。

表 3-19 井炮激发风险管控措施对照梳理表（节选）

序号	作业活动	作业环节	操作步骤	危害因素	风险	风险评价 发生可能性	风险评价 后果严重性	风险评价 风险区域和等级		应采取的控制措施	现有的控制措施	需增补的控制措施（包括对现有措施的修订）
								数值	等级			
1	井炮激发	作业前准备	检查、测试爆炸机	电瓶极性反接	设备损坏	2	2	4	1级	（1）按照爆炸机电瓶连线颜色对应的电瓶极性接好，符合标注（2）电瓶的正负极柱做成异形；更换成一体的卡槽式接头	（1）按照爆炸机电瓶连线颜色对应的电瓶极性接好，符合标注（2）电瓶的正负极柱做成异形；更换成一体的卡槽式接头	
2			确认炮点	炮点安全距离不足	人员伤害、财产损失、环境污染	5	3	15	3级	（1）地震队应通过踏勘事先确定施工区域内桥梁、水堤、输电通信线路和输油输气管道等设施的分布情况，并确定明确的爆破安全距离（2）解释组要在下达任务书时附安全距离表（3）放炮前，爆炸机操作员应检查炮井周围情况，如有上述设施并对其构成威胁时，不得放炮，并做好记录	地震队应通过踏勘事先确定施工区域内桥梁、水堤、输电通信线路和输油输气管道等设施的分布情况，并确定明确的爆破安全距离 放炮前，爆炸机操作员应检查炮井周围情况，如有上述设施并对其构成威胁时，不应放炮	（1）解释组要在下达任务书时附安全距离表（2）爆炸班长在班前会上对安全距离进行强调

续表

序号	作业活动	作业环节	操作步骤	危害因素	风险	风险评价 发生可能性	风险评价 后果严重性	风险评价 风险区域和等级		应采取的控制措施	现有的控制措施	需增补的控制措施（包括对现有措施的修订）
3	井炮激发			井口炮线未短路	人员伤害	5	3	15	3级	到达炮点后应先检查炮线短路情况，发现未短路情况及时进行短路并报告爆炸机操作手进行记录		到达炮点后应先检查炮线短路情况，发现未短路情况及时进行短路并上报
4		作业前准备	确认炮点	药包上浮	人员伤害、财产损失	5	3	15	3级	（1）爆炸机操作员放炮前应采用轻提炮线的方式检查炸药包有无上浮，确认药包无上浮后方准将炮线引至爆炸站 （2）如果确认药包上浮，应立即上报责任工程师确认实际情况是否按废炮处理，或按废炮井处理 ——井深小于或等于5m时放炮安全距离不小于100m； ——特殊情况另据爆炸方式、药量计算确定	爆炸机操作员放炮前应检查并确认炸药包有无上浮，并将炮线引至爆炸站	如果确认药包上浮，应立即上报责任工程师，根据实际情况确认是否按生产井处理，或按废炮处理
5				漏接炮点	民爆物品遗留	3	2	6	2级	到达炮点后应将任务书与井口信息卡及炮眼进行核对，发现不符的及时上报解释组	按废炮处理时，做好记录，上报清线小组	到达炮点后应将任务书与井口信息卡与炮眼进行核对，发现不符的及时上报解释组

续表

序号	作业活动	作业环节	操作步骤	危害因素	风险	风险评价			应采取的控制措施	现有的控制措施	需增补的控制措施（包括对现有措施的修订）
						发生可能性	后果严重性	风险区域和等级			
6	井炮激发	作业前准备	设置爆炸站	爆炸站位置不当	人员伤害、财产损失	5	3	15 3级	爆炸站应设在视野宽阔、通视良好的炮井的上风位置，不得穿越输电线路，爆炸站距炮点的安全距离为： ——沙土、黏土层不小于40m； ——岩石、冻土层不小于70m； ——井深小于等于5m不小于100m	爆炸站应设在视野宽阔、通视良好的炮井的上风位置，不得穿越输电线路，爆炸站距炮点的安全距离为： ——沙土、黏土层不小于40m； ——岩石、冻土层不小于70m； ——井深小于等于5m不小于100m	在主炮线上做长度标识（每10m一标识）
7				未警戒	人员伤害、财产损失	5	3	15 3级	（1）在接近危险区的边界处（即安全距离）应设警戒岗哨和安全标志，禁止人、畜、车（船）进入危险区域内 （2）警戒区域内有道路时，应在道路两端派专人警戒	SY/T 5857—2006：在接近危险区的边界处应设警戒岗哨和安全标志，禁止人、畜、车（船）进入危险区域内	警戒区域内有道路时，应在道路两端派专人警戒
8				存在盲区	人员伤害、财产损失	5	3	15 3级	（1）受地形限制从爆炸站至炮井为盲区时，专人到看得见井口与爆炸站的安全地方设岗哨 （2）在高密植被区域作业时要确保警戒区域内无人畜时，方可作业	Q/SY BGP·G0201—2019 8.1.5.2 受地形限制从爆炸站至炮井为盲区时，放炮前应派专人到看得见井口与爆炸站的安全地方设岗哨	在高密植被区域内作业时要确保警戒区域内无人畜作业

续表

序号	作业活动	作业环节	操作步骤	危害因素	风险	风险评价 发生可能性	风险评价 后果严重性	风险评价 风险区域和等级		应采取的控制措施	现有的控制措施	需增补的控制措施（包括对现有措施的修订）
9	井炮激发	炮点激发	连线	未全过程短路	人员伤害	5	3	15	3级	（单井、组合井）采取全过程短路方式连线		（单井、组合井）采取全过程短路方式连线
10				爆破员未亲自连线	人员伤害	5	3	15	3级	由爆炸机操作员亲自连接炮线	Q/SY BGP·G0201—2019 8.1.5.3 由爆炸机操作员亲自连接炮线	
11				组合井炮眼连线不全	民爆物品遗留	4	3	12	3级	将任务书与井口信息卡及炮眼进行现场核对，确保井眼连接无遗漏		将任务书与井口信息卡及炮眼进行现场核对，确保井眼连接无遗漏
12				组合井爆破不全	民爆物品遗留	4	2	8	2级	组合井采取串联方式连线		组合井采取串联方式连线
13				将两个炮点以上的炮线同时引到爆炸站	人员伤害	4	3	12	3级	严禁将两个或两个以上炮点的炮线同时引到爆炸站	Q/SY BGP·G0201—2019 8.1.5.3 严禁将两个或两个以上炮点的炮线同时引到爆炸站	

......

表 3-20　优先修订的 32 个物探作业程序清单

序号	程序名称	编号
1	架设过路线作业程序	bgp-L5023
2	可控震源夜间作业程序	bgp-L5002
3	恶劣天气驾驶作业程序	bgp-L5024
4	轮胎更换作业程序	bgp-L8002
5	人工搬运作业程序	bgp-L9002
6	微测井作业程序	bgp-L5003
7	三马钻机作业程序	bgp-L5008
8	炸药包制作程序	bgp-L5013
9	地震队车辆四汇报程序	bgp-L5001
10	地震队充电作业程序	bgp-L6001
11	车载砾石钻作业程序	bgp-L5007
12	民爆物品出入库作业程序	bgp-L5009
13	四轮摩托车驾驶作业程序	bgp-L5021
14	营地建设吊装作业程序	bgp-L2001
15	车辆背运作业程序	bgp-L4001
16	民爆物品工地运输、收发作业程序	bgp-L5010
17	民爆物品工地保管作业程序	bgp-L5012
18	民爆物品清线作业程序	bgp-L5019
19	民爆物品销毁作业程序	bgp-L5020
20	山地人员攀爬作业程序	bgp-L5022
21	车辆牵引搬迁作业程序	bgp-L4002
22	车载水钻作业程序	bgp-L5006
23	故障车辆牵引作业程序	bgp-L8001
24	电火花震源作业程序	bgp-L5011
25	山地钻作业程序（搬运、作业）	bgp-L5005
26	陆上井炮激发作业程序（平原、山地、夜间）	bgp-L5015
27	涉水井炮激发作业程序	bgp-L5016
28	下药作业程序—集中	bgp-L5014

续表

序号	程序名称	编号
29	下药作业程序—随钻	bgp-L50141
30	可控震源搬迁作业程序	bgp-L5018
31	可控震源施工作业程序	bgp-L5017
32	井下药包测试程序	bgp-L50142

三、设备设施管理规范的制修订与完善

针对物探专业的设备设施,在全面开展危害因素辨识和风险分析与评估的前提下,制修订已有的设备设施管理规范,完善和增补原有管理规范存在的不足和缺陷,满足新的风险防控体系需求。

1. 梳理设备设施管理制度和操作规程

梳理现有物探生产设备的管理制度和操作规程。针对每一套设备的构成和功能,梳理针对该设备设施每一节点的管理规范要求。对已有的管理规范要逐节点进行对照梳理,没有的或不适应新的风险防控要求的节点,要予以标示并注明是需增补还是修订。形成物探作业设备设施管理制度和操作规程的制修订清单,标注制修订责任单位(部门)和具体的责任者,规定制度完善的时间节点,适时检查和按时完成。表3-21是车载钻机操作程序修订内容。

2. 修订设备设施安全检查表

在梳理和分析已有的设备设施管理规范、依据风险防控体系要求和明确需要制修订的管理规范基础上,着手组织相关单位(部门)和专业人员,进行设备设施管理规范的制修订工作,修订设备设施的安全检查表。依据不同控制措施的检查频次不同,形成多级设备检查表,完善全过程的管控。在运行过程中,重点强化预防性的检查与保养,实现设备设施本质安全。例如,在物探项目启动阶段,要严把入口关,对启用的设备设施进行详细验收,确保生产安全。表3-22是修订后的机动设备交接/启动验收表。

3. 注意事项

(1)根据设备设施的技术创新、生产作业活动的技术方法的革新及现场检查方式方法的改进等,调查和分析已有操作规程等的不足和缺陷,及时提出修订和增补的建议,完善设备设施方面风险控制的基础措施和要求。

(2)对设备设施的管理制度和日常检查要求等要有针对性,完善管理与操作的细节要求,落实风险防控的岗位责任与相应责任人,保障设备设施的安全运行及其风险防控措施的系统性。

(3)设备设施管理规范和操作规程的制修订结果要经领导小组审查后批准。

表3-21 车载钻机操作程序修订内容

操作步骤	危害因素	后果及影响人员	现有的控制措施	需增补ének的控制措施（包括对现有措施的修订）
检查人员劳保	未按要求穿戴系好衣襟、袖口	衣袖卷入转动的机械致使人员伤害	Q/SY BGP·G0202—2007《陆上地震队健康、安全、环境管理规定》： 4.2.9 员工的职责 d）按要求穿戴和使用劳动保护用品； SY 6349—2008《地震勘探钻机作业安全规程》： 5.2 现场施工人员应按规定穿戴劳动防护用品	必须穿戴工作服、防砸工作鞋，衣扣和袖口必须系好（修订）
检查工作环境	地表起伏过大不利于车载钻机到位	设备倾翻、交通伤害	无	由司钻负责通知项目技术负责人员对炮点进行偏移处理，偏移至安全位置方可继续钻井（新增）
	地下有管道、管线等	对管线的破坏，人员触电，环境伤害	SY 6349—2008《地震勘探钻机作业安全规程》： 3.9 不应在有地下电缆、管道等重要设施及文物保护区内选井位、挖泥浆坑	从测量组放样开始做好选点工作，工区电缆、管道等重要设施及文物保护区作为重点标注，避免在安全距离范围内打井（修订）
检查钻机	动力头与钻杆连接不牢靠，液压管线挤压、扭曲，与钻机其他部位搭挂	动力头连接部位脱落造成人员砸伤、摔伤	SY 6349—2008《地震勘探钻机作业安全规程》： 4.4 钻机各处管接头、螺栓连接应牢固，发现异常及时调整 4.10 空气、液压、钻井液系统的安全阀应灵敏、安全可靠	检查动力头部位与钻杆连接部位必须牢靠，液压管线挤压、扭曲，与钻机其他部位搭挂（修订）
指挥钻机到位对准炮点	交通车辆伤害	车辆倒车致使人员伤害、设备损坏	无	司钻位于主驾车辆一侧指挥车辆对准桩号（新增）
	管线挂到钻机其他部位	管线挂到其他部位致使管线脱落造成对人员伤害、设备损坏	SY 6349—2008《地震勘探钻机作业安全规程》： 4.4 钻机各处管接头、螺栓连接应牢固，发现异常及时调整	钻井起架子前需检查钻井机各部位管线是否挂在了管线其他部位（修订）
起架子	未正确将两个限位销插好	两个限位销不插好致使设备损坏、人员伤害	Q/SY 1124.1—2011《石油企业现场安全检查规范 第1部分：物探地震作业》： 4.1.2.18 司钻 —钻机车停稳后应打掩木，支好千斤顶，钻机井架立起后插好保险销	井架子在立起后必须将左右两个保险销都插好方可进行钻井作业（修订）

续表

操作步骤	危害因素	后果及影响人员	现有的控制措施	需增补的控制措施（包括对现有措施的修订）
取钻杆	搬运钻杆方式错误	搬运钻杆致使人员伤害	无	(1) 取钻杆需两人相互配合； (2) 从后槽取钻杆（新增）
钻井	钻井泵和空压机憋泵或憋压	压力过大致使人员伤害、设备损坏	Q/SY BGP·G0202—2007《陆上地震队健康、安全、环境管理规定》12.2.5.25 c) 钻井作业安全要求： ——应注意观察钻井泵压力和钻井液循环情况	为钻机安装泄压阀【详见1-钻机安装泄压阀1,2】（修订）
	卡瓦不到位	卡瓦甩出造成人员伤害、设备损坏	无	司钻和一钻工动作协调，及时沟通工作步骤（新增）
	动力头和钻杆连接不到位	动力头连接部位掉落造成人员砸伤、摔伤	SY 6349—2008《地震勘探钻机作业安全规程》4.4 钻机各处管线接头、螺栓连接应牢固，发现异常及时调整	(1) 应检查动力头和钻杆的连接是否稳固； (2) 在接钻杆时动力头必须和钻杆连接好方可上提动力头（修订）
	螺纹扣不好	螺纹滑丝致使钻杆滑落造成人员伤害	无	(1) 螺纹必须上紧； (2) 日常做好螺纹完好性检查工作（新增）
	二/三钻工安装上提钻杆过程中未站在钻杆一侧	钻杆上提过程中造成人员伤害	无	安装钻杆上提时必须站在钻杆的一侧，不准跨在钻杆上（新增）
	钻机钻进中卡钻或粘扣未正确使用管钳	造成人员伤害	Q/SY BGP·G0202—2007《陆上地震队健康、安全、环境管理规定》12.2.5.25 ——钻机粘扣时，应停机后用专用工具或管钳卸扣	钻机钻进中卡钻或粘扣时，停机后用管钳卸钻杆（修订）
	未安装防尘罩	灰尘致使人员伤害	无	防尘罩必须完整有效（新增）
	钻工以钻井链条为支点推动力头	钻井链条运转致使人员伤害	无	钻工更换钻杆时必须以安全扶手为支撑点【详见3-钻机焊接两个限位器1,2】（新增）

续表

操作步骤	危害因素	后果及影响人员	现有的控制措施	需要补充的控制措施（包括对现有措施的修订）
提钻杆/卸钻杆	不按慢一快一慢原则提/卸钻杆	速度过快造成人员伤害	起升井架要平稳，手柄到位，符合"慢一快一慢"程序要求	提/卸钻杆遵循"慢一快一慢"程序要求（修订）
	二（三钻工）卸下后拉送过程中未抬高	钻杆过低使人重心不稳致使人员伤害	无	提/卸钻杆要采用"慢一快一慢"原则，二/三钻工接钻杆时必须抬高钻杆（新增）
	二/三钻工配合不当	钻工配合不当致使人员伤害	无	从放置钻杆后槽推入槽内到指定位置（新增）
装钻杆	从侧面装钻杆	从侧面装钻杆，钻杆滑落使人员伤害	无	装钻杆时从后往前放（新增）
	钻杆未推送到钻杆槽内并到位	钻杆未推送到位致使人员伤害	无	装钻杆时必须将钻杆放到位（新增）
移除限位销	未移除	限位销未移除致使设备损坏	SY 6349—2008《地震勘探钻机作业安全规程》：5.19 放井架时，应先将锁紧装置松开，再将井架缓慢平稳落下	钻井结束时必须先移除限位销（修订）
收回油门，下平台，收千斤	司机私自移动车位	人员砸伤	无	司钻收油门，下平台，收起千斤后，向司机示意，司机方可驾驶车辆离开（新增）
搬点	未倒架子搬点	未倒架子致使设备损坏	无	必须倒架子后才能搬点（新增）

第三章 物探作业活动风险防控

表 3-22 修订后的机动设备交接/启动验收表

车型:		操作手:		验收地点:		
自编号:		牌照号:		验收日期: 年 月 日		
序号	项目	验收内容及标准	检查情况	评价		
				合格	不合格	
1	证照	行车证/附加费/牌照/保险/齐全有效				
2	随车资料	操作规程/设备使用(运转)记录本				
3	轮胎	备胎外观良好/气压适中/适于其用途				
4	倒车镜	完整/清楚/固定良好				
5	车窗	完好/透视良好				
6	座椅	齐全、完整、固定良好				
7	座椅安全带	齐全/正常有效				
8	保险杠	无严重变形				
9	方向盘	转向机件转向羊角/连接器件齐全、良好				
10	液压系统	机件齐全/无泄漏/无破损				
11	悬挂系统	良好/无断裂或固定不紧现象				
12	燃油系统	无泄漏				
13	电气管线	无短路/无损坏/不漏电/不漏油				
14	驾驶室	内卫生保持整洁				
15	电瓶清洁	连接良好/稳固				
16	散热系统	连接紧固/不变形/不滴漏				
17	踏板	连接稳固				
18	照明及指示灯	转向灯/应急灯/前照灯/刹车灯等齐全、性能良好				
19	雨刮器性能	性能有效/雨刮刷片状态良好				
20	手制动	性能良好				
21	脚制动	性能良好/不跑偏				
22	仪表盘	仪表齐全、指示正常				
23	空调/暖风	齐全、有效				

续表

序号	项目	验收内容及标准	检查情况	评价 合格	评价 不合格
24	喇叭	齐全、有效			
25	发动机	油水使用符合有关规定；车辆启动迅速；机油压力表指示正常；气压、油温表指示正常			
26	底盘连接	可靠、操作灵活、运转平衡；制动有效；传动平稳、无噪声、无异响；转向灵活、各部件转向间隙在规定范围内；减震良好			
27	轮胎更换工具	千斤/轮胎套筒齐全、完好			
28	拖车绞盘	齐全、有效			
29	灭火器	齐全、性能良好、固定可靠			
30	警示标志	警示牌、限速标志等齐全			
31	常用工具	常用工具/充气皮管等齐全			
32	翻车保护架	齐全，安装规范，符合HSE要求			
33	车篷/梯子	防水、阻燃、无破损；梯子牢固有扶手			
34	大箱座椅及安全带	齐全、牢固、有效			

四、现场 HSE 检查表制修订与完善

制定现场 HSE 检查表，是记录检查情况、发现的问题及其整改要求，整改的责任人和整改时间、整改效果的一个简要的综合性记录。现场 HSE 检查表根据新的危害因素识别、新的设备设施管理规范等的情况而制修订和完善。

1. 修订与完善现场 HSE 检查表

以地震队的现场 HSE 检查表为例，说明完善现场检查表需要涉及的内容。

首先，地震队现场安全检查表的检查项目包括所有的设备设施、工器具、作业现场、作业活动，如设备设施包括民爆物品运输车、震源车、钻机等，作业现场包括民爆库、充电房、钻机现场、包药现场，作业活动包括民爆物品搬运、下药作业等。

其次，检查表还包括现场标准化的内容，如钻机车应距高压线 25m 以上，钻井作业现场、民爆物品储存、操作过程中的警戒区设置，警示标志设置等。

因此，通过物探现场 HSE 检查表可以清晰地了解设备设施、员工行为以及施工现场的检查情况、发现问题情况、问题整改结果等。表 3-23 是修订后的山地钻井作业 HSE 现场检查表（班组检查）。

表 3-23 修订后的山地钻井作业 HSE 现场检查表（班组检查）

检查人			属地主管：	
序号	检查项目	检查内容	合格或扣分	检查结果/事实描述
1	消防设施	根据各场所面积大小配备相应规格、数量且质量合格的灭火器材,灭火器设置在位置明显和便于取用的地点,不影响安全疏散,灭火器材贴挂检查卡（对灭火器每月要进行 1 次检查）,对损坏的消防设施及时更换和维修		
2		小营地须配备足够的消防器材：流动施工作业的单个帐篷,3~6 人的配 1 具 4kg ABC 类干粉灭火器,7 人以上的配备 2 具 4kg ABC 类干粉灭火器。双人以下帐篷可不配。灭火器挂牌管理,每次移动后检查		
3		野外小营地做饭、油桶现场 5m 左右各放置一具 4kg 以上 ABC 类灭火器		
4		钻机车应配备两具 4kg 以上 ABC 类火灾灭火器、防静电接地链等安全附件		
5		属地责任人对自己属地内的消防设施懂性能、懂用途、懂检查、懂使用		
6	野外临时营地	营地选址地势选择开阔、平坦,避免遭受洪水、泥石流、滑坡、雷击等自然灾害的袭击,不得设置在断崖下面,地势低洼的地方或河流、冲沟内不得宿营。要避开高大树木和金属设施,以防止雷击,应避开公路,必须在公路附近搭建时,应保持足够的安全距离。营地建设时,应首选无植被或植被少的区域。减少资源浪费和对环境的破坏；营地有防洪、防毒蛇、防虫咬措施		
7		住宿帐篷应搭建在地势较高处,有防潮措施（床板或棕垫隔离）,床铺被褥整齐；帐篷周围应有排水措施,帐篷内应有防蚊虫、防蛇咬和防潮措施。住宿帐篷内严禁使用炭盆取暖,避免发生人员中毒现象		
8		炉灶距帐篷最少 5m,生火做饭时必须使用挡火板；使用液化气炉做饭的,液化气钢瓶与灶具之间需保持 1~2m 的安全距离,气瓶有防碰撞胶圈,有产品合格或检验合格证书,有防曝晒、雨淋、碰撞等措施,液化气钢瓶要平稳固定在地面上		
9		设置垃圾坑,帐篷搬走后将垃圾深埋好		
10		所有油品集中存放,距营地帐篷 15m 以上,距做饭区域 20m 以上,设置防漏隔离层。搭设遮阳棚或网,遮阳网不得选择容易产生静电的材料。抽油管和开桶工具需使用防静电的用品		
11		根据各项目的施工季节、环境场所、人员情况等的不同,配备适用的急救药品		
12		值班人员负责对外来人员给予安全提示		
13		住人的帐篷内严禁使用煤炉和炭火做饭、取暖,营地内外无丢弃的烟头		
14		人员禁止饮酒或出现酒瓶		
15		蔬菜应分类、离地、离墙放置（10cm 以上）,并定期检查		
16		钻井营地须设置工具统一存放点,进行定置管理,摆放整齐		

续表

序号	检查项目	检查内容	合格或扣分	检查结果/事实描述
17	野外临时营地	7人以上帐篷之间需保持3m的安全距离,双人帐篷之间需至少保持1m的安全距离		
18		配发急救包,急救包内有外伤急救包扎、蛇毒咬伤、根据季节配备的夏季防中暑、冬季防冻伤药品及药品清单,急救包内不存放其他物品		
19		炊事场所人员不得在火源未彻底熄灭前离开		
20		营地与地震队主营地通信是否畅通		
21		租用民房作为营地时,应考虑房屋的安全性和位置的合理性,对油料等危险物品妥善储存		
22		小营地应按要求对属地区域、功能区、危险区、管理要求、警示标识等内容进行目视管理		
23	山地钻井作业	钻井人员按要求穿戴劳保用品(安全帽、防砸鞋、工作服、防尘、防噪声)		
24		严禁用汽油擦洗钻机及零部件		
25		钻机搬迁前,提前踏勘搬迁路线,路况不好时要提前修路和修钻井平台,执行"最小面积作业法",井场平整,便于钻机作业		
26		搬运钻机应拆解后进行,搬运人员了解搬运程序,35kg以上设备2人以上搬运		
27		抬运的钻机部件应用绳子固定在抬杠上;抬设备上、下山时,速度要慢,下方不得有人;当山体较陡时,应采取上拉法搬运,且严禁人员在设备下部推、托,拉运的同时严禁有人员上、下陡坡或断崖		
28		搬运或运输油料时,应将容器盖拧紧;机组搬迁,严禁将燃油、民爆物品等危险物资与其他物品混装运输,严禁人货混装		
29		钻机供油桶应采用防静电材质的桶,不得用塑料桶替代,供油桶禁止敞开盖供油,要制作油塞并留有回气口,做好防渗油措施,距离发动机发热部位不应小于2m,油管不得与发热部位交叉或者搭接。油管必须是合格厂家生产的耐油产品		
30		发动机电瓶距离发动机发热部位不应小于1.5m(电瓶要使用专用电瓶夹)		
31		钻机作业和停放位置距离高压输电线的水平距离(1×10^4V以上不小于50m,1×10^4V以下不小于30m),起升、落放井架时,井架高度1.5倍距离内无闲杂人员		
32		炮点与附近的重要设施安全距离不足时,不得施工,并及时上报		
33		组装钻机应选在平坦的地方,严禁夜间拆装和搬迁钻机		
34		钻机主体及配套设备应安置平稳、周围50cm内无杂物,防止滑落,井架固定牢固(设备严禁摆放在道路中间)		
35		工作中的钻机5m范围内设置警戒区,无关人员严禁靠近		

续表

序号	检查项目	检查内容	合格或扣分	检查结果/事实描述
36	山地钻井作业	值班人员负责对外来人员给予提示		
37		钻机转动、传动部位防护罩要齐全、牢固		
38		井场工器具摆放整齐,周围不得堆放障碍物,无关人员远离钻机		
39		使用两台空压机时,之间应保持3m以上安全距离,铺设气管时气管要保持通畅,不得打结、折叠		
40		在苇塘、草原、山林等禁火地区施工,禁止携带火种,严禁烟火,钻机应加装防火帽		
41		移动钻机前应先关闭发动机		
42		钻井作业现场和空压机各5m左右放置一具4kg以上ABC类灭火器。灭火器挂牌管理。属地责任人对自己属地内的消防设施懂性能、懂用途、懂检查、懂使用		
43	车辆检查	所配车辆性能良好,记录齐全,按照交通规则行驶(按照交通管理检查项中检查)		
44	班组管理	设置兼职HSE管理员,负责班组的HSE管理工作		
45		每周至少开展一次班组活动(会议),分析本班组HSE工作形势,会议决定得到落实,存在问题得到整改,记录齐全;(内容:上级文件和精神传达;安全经验分享、上次会议决定落实情况通报、事故事件分析、隐患识别与风险控制分析、培训工作落实、下一步工作安排等)		
46		班组(机组)每周至少开展一次自检自查活动并记录(属地检查表),检查的不符合项分析原因,制订纠正措施和预防措施,并跟踪验证		
47		班组(机组)例会(晨会)每天召开并记录,开展经验分享,评价昨天的安全工作,对当天的工作、当天的安全注意事项进行安排等内容		
48		各级属地主管要对进入现场的外来人员进行HSE提示和监护		
49		人员目视化(上岗证、劳保穿戴)		
50		各属地有属地目视化标识		
51		设备设施有设备设施目视化标识		
52		工用具有设备目视化标识,并定期进行检查,张贴检查周期标签		

2. 注意事项

(1)现场HSE检查表是检查现场安全的原始记录,也是现场危害因素识别、安全风险分析与评估、制订风险防控措施的前提和基础,因此,根据操作规程等要求对现场进行逐一检查,并对检查的问题提出整改措施、整改时间、整改结果和相应的责任人。

（2）现场检查出的事故隐患，要立即进行整改，现场难以整改的要采取必要的控制措施，并及时上报。

（3）现场 HSE 检查表的制修订与完善结果要经领导小组审查后批准。

五、应急预案及处置程序

应急预案和处置程序是野外物探现场风险防控和安全事故处置的基本和首要的必备方案和处理流程。通过制定相应的事故处理应急预案和处置程序，使事故发生时能有条不紊地实施有效扑救，将事故可能造成的人员伤亡和财物损失降至最低幅度，是风险防控的最后一道安全屏障。

1. 基层应急处置预案修订与完善

应用危害因素辨识和风险评估的结果，对现有应急预案进行梳理，尤其是修订、完善地震队岗位应急处置卡。对于存在有较高以上风险的作业项目，从技术角度修订完善应急处置操作程序。根据存在的重大风险，编制现场应急处置操作卡，把岗位应急重点放到险情处置操作上，着重解决应急与风险不对应、职责分配不合理、流程不完整、可操作性不强等问题。

地震队是最小的生产单位，也是危害因素和各种风险最集中的单元。编制和适时修订与完善各类突发事件的应急处置操作卡，是安全管理和风险防控的重点工作。下面以地震队的突发事件应急处置操作卡来说明应急处置程序的修订与完善。

（1）分析地震队存在的潜在突发事件的危险性及其可能，要结合地震队所处的环境、生产特点，阐述基本的应对突发事件早期处置的需要。如在地震队作业活动中可能出现的民爆物品丢失、被盗事件，交通事故和触电等。

（2）明确地震队各岗的应急职责及具体的应急流程、应急程序、联络方式和主要事项。

（3）根据地震队可能发生的突发事件，按岗位编制应急操作卡操作。

同时，在应急处置操作卡修订与完善后，还要定期组织应急演练，并对演练中出现的问题及时分析，确保应急处置预案的有效性、可操作性。

2. 岗位应急处置程序完善

岗位应急处置操作卡是指某岗位在突发事件下实施应急处理的操作流程，是针对现场某一种突发事件现场处置的具体实施步骤。

表 3-24 是地震队民爆物品丢失被盗事件应急处置卡（队长岗），表 3-25 是地震队交通事故现场岗位应急处置卡（司机岗），表 3-26 是地震队作业现场突发触电事件岗位应急处置卡（电工岗）。

3. 注意事项

（1）应急预案及其处理程序是事故发生时的合适和有效的处理措施，要建立健全各个岗位、设备设施及各细化管理单元及其操作步骤的应急预案和处理程序，并对岗位员工实施针对性的培训和演练。同时,针对预案和程序中不足之处要及时进行修订与增补,及时完善应急预案与事故处置程序及其细节。

(2)应急预案与处置程序的建立只是应急管理的第一步,重要的是对岗位员工的相关培训和演练,只有做到预案在心、程序在手、熟练记忆和熟练操作,预案和程序在事故发生初期才真正发挥作用,先期才能控制事故。

(3)应急预案及处置程序的修订与完善结果要经领导小组审查后批准。

表 3-24　地震队民爆物品丢失被盗事件应急处置卡(队长岗)

事件名称	民爆物品丢失被盗事件		
应急处置程序	1.发现:任何作业场所发现民爆物品账物不符或其他可疑情况,应立即报告现场负责人,现场负责人应立即采取核对查找和封存措施。 2.报告:现场负责人经初步核对可能丢失或被盗发生时,立即报告队经理。 3.核对:组织库房保管员、押运员、包药工等,核对班报,确定当班民爆物品领取、使用数量,可能丢失被盗的民爆物品编号、数量,并封存账物。 4.搜寻:组织爆炸班长、机组人员、包药工、炸药搬运工等,组成查找搜寻组,依据民爆物品储存和包下药现场、运送路线、炮点桩号等进行拉网式搜寻。 5.报警:现场未找到,立即报告施工地公安机关和物探处,并协助配合公安机关搜寻、查找		
注意事项	1.任何时间当确认民爆物品为被盗时,地震队应立即报告施工所在地公安机关。 2.当发现为可能丢失时,地震队应进行详细查找核对,确认丢失时,应立即报告所在地公安机关	应急电话	单位应急电话(座机): 　　　　　(手机1): 　　　　　(手机2): 公共:110(匪警) 　　　120(急救) 　　　119(火警)

表 3-25　地震队交通事故现场岗位应急处置卡(司机岗)

事件名称	交通事故		
应急处置程序	1.自救:现场人员立即撤离至安全区域,若有人员受伤,在保证自身安全和避免受伤人员遭受二次伤害的前提下第一时间将受伤人员搬离危险源并转移至安全区域。 2.警示:打开车辆应急灯,在安全距离设立警示标志,防止次生交通事故。警告标志:普通公路车辆前后方100m处,高速公路车辆后方150m。 3.报案:若现场无人受伤或受伤不影响正常行动,先拨打122,再拨打保险公司电话,随后向单位应急办公室报告;若有人员受伤需急救,首先拨打120报告现场情况;若发生火灾或人员受困首先拨打119报告现场情况。 4.救援:若有人外伤流血,120未到达前现场采取包扎、指压、止血带、填塞等方式止血;若有人员停止心跳、呼吸,及时实施心肺复苏;若有人被困,119未到达前使用现场工具尝试救援;若发生火灾,119未到达前根据火势使用现场灭火器材进行灭火。 5.协助:协助交警、医务等现场处置		
注意事项	1.务必及时报案。 2.尽最大可能做好防火防爆防次生事故措施。 3.现场保护:做好现场原始状态,车辆、人员、牲畜、遗留物、散落物等不得随意挪动位置,为抢救伤员必须移动位置的,应做好原始位置标记,不得故意破坏	应急电话	单位应急办公室(24h): 公共:119(火警) 　　　120(急救) 　　　122(交通报警)

表 3-26 地震队作业现场突发触电事件岗位应急处置卡（电工岗）

事件类别	触电		
应急程序	1. 呼救：发现有人触电时，大声呼喊"有人触电了！" 2. 断电：立即关闭电源开关或采取其他措施切断电源，若来不及关闭电源，立即用干燥的木棒、绝缘杆、橡胶制品等绝缘物挑开与触电者接触的带电体。 3. 求援：当伤员脱离电源后，立即向现场负责人汇报，并拨打120急救电话求助。 4. 急救：使触电者平躺，开放气道，并就地进行急救，应注意有无其他损伤。 ① 轻症、呼吸心跳均自主者：严密观察，防止继发休克或心衰； ② 有心跳，无呼吸者：解松衣扣，通畅气道，立即进行口对口人工呼吸； ③ 有呼吸，无心跳者：立即作胸外心脏按压； ④ 呼吸心跳均停止者：立即实施心肺复苏术，急救过程要保持连续性，不能中断，直至医护人员到来或将伤员送到医院		
注意事项	1. 在抢险区域内一切物品及设备均视为带电体，作业前应确认作业区域电源是否切断，带电作业时应做好充分的防护措施。 2. 救护人不可直接用手或其他金属或潮湿的构件作为救护工具。 3. 使触电者脱离电源时应防止摔伤，特别是触电者在高处时，应采取必要的防坠落措施	应急电话	单位应急办公室（24h）： 公共：119（火警） 120（急救） 122（交通报警）

六、开发岗位需求型培训矩阵

应用危害因素辨识和风险评估的结果，研究制定基层岗位培训矩阵，融入基层培训中。把风险防控成果导入培训矩阵，将涉及各岗位的危害因素、风险与控制措施、应急处置程序等信息纳入基层岗位培训中，制定符合专业生产安全风险防控实际的培训矩阵，编制相关培训课件。

1. 建立地震队岗位培训矩阵

岗位培训是保持企业持续健康发展的主题之一。针对地震队的岗位培训尤为重要，建立地震队岗位培训矩阵既是岗位培训的方法创新，也是更有效地开展业务和掌握培训进展的直观而明确的方法。

为开展好基础 HSE 培训工作，培训师队伍的能力建设也非常重要，应当根据培训师的能力和特长，建立培训师能力矩阵，并持续做好培训师的培训和能力提升工作。

地震队的领导和班组长等管理骨干的 HSE 能力是做好基层 HSE 管理的重要基础，他们不仅要掌握基本的 HSE 管理知识，也要能够成为基层基础 HSE 培训的培训师。因此，这些人员的培训要由企业统筹安排，通过对 HSE 培训需求的分析，还应当分别建立地震队领导和班组长的 HSE 培训矩阵。表 3-27 是地震队领导 HSE 培训矩阵，表 3-28 是地震队班组长 HSE 培训矩阵。

表 3-27 地震队领导 HSE 培训矩阵

编号	培训内容	培训课时	培训周期	培训方式	培训效果	培训师资	备注
1	基础管理						
1.1	公司安全文化建设与实践	8	3年	课堂	了解	公司级培训师	
1.2	HSE 体系知识	24	3年	课堂	了解	公司级培训师	
1.3	风险分级防控与隐患排查治理	8	3年	课堂	了解	公司级培训师	
1.4	工序风险控制	2	3年	课堂	了解	公司级培训师	
1.5	国际项目 HSE 管理	4	3年	课堂	了解	公司级培训师	
1.6	HSE 作业计划书和指导书	8	3年	课堂	了解	公司级培训师	
1.7	HSE 审核技巧	4	3年	课堂	掌握	公司级培训师	
1.8	HSE 培训技能	8	3年	课堂	掌握	公司级培训师	
2	通用知识						
2.1	民爆物品安全管理	8	3年	课堂	掌握	公司级培训师	
2.2	交通安全管理	8	3年	课堂	掌握	公司级培训师	
2.3	用电安全	8	3年	课堂+现场	掌握	公司级培训师	
2.4	消防安全	8	3年	课堂	掌握	公司级培训师	
2.5	设备安全	8	3年	课堂	掌握	公司级培训师	
2.6	承包商管理	4	3年	课堂	掌握	公司级培训师	
2.7	职业健康	4	3年	课堂	掌握	公司级培训师	
2.8	环境保护	4	3年	课堂	掌握	公司级培训师	
2.9	IAGC 作业手册	8	3年	课堂	了解	公司级培训师	
2.10	野外安全技术图册	4	3年	课堂	了解	公司级培训师	
2.11	应急管理	4	3年	课堂	掌握	公司级培训师	
2.12	事故管理与责任追究	8	3年	课堂	了解	公司级培训师	
3	HSE 管理工具						
3.1	工作前安全分析	8	3年	课堂+现场	掌握	公司级培训师	
3.2	工作循环检查	8	3年	课堂+现场	掌握	公司级培训师	
3.3	作业许可	8	3年	课堂+现场	掌握	公司级培训师	
3.4	上锁挂签	8	3年	课堂+现场	掌握	公司级培训师	
3.5	吊装作业	8	3年	课堂+现场	掌握	公司级培训师	
3.6	安全观察与沟通	8	3年	课堂+现场	掌握	公司级培训师	

续表

编号	培训内容	培训课时	培训周期	培训方式	培训效果	培训师资	备注
3.7	事件管理	4	3年	课堂	掌握	公司级培训师	
4	能力提升						
4.1	课件编制与演讲	24					
4.2	实习审核与实习报告	160	3年				
4.3	专题论文研讨与答辩	80	3年				

表3-28 地震队班组长HSE培训矩阵

编号	培训内容	培训课时	培训周期	培训方式	培训效果	培训师资	备注
1	基础管理						
1.1	HSE体系知识	8	3年	课堂	了解	二级单位培训师	
1.2	工作计划	4	3年	课堂	掌握	二级单位培训师	
1.3	有感领导	2	3年	课堂	掌握	二级单位培训师	
1.4	能力评价	2	3年	课堂	掌握	二级单位培训师	
1.5	属地管理	2	3年	课堂	掌握	二级单位培训师	
1.6	HSE绩效管理	2	3年	课堂	掌握	二级单位培训师	
1.7	风险管理	4	3年	课堂	掌握	二级单位培训师	
1.8	隐患管理	4	3年	课堂	掌握	二级单位培训师	
1.9	应急处置	4	3年	课堂	掌握	二级单位培训师	
1.10	HSE检查	8	3年	课堂	掌握	二级单位培训师	
1.11	班前会	2	3年	课堂	掌握	二级单位培训师	
2	通用知识						
2.1	民爆物品安全管理	4	3年	课堂	掌握	二级单位培训师	
2.2	交通安全管理	2	3年	课堂	掌握	二级单位培训师	
2.3	用电安全	4	3年	课堂+现场	掌握	二级单位培训师	
2.4	消防安全	2	3年	课堂	掌握	二级单位培训师	
2.5	食品安全	2	3年	课堂	了解	二级单位培训师	
2.6	职业健康	2	3年	课堂	掌握	二级单位培训师	
2.7	环境保护	2	3年	课堂	掌握	二级单位培训师	
2.8	现场急救	4	3年	课堂+现场	掌握	二级单位培训师	

续表

编号	培训内容	培训课时	培训周期	培训方式	培训效果	培训师资	备注
3	HSE 管理工具						
3.1	工作前安全分析	8	3 年	课堂+现场	掌握	二级单位培训师	
3.2	工作循环检查	8	3 年	课堂+现场	掌握	二级单位培训师	
3.3	作业许可	8	3 年	课堂+现场	掌握	二级单位培训师	
3.4	上锁挂签	8	3 年	课堂+现场	掌握	二级单位培训师	
3.5	吊装作业	8	3 年	课堂+现场	掌握	二级单位培训师	
3.6	安全观察与沟通	8	3 年	课堂+现场	掌握	二级单位培训师	
3.7	事件管理	4	3 年	课堂	掌握	二级单位培训师	
4	能力提升						
4.1	实习、实习报告与答辩	24	3 年				

注：培训课时单位为小时(h)。

建立岗位培训矩阵，主要包括的内容有：

（1）培训内容，涉及地震队岗位的相关岗位知识，包括通用 HSE 知识、专业 HSE 知识和 HSE 管理工具与方法，基本涵盖物探专业的所有岗位知识，当然，随着技术进步和新产品投入使用，岗位培训的知识结构也将随之进行增补和修改完善。

（2）培训岗位，涵盖地震队的队长、班组长、设备操作手、包药工等。同时，随着专业内容的增减，岗位设置和岗位员工也将随之变化。

（3）培训师资，这是培训的主导具体实施人员。要根据基层培训需要，持续培养单位的 HSE 培训师资力量，常规 HSE 培训的培训师要从本单位各级管理人员、操作骨干、技术人员中进行筛选，并重点进行培训。

（4）培训方式和培训周期，根据不同的工种、不同的岗位以及不同的技能本身特点，确定 1~3 年不等的培训周期。培训方式要做到课堂与现场紧密结合，有些岗位培训必须在课堂教授基础上进行现场实际技能的操作培训和考核验收。

在明确地震队所有的岗位培训知识点、所有需要培训的岗位、培训方式和培训周期、指定培训师资的基础上，建立地震队的岗位培训矩阵。当培训内容和培训岗位随着物探专业方面的某些变化而需要调整和完善时，要及时进行修订和完善。表 3-29 是地震队岗位 HSE 培训矩阵(摘录)。

2. 开发培训课件

HSE 培训课件作为培训矩阵应用的重要组成部分，是员工理解 HSE 培训矩阵和操作规程的重要支撑。培训课件以通俗易懂的语言、形象直观的图片将培训项目的内容以及其中涉及的各种危害、风险等呈现出来，更加有利于岗位员工了解、掌握培训内容。

表3-29 地震队岗位HSE培训矩阵(摘录)

编号	培训项目	培训要求					岗位				备注
		培训课时	培训周期	培训方式	培训效果	培训师资	队长	包药工	仪器车驾驶员	…	
1	基本能力										
1.1	工序管理	2	1年	课堂	掌握	队长	√				
1.2	作业程序	4	1年	课堂+现场	掌握	班组长		√	√		
1.3	岗位应急	2	3年	课堂+现场	掌握	队领导或班组长	√	√	√		
1.4	劳保使用	2	1年	课堂	掌握	队领导或班组长	√	√	√		
1.5	作业许可	2	3年	课堂+现场	掌握	培训师	√	√	√		
1.6	属地管理	1	3年	课堂	掌握	队领导或班组长	√	√	√		
1.7	灾害预防	1	1年	课堂	掌握	队领导或班组长	√	√	√		
2	专业知识										
2.1	野外求生自救	2	3年	课堂+现场	掌握	培训师	√	√	√		
2.2	消防基础	2	3年	课堂+现场	掌握	培训师	√	√	√		
2.3	用电常识	2	3年	课堂	掌握	培训师	√	√	√		
2.4	环保常识	2	3年	课堂	掌握	培训师	√	√	√		
2.5	食品安全常识	2	3年	课堂	掌握	培训师	√	√	√		
2.6	乘车安全常识	2	1年	课堂+现场	掌握	队领导或班组长	√	√	√		
2.7	电气安全知识	1	3年	课堂	掌握	培训师	√		√		
2.8	危化品知识	2	3年	课堂+现场	掌握	培训师	√	√	√		
2.9	职业健康知识	1	3年	课堂	掌握	培训师	√				
2.10	食品安全管理	1	3年	课堂	掌握	培训师	√				
2.11	消防安全管理	1	3年	课堂	掌握	培训师	√				
2.12	民爆物品管理	2	3年	课堂+现场	掌握	培训师		√			
2.13	交通安全管理	2	3年	课堂+现场	掌握	培训师	√		√		
3	管理工具与方法										
3.1	隐患排查与风险防控	2	3年	课堂	掌握	队领导或班组长	√	√	√		
3.2	目视化	1	3年	课堂	掌握	队领导或班组长	√	√	√		
3.3	安全观察与沟通	2	3年	课堂	掌握	队领导或班组长	√	√	√		
3.4	工作前安全分析	2	3年	课堂+现场	掌握	队领导或班组长	√	√	√		

续表

| 编号 | 培训项目 | 培训要求 ||||| 岗位 ||| | 备注 |
		培训课时	培训周期	培训方式	培训效果	培训师资	队长	包药工	仪器车驾驶员	…	
3.5	工作循环检查	2	3年	课堂+现场	掌握	队领导或班组长	√	√	√		
3.6	HSE绩效考核	1	3年	课堂	掌握	队领导或班组长	√	√	√		
3.7	事故/事件管理	2	3年	课堂	掌握	队领导或班组长	√	√	√		

注：培训课时单位为小时(h)。

开发课件，要根据岗位培训的需要，主要应关注以下方面：

对于基层领导，要突出HSE知识由学会到会用的转化，有效提升HSE管理体系运行能力，促进HSE工作在思想认识的转变，学会运用HSE系统管理的方法规划项目风险管理。

对于基层班组长，要学会如何在班组运行体系，如何运用工作前安全分析、安全观察与沟通、工作循环检查、作业许可等管理工具控制作业风险，同时要增强HSE培训能力，为推动班组全员属地责任落地奠定基础。

对于岗位员工，重点是以风险防控为中心，注重基础HSE知识的掌握和岗位操作技能的提升。

（1）培训课件的编制原则：

① 有据可依，突出风险。培训课件内容要围绕岗位管控要求，以规章制度、操作规程等为依据，按管理流程、操作步骤分析危害与风险，评估危害后果，明确防控措施和应急处置要求，让员工懂得如何识别风险、评估风险、控制风险，实现安全操作。

② 文字简明，直观生动。HSE培训课件的使用对象是基层岗位员工，课件内容的表现方式应避免大量文字堆砌，宜用简洁易懂的文字、形象直观的图片或视频、发人深省的典型案例展现管理要求、操作规范及相应风险，切忌简单复制法律法规、制度标准条文的编制方式。

③ 编审结合，实用有效。作为基层岗位HSE培训矩阵的实施载体，要吸纳基层员工、操作骨干的参与，通过集合多方面的编制意见，形成课件初稿，并由对口的职能部门进行评审，根据反馈意见再次进行编制，最终形成课件定稿，实现编制与评审同步进行，保证课件编制质量。

（2）培训课件的编制流程：

课件编制主要包括课件设计、课件素材准备、课件制作、课件评审和课件发布五个环节。

3. 组织基层培训

在建立开发完成基层岗位培训矩阵和培训课件基础上，根据生产运行及培训工作的整体安排，抽调专门的师资、培训管理人员等组织基层的岗位培训。

培训内容和培训人员以及培训要求等，严格按照既定的培训矩阵进行。培训中，做到专职人员的全程跟踪管理和考核,严肃岗位培训纪律、追求岗位培训时效、及时考核培训效果,并根据培训结果建议对培训人员的岗位实施合理的调整。鼓励基层岗位员工积极主动参与和接受定期的岗位培训,并对岗位培训中落后者,根据实际情况进行相应的处罚措施。多方面保障基层岗位培训的实效,为风险防控奠定人员和技术方面的基础。

4. 注意事项

(1)对岗位员工的培训是风险防控的重要措施,根据作业的岗位设置和人员状况,设置相应的培训矩阵、开发相关的培训课程、定期和不定期组织基层进行培训。

(2)在培训课件的开发中要以实际培训的岗位员工为中心,从岗位员工的日常操作和日常工作中的违章案例进行解剖式培训,使培训内容让员工看得见、摸得着也实践过。

(3)岗位培训矩阵的开发成果要经领导小组审查后批准。

七、风险控制责任分配

根据制订的生产作业活动风险防控措施,按照风险防控工作所需要的资源等,结合本单位各管理层次分析,进行责任分级,梳理、分析本单位各管理层级与生产作业活动相关的职责,查漏补缺,制修订和完善与生产作业活动直接相关的各管理层级、相关部门的职责。

1. 风险控制责任分配原则

(1)分层管理、分级防控。将风险防控的责任划分到各个管理层级,每一层级对照专业领域、业务流程,评估并确定风险防控重点,落实防控责任。

(2)直线责任、属地管理。将风险防控的职责落实到规划计划、人事培训、生产组织、工艺技术、设备设施、安全环保、物资采购等职能部门和属地管理岗位,实现管工作必须管风险。

(3)过程控制、逐级落实。从设计、施工、运行等作业活动的全过程和各环节进行风险防控,逐级落实风险防控措施。

2. 风险防控责任清单的建立

风险责任的分配要逐级逐岗落实,做到人人操作有责任、层层管理有责任。对于部门和直线管理者要根据 HSE 职责分配,将风险防控的要求按岗位形成关键任务清单。对于操作员工,要将作业活动的具体风险防控措施的落实责任明确到具体岗位。表3-30是地震队主要管理人员风险防控责任清单(节选),表3-31是地震队车载钻机作业风险防控责任落实表(节选)。

3. 注意事项

(1)风险责任分配要根据条件的变化而及时调整完善,要与危害因素识别、风险分析与评估和风险控制相结合。

(2)风险责任分级分配的结果要经领导小组审查后批准。

表 3-30　地震队主要管理人员风险防控责任清单（节选）

岗位	岗位职责	关键任务
队经理	（1）贯彻执行国家、地方政府的有关法律法规和上级各项规章制度； （2）和指导员（党支部书记）共同做好地震队各项规章制度健全完善工作、队伍建设、企业文化建设在地震队的推行和落实工作； （3）全面负责地震队行政管理工作，是 HSE、质量、成本第一责任人； （4）全面负责项目运作的组织协调，检查、指导分管队领导抓好项目运作； （5）协助指导员（党支部书记）做好党、工、团及思想政治工作； （6）经常分析 HSE 形势，组织 HSE 检查，及时整改事故隐患，指导分管队领导抓好 HSE 管理工作，保证生产过程受控和 HSE 体系持续有效运行； （7）负责质量管理，检查、指导分管队领导抓好质量管理与控制工作； （8）负责设备资源使用、协调，检查、指导分管队领导抓好设备管理； （9）负责公共关系的组织协调，检查、指导分管队领导抓好公共关系； （10）负责经营管理、成本控制和资金使用，全面完成上级下达的各项经营指标； （11）负责人力资源管理，检查、指导分管队领导抓好员工培训和教育等工作； （12）做好地震队各项保密工作； （13）完成领导交办的其他工作	（1）组织成立 HSE 管理小组，并定期召开小组会议，分析存在问题，制订并落实解决方案； （2）组织完成危害辨识和风险评价，并确定风险管控措施； （3）组织制定本队 HSE 制度； （4）根据上级单位的 HSE 目标指标，组织讨论并制订本队的 HSE 目标指标； （5）定期完成对 HSE 目标指标完成情况的考核； （6）负责确保员工具备上岗资质，并定期进行履职考核； （7）组织完成 HSE 作业计划书的编制和更新，并组织宣贯及落实； （8）组织落实 HSE 培训计划； （9）每周召开 HSE 会议； （10）负责落实 HSE 检查计划的实施，并每月组织全队范围的 HSE 检查与审核； （11）制定事故事件上报激励机制并落实，负责组织对潜在风险高的事故事件进行调查； （12）组织完成项目应急总体预案和专项预案的编制
书记	（1）认真贯彻执行党的路线、方针、政策和上级各项规章制度； （2）和队经理共同做好地震队各项规章制度健全完善工作、队伍建设、企业文化建设在地震队的推行和落实工作； （3）全面负责地震队党建、思想政治、综合治理和稳定工作，是综合治理和稳定工作第一责任人； （4）负责地震队班子建设工作，做好后备干部的培养、推荐工作； （5）围绕项目运作做好党建和思想政治工作，发挥党支部的战斗堡垒作用和党员的先锋模范作用； （6）坚持民主集中制原则，定期组织召开民主生活会，抓好党支部的自身建设； （7）抓好工会工作，指导好团支部工作，做好入党积极分子的培养、考察工作； （8）协助队经理进行质量、HSE 管理等各项工作，共同做好项目运作； （9）负责后勤服务的组织协调，检查、指导分管队领导抓好后勤保障管理； （10）协助队经理做好内、外关系的协调工作； （11）负责施工后的总结评比等工作； （12）做好地震队各项保密工作； （13）完成领导交办的其他工作	（1）参与组织成立 HSE 管理小组； （2）负责组织编制设备、人员运输安全计划； （3）负责组织对所有司机的安全培训； （4）队经理外出时，全面负责本队的 HSE 工作； （5）负责应急物资的准备

续表

岗位	岗位职责	关键任务
生产队副经理	（1）直接领导和指挥生产各班组，并负直接领导责任； （2）制订生产计划，掌握生产进度、组织协调生产活动； （3）负责施工质量和采集资料质量的管理与控制； （4）合理安排生产进度，掌握生产的HSE动态，指导班组长并亲自抓好现场HSE管理，及时向队经理上报重大问题； （5）负责生产各班组的设备使用与协调，协助分管设备队领导做好设备管理工作； （6）负责生产各班组的成本管理与控制； （7）负责生产各班组员工的培训，协助队经理和指导员（党支部书记）稳定队伍及员工思想，提高员工素质； （8）完成领导交办的其他工作	（1）针对外包工的作业进行监督检查； （2）定期评价外包工的表现； （3）负责落实分管业务内作业许可程序的执行； （4）每天检查分管业务的工作，确保控制措施到位； （5）负责应急预案的宣贯，并按计划完成应急演练
设备队副经理	（1）分管地震队的设备管理工作，主持设备管理小组的日常工作，并负直接领导责任； （2）抓好设备管理体系的运作，制订设备管理工作计划，落实上级设备管理制度实施细则及技术安全操作规程； （3）负责全队设备的定人、定机、调配、交接和成本核算等工作； （4）负责对各班组长和操作手管理、使用、维护设备的情况进行检查、考核； （5）负责设备常用材料和维修备件质量的监督，对物资供应现场服务人员进行管理和考核； （6）抓好设备的技术改造和新装备、新技术、新方法的推广应用； （7）负责调查、鉴定和处理设备事故，提交调查和处理报告； （8）抓好设备维修和操作人员的岗位技术培训工作； （9）负责生产各班组和生产过程HSE管理，控制、制止设备操作违章行为； （10）完成领导交办的其他工作	（1）编制本队设备设施台账； （2）组织设备设施的入场前检查； （3）定期检查设备设施的维护保养实施情况； （4）负责落实分管业务内作业许可程序的执行； （5）每天检查分管业务的工作，确保控制措施到位； （6）负责审查车辆完好性的工作
责任工程师	（1）协助队经理抓好质量管理体系的运转，负责项目质量管理工作； （2）编制野外施工试验方案和施工设计，设计的施工方法应符合HSE要求； （3）以技术经济一体化为前提，及时解决施工技术难题和质量问题，提高生产效率； （4）制定落实合同规定的技术质量标准和上级技术质量管理制度的实施细则； （5）负责生产项目技术攻关和新技术、新方法的推广应用； （6）抓好技术质量管理基础工作，编写各种技术质量报告，及时、准确地反馈技术质量信息； （7）负责与甲方进行物探技术、方法的沟通与交流； （8）严格执行本岗位技术规范和HSE规范； （9）做好基础资料的保密工作； （10）完成领导交办的其他工作	（1）根据危害辨识和风险评估结果编制专项作业方案； （2）作业开始前，组织专项方案的交底； （3）提出民爆物品采购清单并建立台账； （4）组织对民爆物品的到货验收； （5）负责项目地域的自然灾害历史信息收集，并制订灾害预警计划

续表

岗位	岗位职责	关键任务
营地、人事队副经理	（1）分管营地建设、后勤、季节工管理工作，并负直接领导责任； （2）贯彻执行国家、地方政府的有关法律法规，落实上级营地建设、后勤、季节工管理有关规定； （3）负责地震队营地管理工作，为一线职工做好后勤保障； （4）负责生产、生活物资的供应和仓储管理； （5）负责营地建设和营地设备、设施的管理； （6）负责季节工的招聘、劳动合同、工资管理、考勤、福利待遇、劳保用品、劳动纠纷等工作； （7）负责后勤系统的HSE管理、成本管理； （8）协助指导员（党支部书记）做好队伍建设和企业文化建设工作； （9）完成领导交办的其他工作	（1）负责组织营地用地设计； （2）定期检查电工的日常工作； （3）负责落实营地消防设计的要求； （4）组织编制营地制度； （5）定期组织对消防设施的检查； （6）定期组织对营地卫生进行检查
HSE队副经理	（1）分管HSE管理工作，主持HSE管理小组的日常工作，并负直接领导责任； （2）贯彻执行国家、地方政府的有关法律法规，落实上级HSE管理制度及HSE操作规程； （3）负责HSE隐患管理，做好识别、登记、评估、控制和处理等工作； （4）抓好HSE工作的基础管理工作，负责组织开展HSE培训和教育工作，不断强化员工的HSE意识； （5）负责对野外施工和营地的HSE工作进行审计、检查、监督和考核，及时纠正、解决存在的问题和隐患； （6）完成领导交办的其他工作	（1）协助队经理组织和完成HSE作业计划书的编制和实施； （2）协助队经理组织完成HSE培训需求评估，并编制HSE培训矩阵及培训计划； （3）协助队经理针对HSE培训设计有效的培训效果评估； （4）协助队经理确保外包工通过入场HSE培训； （5）协助队经理组织讨论和确定本队作业许可的范围； （6）协助队经理定期审核作业许可程序的执行，并提出改善建议； （7）协助队经理组织讨论和编制HSE检查计划； （8）协助队经理建立HSE问题跟踪台账，并在周会上讨论； （9）协助队经理负责建立事故事件分享机制； （10）协助队经理编制民爆物品的装卸、搬运和运输安全计划； （11）协助队经理负责民爆物品临时储存场所按规范要求筹建； （12）协助队经理确保燃油存放场所符合相关规范要求
解释组长	（1）全面负责解释组日常工作，协助责任工程师做好地震队物探技术和质量管理的具体工作； （2）负责控制、监督、考核各班组施工质量，及时反馈和纠正施工中出现的技术、质量问题，确保符合设计要求和达到质量标准； （3）负责本班组员工的分工、考核工作，负责本班组与其他班组的协调工作； （4）负责监督、检查、使用本班组所有设备，负责做好维护保养、检测工作； （5）负责组织本班组以及对测量、钻井、放线班人员的岗位培训工作； （6）严格遵守本岗位技术规程、HSE、资料保密等规定； （7）完成好领导交办的其他工作	（1）针对高风险作业开展工作前安全分析； （2）作业前组织召开班前会； （3）负责落实本班组作业的风险管控措施； （4）监督班组员工对操作规程的遵守情况，并及时纠正不安全行为

续表

岗位	岗位职责	关键任务
测量组长	（1）全面负责本班组日常工作，按照地震队整体生产安排，组织和指挥野外测量作业和室内计算工作； （2）编写测量施工设计，上交测量成果资料； （3）管理和控制野外测量作业和室内计算质量，确保测量采集数据和计算成果真实、准确； （4）负责本班组员工的分工、考核工作，负责本班组与其他班组的协调工作； （5）监督、检查、管理和使用各种设备，做好保护、保养、检测、维修工作； （6）组织本班组人员的岗位培训工作； （7）严格遵守本岗位技术规程、HSE、资料保密等规定； （8）完成领导交办的其他工作	（1）针对高风险作业开展工作前安全分析； （2）作业前组织召开班前会； （3）负责落实本班组作业的风险管控措施； （4）监督班组员工对操作规程的遵守情况，并及时纠正不安全行为
表层调查组长	（1）全面负责本班组日常工作，及时完成下达的表层调查任务； （2）负责表层调查仪器的操作、管理和地震资料的采集、整理、上交工作，确保符合设计要求和达到质量标准； （3）管理和控制表层调查作业质量，组织人员排除存在质量问题及隐患； （4）负责本班组员工的分工、考核工作，负责本班组与其他班组的协调工作； （5）监督、检查、管理和使用各种设备，做好保护、保养、检测、维修工作； （6）组织本班组人员的岗位培训工作； （7）负责本班组HSE安全操作规程及民爆物品安全管理规定的落实； （8）完成领导交办的其他工作	（1）针对高风险作业开展工作前安全分析； （2）作业前组织召开班前会； （3）负责落实本班组作业的风险管控措施； （4）监督班组员工对操作规程的遵守情况，并及时纠正不安全行为
钻井组长	（1）全面负责钻井组工作，组织本班组人员进行野外钻井作业，确保完成下达的钻井任务； （2）负责管理和控制钻井作业质量，及时整改存在的质量问题及隐患，确保符合设计要求和达到质量标准； （3）负责本班组员工的分工、考核工作，负责本班组与其他班组的协调工作； （4）负责检查操作人员对本班组各种设备的使用保养情况，组织督促做好维护、保养、检测工作； （5）负责组织本班组人员的岗位培训工作； （6）严格执行本岗位操作规范、HSE操作规程； （7）完成领导交办的其他工作	（1）针对高风险作业开展工作前安全分析； （2）作业前组织召开班前会； （3）负责落实本班组作业的风险管控措施； （4）监督班组员工对操作规程的遵守情况，并及时纠正不安全行为
放线组长	（1）全面负责放线班工作，组织和指挥本班组人员进行野外放线作业，确保完成下达的爆炸任务； （2）管理和控制放线作业质量，组织人员排除存在质量问题及隐患，确保符合设计要求和达到质量标准； （3）监督、检查、管理和使用好放线班各种设备，做好保护、保养、检测、维修工作； （4）组织放线人员的岗位培训工作； （5）负责本班组员工的分工、考核工作，负责本班组与其他班组的协调工作； （6）管理和监督放线作业中的HSE工作，确保安全文明施工； （7）完成领导交办的其他任务	（1）针对高风险作业开展工作前安全分析； （2）作业前组织召开班前会； （3）负责落实本班组作业的风险管控措施； （4）监督班组员工对操作规程的遵守情况，并及时纠正不安全行为

续表

岗位	岗位职责	关键任务
爆炸班长	(1)全面负责爆炸班工作,组织和指挥本班组人员进行野外爆炸作业,确保完成下达的爆炸任务; (2)管理和控制爆炸作业质量,组织人员排除存在质量问题及隐患,确保符合设计要求和达到质量标准; (3)负责本班组员工的分工、考核工作,负责本班组与其他班组的协调工作; (4)监督、检查、管理和使用爆炸班各种设备,做好保护、保养、检测、维修工作; (5)组织爆炸作业人员的岗位培训工作; (6)负责本班组HSE操作规程及民爆物品安全管理规定的落实; (7)完成领导交办的其他工作	(1)针对高风险作业开展工作前安全分析; (2)作业前组织召开班前会; (3)负责落实本班组作业的风险管控措施; (4)监督班组员工对操作规程的遵守情况,并及时纠正不安全行为; (5)确保本班员工按规程使用民爆物品,进行爆炸作业
仪器组长	(1)全面负责本班组日常工作,按照地震队整体生产安排,组织协调采集班组完成野外地震采集任务; (2)操作地震仪器,记录地震数据,负责填写仪器班报,提交原始资料; (3)负责监控野外采集施工质量,并及时反馈资料品质变化情况; (4)负责本班组员工的分工、考核工作,负责本班组与其他班组的协调工作; (5)监督、检查、管理和使用各种设备,做好保护、保养、检测、维修工作; (6)组织本班组人员的岗位培训工作; (7)严格遵守本岗位技术规程、HSE、资料保密等规定; (8)完成领导交办的其他工作	(1)针对高风险作业开展工作前安全分析; (2)作业前组织召开班前会; (3)负责落实本班组作业的风险管控措施; (4)监督班组员工对操作规程的遵守情况,并及时纠正不安全行为
队医	(1)负责预防、诊断、急救、治疗地震队员工的各种疾病; (2)负责传染病、食物中毒、职业病预防工作; (3)负责防疫、消毒灭菌工作,监督检查卫生保健和环境卫生工作; (4)负责开展医疗卫生保健知识宣传和教育,做好医疗卫生基础工作; (5)负责管理医疗账目,做到账目清晰; (6)负责组织开工前员工的体检工作; (7)负责维护、保管好所使用的医疗器械; (8)严格执行本岗位技术操作规范、HSE操作规程;按HSE统计要求及时提供医疗数据	(1)负责职业健康因素的识别,并制订相应措施; (2)负责检查职业病防控措施的落实工作; (3)负责检查营地的防疫工作,参与检查营地卫生; (4)按计划完成职业卫生的宣贯工作; (5)负责组织开展员工的体检工作
生活管理员	(1)协助副队经理(营地、人事)搞好后勤生活保障工作; (2)负责生活物资和日常用品的采购; (3)负责食堂伙食账目,及时与会计共同对成本进行核算,做到日清、旬结、月公布; (4)落实伙委会意见,对食堂的饭菜质量进行监督和整改; (5)严格执行公司HSE作业程序和食品卫生"五四制"; (6)完成上级领导交办的其他工作	(1)负责编制营地饮食卫生制度; (2)每天检查营地的饮食卫生制度的执行情况
修理组长	(1)负责设备的维修保养,及时排除故障,杜绝维修故障停机和机械事故; (2)填写设备维修保养记录,建好维修保养档案; (3)负责保管所用设备和工具; (4)严格执行本岗位技术规范和HSE规范; (5)完成领导交办的其他工作	(1)针对高风险作业开展工作前安全分析; (2)作业前组织召开班前会; (3)负责落实本班组作业的风险管控措施; (4)监督班组员工对操作规程的遵守情况,并及时纠正不安全行为

续表

岗位	岗位职责	关键任务
HSE管理员	（1）协助队经理做好HSE活动的计划和组织，并为做好HSE工作、隐患治理提出技术方案； （2）收集有关的法律法规、标准和规章制度，并开展培训和宣传； （3）定期进行HSE工作分析，向队经理提出HSE工作建议； （4）按计划进行现场HSE巡回检查； （5）负责重大危险作业活动的现场监护； （6）建立并维护HSE管理资料、台账； （7）收集HSE信息，并按规定的格式和时间上报	（1）协助HSE副队经理开展各项工作； （2）对重大危险工作进行现场监护； （3）每天对现场进行巡查，并建立问题台账

表3-31 地震队车载钻机作业风险防控责任落实表（节选）

序号	作业环节	操作步骤	危害因素	风险	控制措施	责任工程师	钻井项目长	司钻	车载钻机司机	一钻工	二/三钻工
1	钻井前	检查人员劳保	未按要求穿戴系好衣襟、袖口	人员伤害	必须穿戴工作服、防砸工作鞋，衣扣袖口必须系好				√		
2			与高压线距离不足25m	人员触电、设备损坏	钻机不在距高压线25m范围内起升、落放井架				√		
3			无关人员距离钻机8m以内	人员砸伤	钻机周围8m内不准无关人员进入				√		
4		检查工作环境	地表起伏过大不利于车载钻机到位	设备倾翻、交通伤害	由司钻负责通知项目技术负责人员对炮点进行偏移处理，偏移至安全位置后方可继续钻井					√	
5			地下有管道、管线等	管线管道破损、人员伤害、环境污染	从测量组放样开始做好选点工作，工区电缆、管道等重要设施及文物保护区作为重点标注，避免在安全距离范围内打井	√					
6			动力头与钻杆连接不牢靠、液压管线挤压、扭曲、与钻机其他部位搭挂	人员砸伤、摔伤	检查动力头与钻杆连接部位必须可靠，液压管线挤压、扭曲、与钻机其他部位搭挂			√			
7		检查钻机	钻井泵、空压机压力表失灵	设备损坏、人员伤害	所有仪表灵敏、可靠，初始读数应在规定范围内；气控制系统、液压系统、钻井液循环系统的安全阀和压力表定期检查；空气、液压、钻井液系统的安全阀应灵敏、安全可靠		√				
8			运行时检查、维修钻机	人员伤害	钻机运行过程中，不进行维修与保养			√			

续表

序号	作业环节	操作步骤	危害因素	风险	控制措施	责任工程师	钻井项目长	司钻	车载钻司机	一钻工	二/三钻工
9	钻井前	检查钻机	井架天车链轮松动、链条损坏、螺纹松动	人员伤害	检查钻机各连接部位的连接件要安装牢固。重点检查传动轴连接叉的连接螺栓、加压链条的调节螺栓、井架上方的螺栓、取力装置及控制机构		√				
10			高压管线的安全链缺失或损坏	人员伤害	钻机各连接部位的连接件要安装牢固。重点检查传动轴连接叉的连接螺栓、加压链条的调节螺栓、井架上方的螺栓、取力装置及控制机构		√				
11			各旋转部件的防护罩缺失	人员伤害	各旋转部件的防护罩保持完好		√				
12		指挥钻机到位对准炮点	交通车辆伤害	人员伤害、设备损坏	司钻位于司机一侧指挥车辆对准桩号				√		
13		打掩木	未按要求打掩木	人员伤害、设备损坏	井位对正后,钻机车、水罐车打好掩木				√		
14		支千斤	千斤未支平	设备损坏	钻机车停稳后打好掩木,支好千斤腿			√			
15	打井中	起架子	起架子过快	人员伤害、设备损坏	井架起升符合"慢—快—慢"的程序要求,井架竖起后与人字架锁紧后方可钻井			√			
16			管线挂到钻机其他部位	人员伤害、设备损坏	钻井起架子前需检查钻井机各部位管线是否挂在了管线其他部位			√			
17			未正确将两个限位销插好	设备损坏、人员伤害	井架子在立起后必须将左右两个保险销都插好方可进行钻井作业			√			
18		取钻杆	搬运钻杆方式错误	人员伤害	(1)取钻杆需两人相互配合;(2)从后槽取钻杆						√
19		钻井	加压过猛	人员伤害、设备损坏	在钻井作业过程中,根据表层地质结构、岩层硬度等变化及时调节钻压和钻进速度			√			
20			钻井泵和空压机憋泵或憋压	人员伤害、设备损坏	为钻机安装泄压阀			√			
21			卡瓦不到位	人员伤害、设备损坏	司钻和一钻工动作协调,及时沟通工作步骤			√			

续表

序号	作业环节	操作步骤	危害因素	风险	控制措施	责任工程师	钻井项目长	司钻	车载钻司机	一钻工	二/三钻工
22	打井中	钻井	动力头和钻杆连接不到位	人员伤害	（1）应检查动力头和连接杆的连接是否稳固；（2）在接钻杆时动力头必须和钻杆连接好方可上提动力头			√			
23			螺纹连接件未上紧	人员伤害	（1）螺纹连接件必须上紧；（2）日常做好螺纹连接件完好性检查工作			√			
24			二/三钻工安装上提钻杆过程中未站在钻杆一侧	人员伤害	安装钻杆上提时必须站在钻杆的一侧，不准跨在钻杆上						√
25			钻机钻进中卡钻或粘扣未正确使用管钳	人员伤害	钻机钻进中卡钻或粘扣时，停机后用管钳卸钻杆			√			
26			未安装防尘罩	人员伤害、环境污染	防尘罩必须完整有效	√					
27			钻工以钻井链条为支点推动力头	人员伤害	钻工更换钻杆时必须以安全扶手为支撑点					√	
28		提钻杆/卸钻杆	不按慢—快—慢原则提/卸钻杆	人员伤害	提/卸钻杆遵循"慢—快—慢"程序要求			√			
29			钻杆(二/三钻工)卸下后拉送过程中未抬高	人员伤害	提/卸钻杆要采用"慢—快—慢"原则，二/三钻工接钻杆时必须抬高钻杆						√
30		装钻杆	二/三钻工配合不当	人员伤害	从放置钻杆后槽推入槽内到指定位置						√
31			从侧面装钻杆	人员伤害	装钻杆时从后往前放						√
32			钻杆未推送到钻杆槽内并到位	人员伤害	装钻杆时必须将钻杆放到位						√
33	钻井结束	移除限位销	未移除	设备损坏	钻井结束时必须先移除限位销			√			

续表

序号	作业环节	操作步骤	危害因素	风险	控制措施	责任工程师	钻井项目长	司钻	车载钻司机	一钻工	二/三钻工
34	钻井结束	倒架子	未按慢—快—慢的速度放倒架子	设备损坏、人员伤害	放井架时,应先将锁紧装置松开,再将井架缓慢平稳落下				√		
35		倒架子	未警示工作人员在安全距离以外（8m）	设备损坏、人员伤害	钻机周围8m内不准有无关人员进入				√		
36		收回油门、下平台、收千斤	司机私自移动车位	设备损坏、人员伤害	司钻收油门、下平台、收起千斤后,向司机示意,司机方可驾驶车辆离开				√		
37		搬点	未倒架子搬点	设备损坏、人员伤害	必须倒架子后才能搬点			√			

第四章　钻井作业活动风险防控

本章以钻井作业活动为例,结合生产实际特点,细化分解识别各环节风险,分析完善现有风险防控措施,提升风险管控能力,建立钻井作业风险防控机制。

第一节　概　　述

一、钻井作业宏观描述

在石油天然气工业中,钻井占据了重要的位置。勘探、开发石油和天然气等埋藏在地下的资源,钻井成了必须采用的手段,也只有通过钻井方式才能实现发现和获得地下石油、天然气宝贵资源的目的。

石油天然气钻井作业是高投入、高风险和高技术水平的特殊作业,存在各种各样的风险。钻井作业包括整个一口井的钻井活动,即在陆地上修建井场或海上建造钻井平台、安装钻机设备、钻进施工、下套管固井、测井、试油完井等一系列作业。由于钻井工艺和钻井场所的特殊性,在钻井作业的不同阶段和不同的环节中,均存在对人员身体健康、人员与设施安全和生态环境等不同程度和不同形式的影响和危害,即存在不同程度、形式各异的风险。

二、钻井作业存在的主要风险

(1)井喷:井喷失控是损失巨大的灾难性事故,常造成机毁人亡,并带来恶劣的社会影响。发生井喷时,如无法有效控制,喇叭口喷出的泥浆及油气以极大的压力对钻台、井架产生冲击,极有可能发生火灾爆炸,此时在钻台作业的司钻、内外钳钻工以及在二层台作业的井架工及其他人员都将受到伤害。

(2)中毒:钻井液循环过程中,井底一些有毒有害气体可能随之从喇叭口、高架槽溢出,尤其是高含硫井内的硫化氢气体,一旦发生气侵就很有可能伴随钻井液循环在喇叭口等敞开部位溢散,此时钻台、循环罐作业人员一旦吸入高浓度硫化氢气体就可能致命。

(3)高压伤害:高压区域主要是钻井液循环沿线,以钻井泵为核心,经增压的钻井液自高压管汇流入水龙带、顶驱、钻杆内。此区域一旦发生管线刺漏、接头松脱,高压钻井液或甩出的管线都将产生极其巨大的冲击力,对附近的人造成伤害。

(4)高空落物:钻台上方的井架及二层台、天车台、悬吊系统,都是靠销轴、螺栓紧密连接,其中二层台是井架工作业的地方,会存在一些棕绳、钻杆钩子、防坠落差速器等工具,一旦固定不牢靠或操作时工具滑脱产生的高处落物将对在钻台工作的生产人员产生非常大的伤害。

（5）火灾爆炸：柴油罐、柴油发电机组、乙炔气瓶房等都属于火灾爆炸重点防控区域。该区域储存的柴油、乙炔，如果达到爆炸极限遇有火源易引发火灾爆炸。野营房电气线路老化、短路也可能引发着火事故。

（6）物体打击：钻井生产作业在拆甩、搬迁、安装期间有大量吊装作业，设备设施装卸、拉运、安装就位等都会涉及。作业时，起重机在运行中可能对人员造成挤压或撞击；吊运中的吊物坠落会造成物体打击伤害；使用不合格的钢丝绳，造成重物坠落；汽车起重机作业场所地面不平整、支撑不稳定等造成起重机倾覆等。这些都会对参与作业人员造成伤害。

（7）触电：钻台及循环罐上有大量电器设备，如顶驱、钻井绞车、液压站、振动筛、离心机等，此类设备的电缆一般都铺设在电缆槽内，但日久老化有可能导致绝缘失效发生人员触电事故。

（8）车辆伤害：叉车、装载机、吊车、卡车等车辆在钻完井现场内比较常见，此类车辆在运动过程中往往存在视线盲区，再加上周边环境嘈杂，可能导致车辆人身伤害事故发生。

（9）设备事故：由于人员操作失误，或设备缺陷导致顶天车、倒井架等事故发生，会使作业人员受到伤害。

因此，如何系统地实施钻井作业风险辨识与评估、风险分级管控，建立风险防控机制十分重要。

第二节　风险防控工作准备

一、工作前的准备

开展风险防控工作前，依程序要做好六方面准备工作。

1. 成立组织机构

成立公司经理为组长的工作领导小组；成立以安全总监为组长的工作小组；成立专业工作组，在工作小组的组织下开展工作。图4-1是组织机构示意图。

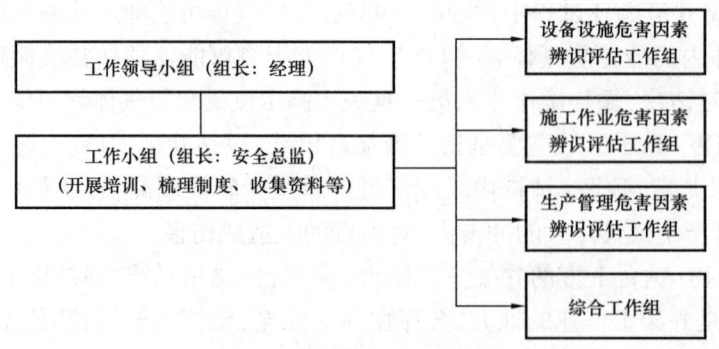

图4-1　组织机构示意图

2. 明确工作职责

工作领导小组,审定工作实施方案,保障人员、办公设备等资源,定期听取项目进展、协调项目运行、组织评审验收风险管控工作成果。工作小组,收集信息资料,按照生产作业活动和使用的设备设施全覆盖的原则,捋清辨识思路,确定辨识工作主线,分析辨识采取的方式方法,制订工作方案,开展风险辨识培训、提供技术咨询、指导工作运行,解决工作中遇到的技术问题。专业工作组要组织、指导、督促、协助基层开展危害因素辨识、评估风险、制订风险控制措施,并组织制修订 HSE 职责、作业规程、岗位巡回检查表、应急处置卡和岗位培训矩阵等。

3. 开展调查研究

要组织风险防控相关人员到基层单位进行专题调研,结合钻井生产实际,梳理制定工作标准,确定钻井作业风险防控模板的编制流程和工作方法。

4. 制订工作方案

要紧密围绕钻井作业活动、设备设施完整性和操作及两级管理活动制订详细的工作任务计划,制订风险防控工作阶段性工作任务、目标和工作流程,及时汇总实施情况,掌握工作进展,纠正工作中偏离工作标准或方法不当等情况,及时协调和解决工作过程中出现的各种问题,确保风险防控工作顺利完成。

5. 进行培训动员

采取外聘专家与内部专兼职培训师相结合的方式,分层级开展风险防控工作培训,培训内容涵盖工作开展目的、目标、思路、流程、方法、基础知识、注意事项等。针对不同层级人员,开展不同内容的培训。由分公司工作小组组织各专业小组成员培训。要统一工作思想,梳理基本流程,明确各专业组的主要工作内容,学习全面的风险防控安全理论知识。各专业小组根据本小组的具体工作内容,有针对性地对基层人员进行培训。培训以相对基础的风险防控安全理论知识为主,着重培训如何开展危害识别与风险评价、相应方法的基本使用和要求、工作开展过程中需要注意的事项等。

6. 召开启动会

由风险防控领导小组组织召开本单位风险防控工作启动大会,向全体人员阐述风险防控工作的意义、目的和任务,公布风险防控工作方案,宣布风险防控工作的正式启动。

二、收集相关信息资料

钻井作业风险防控梳理是以钻井作业工作流程为主线,为准确分解作业活动,系统识别危害因素,组织收集各个层面的信息资料,主要包括以下几方面内容:企业安全文化、组织结构、规章制度,生产工艺流程和作业规程,设备设施和保养规程,问题、隐患和事故事件相关资料,国家标准和行业标准,以往的危害因素辨识资料。

1. 组织机构及岗位设置

钻井队是钻井公司最基本的施工单位,钻井队一般由管理人员、大班、班组作业人员、后勤炊事班组成。图4-2是常见钻井队组织结构和岗位设置情况。

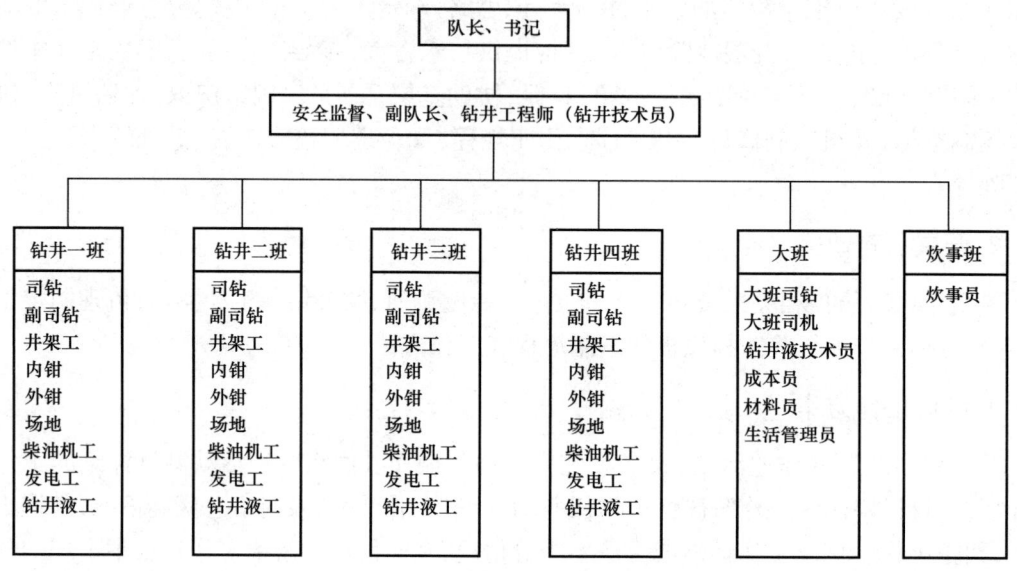

图4-2 常见钻井队组织结构和岗位设置示意图

2. 钻井工艺流程

要根据钻井生产作业活动进行详细收集,包括主要生产流程和辅助作业流程,可进行以采用流程图的方法先行梳理,再分块进行层级的细化。图4-3是钻井工艺流程示意图,主要包括设备搬迁、设备安装、各开次作业、测井、固井、设备拆甩等流程。

3. 主要生产设备

关注钻井作业过程中与主要风险管控相关的主要生产设备,野外流动作业过程中,设备设施的完整性和有效性,与现场风险管控密切相关。钻井设备包括起升系统、旋转系统、钻井液循环系统、传动系统、控制系统、动力驱动系统、钻机底座、钻机辅助设备系统等八大系统,但现场又存在多种钻机类型。因此,设备清单的整理既要关注不同钻井队设备的差异性,又要具有一定的代表性。表4-1是钻井队主要设备设施清单。

4. 制度标准

主要包括四个层面内容:一是公司HSE管理体系文件;二是管理体系运行支持性文件,包括公司HSE企业标准、HSE管理规定等内容;三是法律法规和行业标准,包含了国家法律法规、国家有关HSE标准、石油行业和集团公司相关标准和规定;四是"两书一表"等规程文件。表4-2是钻井作业常用标准。

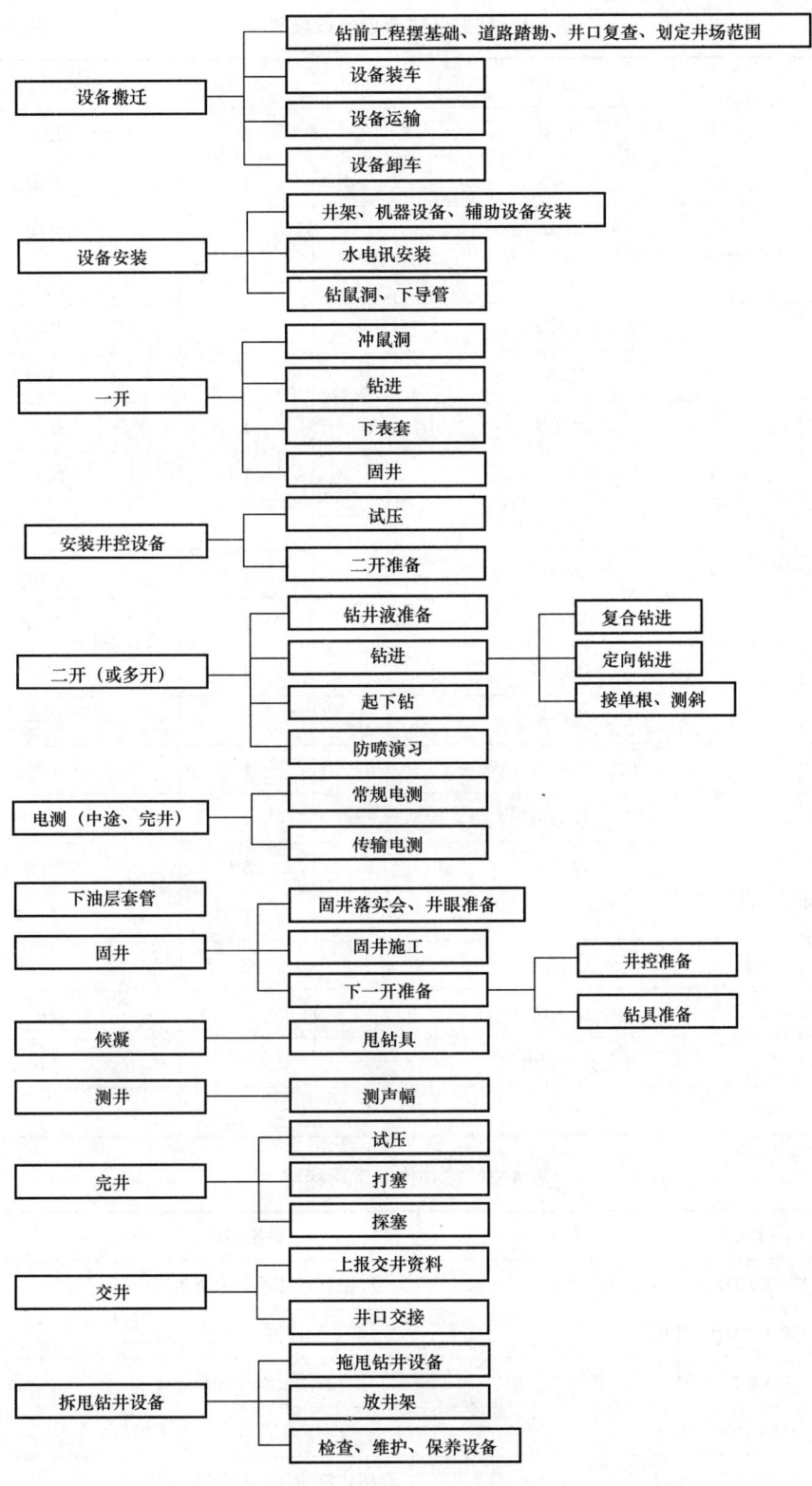

图 4-3 钻井工艺流程示意图

表 4-1 钻井队主要设备设施清单

序号	设备名称	数量	负责岗位
1	井架	1	井架工
2	底座	1	井架工
3	天车	1	井架工
4	游车	1	井架工
5	大钩	1	井架工
6	转盘	1	外钳工
7	水龙头	1	井架工
8	绞车	1	内钳工
9	液压盘刹	1	内钳工
10	电磁刹车	1	内钳工
11	钻井泵	2	副司钻
12	柴油机	3	司机
13	发电机	2	发电工
14	联动机或并车传动装置	1	发电工
15	配电房	1	司机
16	循环罐	5	钻井液工
17	套装水罐	1	场地工
18	气瓶	2	司机
19	柴油罐	2	发电工
20	高压管汇	1	副司钻
…	……		

表 4-2 钻井作业常用标准

序号	标准编号	标准名称
1	GB/T 24001—2004	环境管理体系要求及使用指南
2	GB/T 28001—2011	职业健康安全管理体系规范
3	AQ 2012—2007	石油天然气安全规程
4	AQ/T 9006—2010	企业安全生产标准化基本规范
5	SY/T 5087—2005	含硫化氢油气井安全钻井推荐作法

续表

序号	标准编号	标准名称
6	SY/T 5225—2012	石油天然气钻井、开发、储运防火防爆安全生产技术规程
7	SY/T 5720—2006	司钻安全技术考核规则
8	SY/T 6058—2004	自升式井架起放作业规程
9	SY/T 6202—2013	钻井井场油、水及供暖系统安装技术要求
10	SY/T 6228—2010	油气井钻井及修井作业职业安全的推荐作法
11	SY/T 6277—2005	含硫油气田硫化氢监测与人身安全防护规定
…	……	……

三、调查作业岗位情况

在收集和分析信息资料的基础上，进行岗位设置、工序流程、生产设备、作业环境和岗位职责等方面的现场调查。主要明确以下几方面：

（1）明确作业岗位的划分与实际分布、工序流程和实际操作、设备设施的种类与工作原理、作业环境分布与特点、岗位职责的详细内容及其与实际工作的联系。

（2）明确岗位员工对作业岗位、设备设施等岗位职责、操作规程的了解和掌握程度，以及实际操作与要求的差距等。

（3）明确作业岗位、设备设施等在历史上出现的事故及其处理情况，详细调查其中的典型案例发生及其处理细节情况。

（4）明确岗位员工及管理人员对风险防控工作的认识程度、意见以及建议等。

上述岗位、作业环境、设备设施等方面的调查结束后，分析整理并报风险防控领导小组讨论确认后融入防控指南编制中。

至此，风险防控的准备工作结束，经领导小组审核通过后，按计划开始风险防控的下一个环节工作，进行辨识对象的确定及分解。

第三节　钻井作业活动分解

在信息资料整理分析的基础上，对钻井设备及工艺流程活动进行科学、合理的分解，是决定风险分级防控工作能否全面有效系统开展的必要的基础工作。

一、分解对象的确定

辨识对象的确定是定义辨识对象范围的过程。钻井专业辨识对象的确定原则：

（1）涵盖作业场所的所有设备设施。

（2）涵盖生产作业活动的全过程，辨识无遗漏。

(3)涵盖生产经营过程中涉及安全风险的所有管理活动。
(4)涵盖所有的常规和应急状态等作业活动。
(5)涵盖进入作业场所所有人员(包括相关方的人员)的活动。

结合以上原则,通过梳理钻井工艺流程、设备设施等情况,分析讨论确定开展辨识工作要从三部分入手,即生产作业、设备设施和生产管理活动为辨识危害因素的初始对象,并以三部分为主线,以分解到可针对性开展危害因素辨识与风险评估的基本单元为原则,即为管理内容或作业步骤。

结合钻井工艺流程及作业规程等相关文件,梳理归纳出钻井作业活动清单,以此作为辨识对象进行下一步分解、辨识。表4-3是钻井作业活动清单。

表4-3 钻井作业活动清单

序号	钻井作业活动	序号	钻井作业活动
1	拆甩钻台、井架	19	下放井架作业(电动钻机)
2	拆甩泵房	20	下放井架作业(机械钻机)
3	拆甩循环罐	21	冲鼠洞作业
4	机房设备拆甩作业	22	拔鼠洞作业
5	井控装置拆甩	23	接、卸方钻杆作业
6	安装钻台、井架	24	挂甩水龙头作业
7	安装泵房	25	顶驱接立柱作业
8	安装循环罐	26	吊单根作业
9	机房设备安装作业	27	装卸钻头作业
10	井控装置安装	28	开泵作业
11	钻井设备卸车作业	29	打导管作业
12	钻井设备装车作业	30	一开钻进作业
13	顶驱电控拆甩	31	顶驱一开钻进作业
14	顶驱拆甩作业	32	二开及各次开钻钻进作业
15	顶驱安装作业	33	顶驱钻进作业
16	顶驱电控安装	34	接钻杆单根作业
17	起升井架作业(电动钻机)	35	接钻铤单根作业
18	起升井架作业(机械钻机)	36	……

结合钻井队设备设施配置及设备操作保养规程等相关文件,梳理归纳出设备设施清单,以此作为辨识对象进行下一步分解、辨识。表4-4是钻井队设备设施清单。

表 4-4 钻井队设备设施清单

序号	设备设施	序号	设备设施
1	井架底座	16	辅助刹车
2	钻台偏房	17	绞车驱动电机
3	二层台	18	转盘及传(驱)动装置
4	井架	19	转盘电机
5	起升井架缓冲装置	20	液压猫头
6	钻台面	21	风动(液动)绞车
7	大门坡道	22	液压大钳
8	钻杆滑道	23	B型吊钳
9	天车	24	综合液压站
10	游车	25	钻井泵
11	大钩	26	机房底座
12	吊环	27	柴油机
13	水龙头	28	机房传动装置
14	顶驱	29	循环罐
15	绞车	30	……

梳理公司的 HSE 管理体系文、法律法规和行业标准等文件,结合钻井队日常生产管理,梳理归纳出钻井队管理活动清单,以此作为辨识对象进行下一步分解、辨识。表 4-5 是钻井队管理活动清单。

表 4-5 钻井队管理活动清单

序号	管理活动	序号	管理活动
1	目标和承诺	8	过程控制
2	机构与职责	9	风险控制工具方法应用
3	文件控制	10	井控管理
4	能力培训和意识	11	绩效测量和监视
5	危害辨识、风险评价与控制措施	12	事故、事件及隐患
6	特种设备及安全防护设施	13	应急准备和响应
7	相关方管理		

二、钻井作业活动分解

以钻井作业活动清单为基础,识别一项钻井作业活动的作业内容,再拆解为详细的作业步骤。以接单根作业为例,可分解为能源隔离、上提方钻杆、下放方钻杆、刹车、卸扣等作业内容,能源隔离又可拆解为停转盘、控制开关限位、停泵3个操作步骤。表4-6是接单根作业步骤分解表。

表4-6 接单根作业步骤分解表

生产作业活动	作业内容	操作步骤
接钻杆单根	能源隔离	停转盘
		控制开关限位
		停泵
	上提方钻杆	挂合低速气门
		方钻杆上行
		摘掉低速气门
		刹车
	下放方钻杆	拉吊卡或卡瓦
		扣合吊卡坐卡瓦
		释放悬重
	刹车	刹住刹把
	卸扣	卸开螺纹连接
	提出方钻杆保护接头螺纹	挂合低速
		方钻杆上行
		摘掉低速
		刹车
	鼠洞对扣	涂抹螺纹脂
		用钩子拉方钻杆
		拉方钻杆到小鼠洞口
		下放方钻杆进入单根内螺纹
	鼠洞螺纹连接	上扣
		紧扣

续表

生产作业活动	作业内容	操作步骤
接钻杆单根	出鼠洞	挂合低速
		方钻杆上行
		螺纹出鼠洞
		刹车
		清理螺纹连接件、水眼
		涂抹螺纹脂
	井口螺纹连接	下放对扣
		上扣
		紧扣
	打开吊卡或取出卡瓦	上提方钻杆
		拉出卡瓦或打开吊卡活门
		井口工具摆放到固定地点
	下放钻具	下放钻具
		刹车
	开泵	挂合泵气门
		运转钻井泵
	恢复钻进	下放钻具
		解除转盘控制开关限位
		试启动转盘
		方补心进转盘
		启动转盘
		加压钻进

三、设备设施分解

以钻井设备设施清单为基础,把1台设备设施分解为多个设备单元,再将设备单元细分为若干个设备部件。以钻井泵为例,可分解为基础、空气包、动力端、液力端等设备单元,空气包又可拆解为五通连接、压盖、胶囊压力表、压力、截止阀等若干设备部件及关键要素。表4-7是钻井泵的拆解情况。

表 4-7 钻井泵分解表

设备设施名称	设备单元	设备部件及关键要素
钻井泵	基础	固定
	空气包	五通连接
		压盖
		胶囊
		压力表
		压力
		截止阀
	动力端	壳体
		皮带轮
		油质油量
		松紧度
	液力端	上水闸门
		阀箱
		上水四通
		排水五通
		压盖
		缸套
	安全阀	阀锈蚀度
		定压标尺
		安全销定位
		标准销
		排出管线固定
		出口方向
	底座	固定
		泵连接
		调节丝扣
	冷却装置	冷却水箱
		喷淋泵固定

续表

设备设施名称	设备单元	设备部件及关键要素
钻井泵	冷却装置	皮带护罩
		密封圈
		安装
	润滑装置	润滑油泵
		上油闸门
		压力表
	悬吊装置	固定
		本体
		游动滑轮
	照明装置	电缆线
		照明灯
	皮带传动装置	皮带轮
		护罩
		皮带
	万向轴传动装置	万向轴
		防退装置
		运转
		护罩固定
		润滑油路
		固定螺栓
	防爆接线箱	密封性
		接线端子
		保护按钮
		屏蔽线
	驱动电机	接地
		编码器
		电机内部
		固定螺栓
		保护按钮

续表

设备设施名称	设备单元	设备部件及关键要素
钻井泵	风机电机	接地
		保养
		风机接线
		滤网
		电机相序

四、钻井队管理活动分解

以钻井队管理活动清单为基础,分析每一项管理活动应该开展的管理内容。以目标和承诺为例,需要开展年度HSE工作计划、HSE责任状、HSE承诺书3项管理内容。表4-8是钻井队管理活动分解表。

表4-8 钻井队管理活动分解表

序号	管理活动	管理内容
1	目标和承诺	年度HSE工作计划
		HSE责任书
		HSE承诺书
2	机构与职责	领导小组
		安全管理
		井控管理
		大班管理
		班组管理
3	文件控制	法律法规
		甲方HSE要求
		受控文件
		规章性公文
		标准目录
		记录明细
		外来文件

续表

序号	管理活动	管理内容
4	能力培训和意识	培训计划
		培训考核
		培训时间
		违章培训
		能力评价
		证件要求
5	危害辨识、风险评价与控制措施	固有危害
		新增危害
		临时危害
		管理危害
6	特种设备及安全防护设施	特种设备
		安全防护用品及设施
		吊索具
		消防器材
		危险化学品
7	相关方管理	安全生产协议
		相关方联席会
		相关方检查
		入场教育、培训
8	过程控制	拆搬安控制
		钻井过程控制
		产品控制
		完井后评估
9	风险控制工具方法应用	目视化
		上锁挂签
		工作循环分析
		观察与沟通
		危险作业

续表

序号	管理活动	管理内容
10	井控管理	井控设备
		地层破裂压力试验
		井控技术交底
		低泵冲试验
		坐岗要求
		测量
		应急物资储备
		防喷演习
11	绩效测量和监视	岗位巡检
		干部巡检
		钻井队 HSE 检查
		计量检定
		计量管理
		HSE（井控）分析
		HSE 考核
12	事故、事件及隐患	隐患管理
		未遂事故
		事故险情
13	应急准备和响应	应急预案
		预案交底
		应急物资
		应急演练

五、注意事项

（1）对设备设施的分解，应当遵循"大小适中、便于分类、功能独立、易于管理、范围清晰"的原则，企业风险点划分可按照场所区域、设备设施等功能分区进行划分，比如油罐区、营区等。对于规模较大的系统可按照所包含的设备设施进行细分，比如井架的二层台、天车等。

（2）对作业活动的分解，应当涵盖生产经营全过程所有常规和非常规状态的作业活动。

对于动火作业、受限空间作业等风险较高、可能导致严重后果的作业活动应进行重点管控。

（3）考虑到危害辨识与风险评估的全面性和充分性，可根据需要对岗位所涉及的岗位制度、材料、工作环境等其他单元划分进行分析。

（4）在工作流程上，要遵循组织人员培训、室内提前对标、现场分析验证、认真评审完善、及时提交成果的流程。

（5）辨识单元分解结果要经专家组审查后批准发布。

第四节　危害因素辨识

危害因素辨识是识别健康、安全与环境危害因素的存在并确定其特性的过程，是风险评价和风险控制的基础。其目的在于准确地识别系统中存在的危害因素，掌握系统潜在事故发生的根源，把握系统安全风险的大小，制订并落实危害控制措施，确保系统安全平稳高效运行。

一、概述

危害因素既可能明显存在，也可能隐蔽（隐藏）在某些物体或现象背后，自发产生或被诱发而产生，造成人们生命、财产的损失。危害因素辨识是判断哪些危害因素会影响作业并记录其特征的过程，它是后续的风险评估与控制的前提和基础。危害因素辨识活动的参与者应包括：钻井队岗位操作人员、技术人员、管理人员、安全管理人员、作业相关方、钻井技术专家和风险管理专家等。危害因素辨识的目标包括：

（1）识别出在钻井专业中所有生产和管理过程中出现的危害因素。

（2）描述出每一项危害因素的特征、形式和数量。

（3）描述危害因素会在何时及生产过程中的什么地方出现。

（4）识别与每一项危害因素有关的所有触发事件。

（5）识别由危害因素引发的潜在危险事件。

（6）让所有钻井专业的操作者和管理者都认识到危险和潜在的危险事件。

二、辨识的方式方法和工具

开展危害因素辨识时要从运行经验、风险特点和人员能力等方面考虑，以确定适用的危害因素识别方式、方法和辨识的工具。

1. 工作前安全分析

工作前安全分析就是在作业前，由作业负责人组织参与作业人员识别作业环境、场地、设备工具、人员，以及整个作业过程中存在的危害，从而提前制订防范措施，避免或减少事故发生的一种风险防控方法。

工作前安全分析的对象更多针对的是非常规作业和高危作业，以及没有操作规程控制的作业。

（1）基层作业现场的非常规作业通常包括：新的作业，临时作业，非计划性维修作业，相关方作业，偏离安全标准、规则和程序要求的作业（如现场条件限制安全距离不够），缺乏安全程序的作业，改变现有作业方式等。

（2）高危作业指基层现场从事的高空、高压、易燃、易爆、剧毒、放射性等对作业人员产生高度危害的作业，通常包括高处作业、动火作业、进入有限空间作业、起重作业、临时用电作业、挖掘作业，以及其他容易导致人员伤害事故的作业等。

工作前安全分析通常分为6个步骤，如图4-4所示。

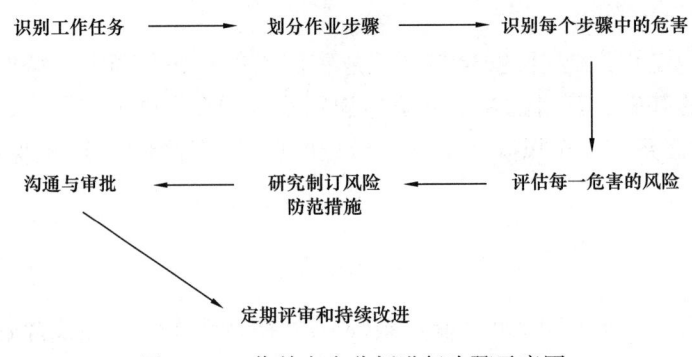

图4-4　工作前安全分析进行步骤示意图

（1）识别工作任务：就是明确要干什么，以前干过没有，都是哪些人干，有没有承包商参与，在什么时间、什么地点干，干活时用到哪些工具设备等。

（2）划分作业步骤：按工作顺序把一项作业分成几个步骤，每一个步骤要具体明确。步骤不可过细或过粗，过细造成烦琐费时，过粗造成风险遗漏。

（3）识别每个步骤中的危害：识别每个步骤中存在的危害，包括以前发生过事故或出过险情中应吸取的教训，该步骤涉及的工具和设备存在的危害和隐患，以及作业过程相关的人员带来的危害等。

（4）评估每一危害的风险：每一位参与作业的员工都说出此项作业的风险以及产生的后果，对可能造成人员伤害、污染环境、财产损失的危害进行评估、确定出主要风险。

（5）研究制订风险防范措施：针对评估确定出的每个风险，制订并采取相应措施。

（6）沟通与审批：针对分析的结果，在全体参与作业人员中进行风险沟通，进行培训和指导，同时，针对大家反馈的意见，对有关措施进行补充和完善，属于作业许可的项目，要按作业许可要求办理审批。

2. 安全检查表（SCL）

安全检查表是一份根据过去经验制作的有关危险或危险事件的书面清单。清单中的条目通常是以问题的形式描述的。它的制作一般分为三个步骤：

（1）将作业风险系统分解为若干子系统。

（2）针对危害因素，查找有关控制标准或规范。

（3）根据危害因素的风险程度，依次列出问题清单。

在这里，安全检查表的应用是根据过去已经列出的危险项目清单，通过对照有关标准、法规或依靠辨识组成员的观察、经验和判断力，识别设备设施已知类型的风险、设计缺陷及事故隐患，对设备设施完整性的危害因素进行直观的分析。

以钻井泵为例，查找所分解的各设备单元控制标准，形成钻井泵检查表（表4–9），再分析如果不符合检查表内容，可能或存在危害因素，可导致哪些风险。

表4–9 钻井泵检查表

设备	序号	分解设备单元	标准内容
钻井泵	1	基础	基础水平度误差不大于5mm
	2	空气包	空气包壳体与钻井泵排出五通连接螺栓紧固，齐全
			空气包压盖螺栓紧固，齐全
			截止阀灵敏可靠，手柄齐全、完好；空气包顶部压力表灵敏可靠，表盘清晰、完好
			空气包应充氮气或压缩空气，充气值为工作压力的20%~30%，压力不大于6MPa，不低于2.5MPa
	3	动力端	壳体密封良好
			皮带轮安装紧固，固定牢靠
			润滑油油质、油量符合要求
	4	液力端	安装螺栓齐全紧固；排水五通连接紧固；上水闸门完好、灵活好用
			缸套固定紧固牢靠；闸盖压盖紧固牢靠
	5	安全阀	安全阀灵活、可靠、无锈蚀
			定压标尺完好清晰，阀盖及固定完好
			使用标准安全销，安全阀所定压力高于使用压力一个档次
			安全阀出口方向正确，安全阀溢流口排出管线固定牢固并加保险绳或保险链
	6	底座	泵体与底座接触良好，无悬空
			调节丝扣调节到位，泵与底座连接顶丝固定牢靠
	7	冷却装置	冷却水箱、管线完好，闸门常开、水质符合要求，盖好水箱盖
			喷淋泵皮带护罩完好、固定牢靠
			喷淋泵安装到位，喷淋泵密封圈不刺不漏
	8	润滑装置	润滑装置齐全完好安装紧固，压力表灵敏可靠，表盘清晰、完好
	9	悬吊装置	本体完好，无裂纹，固定牢靠，灵活好用
			游动滑轮转动灵活、完好无缺损

续表

设备	序号	分解设备单元	标准内容
钻井泵	10	照明装置	电缆线无接头、破皮、老化,与金属接触处有绝缘护套
			照明灯完好,防爆灯有保护链,灯杆固定牢靠
	11	皮带传动装置	皮带轮轮槽完好无缺损,皮带完整齐全,无毛刺、断裂现象
			护罩无变形、损坏,固定牢靠
	12	万向轴传动装置	万向轴同轴度不超过20丝,万向轴花键轴向位移15~20mm,连接螺栓紧固,防退装置齐全,运转平稳
			护罩无变形、无损坏,固定牢靠
			万向轴部件齐全固定螺栓紧固完好,运转平稳
			黄油嘴、润滑脂管路齐全、畅通
	13	防爆接线箱	密封严密、有效防爆,屏蔽线连接紧固
			端子螺栓紧固,检修开关完好
	14	驱动电机	接地电阻不大于4Ω,每月检测一次
			编码器完好无损
			保护按钮完好,工作正常
	15	风机电机	接地电阻不大于4Ω,每月检测一次
			轴承运转无异响,温升不大于45℃
			风机接线紧固,风机滤网完好、清洁通畅

三、辨识工作的开展

钻井作业危害因素辨识主要包括三个方面:生产作业活动的危害因素辨识、设备设施危害因素辨识和管理活动的危害因素辨识。

生产作业活动的危害因素辨识,通过拆分出的具体操作步骤,结合工作前安全分析(JSA)等方法,分析每一步可能存在的危害因素,可能导致的风险。如接单根作业的第一步停转盘,会存在转盘未停稳,人员就靠近的情况,可能导致人员受伤害。表4-10是接单根作业的危害因素辨识表。

设备设施的危害因素辨识,通过拆解出的设备附件,应用检查表等方法,分析每一个部件可能存在的危害因素,可能导致的风险。如钻井泵空气包胶囊会存在刺破的情况,可能导致输出压力不平稳,进而导致高压系统松动刺漏。表4-11是钻井泵的危害因素辨识表。

钻井队管理活动的危害因素辨识,通过分析出的管理内容,分析如果不开展相应管理内容会存在的危害因素,可能导致的风险。表4-12是钻井队管理活动的危害因素辨识表。

表 4-10　接单根作业的危害因素辨识

生产作业活动	作业内容	操作步骤	危害因素	风险
接钻杆单根	能源隔离	停转盘	（1）误操作其他气门； （2）不切断转盘动力可能在上提时方钻杆继续旋转，出转盘面时方补心会在井口跳动； （3）转盘未停稳，人员就靠近	（1）对人员造成伤害； （2）损坏设备； （3）造成伤害
		控制开关限位	未对控制开关进行限位	发生误操作对人员造成伤害
		停泵	（1）没停泵就开始下一步作业，可能高压液体无控释放； （2）钻具刺漏	（1）造成人身伤害； （2）上行露出转盘面时对作业人员造成伤害
	上提方钻杆	挂合低速气门	（1）误操作其他气门； （2）使用高速挡上提钻具	（1）对人员造成伤害； （2）对设备造成损坏
		方钻杆上行	（1）没有观察指重表； （2）大绳排列不整齐； （3）防碰失效； （4）手离开刹把或气门	（1）造成硬卡； （2）磨损绳子； （3）造成顶天车事故； （4）异常时不便于应急
		摘掉低速气门	未及时摘掉气门	在防碰失效时造成顶天车事故
		刹车	刹车失灵	造成顿钻事故
	下放方钻杆	拉吊卡或卡瓦	（1）井口人员发生滑跌； （2）人员踩踏转盘旋转部位，发生误操作转盘启动； （3）人员手部抓握工具不正确	（1）受到伤害； （2）受到伤害； （3）致使受到伤害
		扣合吊卡坐卡瓦	吊卡未扣好	造成钻具落井
		释放悬重	（1）下放钻具过快在悬重过大的时候； （2）悬重没有释放可能在松扣后	（1）会对钻具造成伤害； （2）造成设备损坏或弹伤作业人员
	刹车	刹住刹把	（1）下放过多，未及时刹车； （2）刹把未限位人员离开	（1）游车倾倒； （2）致使刹把失控
	卸扣	卸开螺纹连接	（1）转盘绷扣； （2）关闭下旋塞阻止钻井液外流； （3）配合作业人员站在卸扣工具摆动范围； （4）卸扣不到位，导致方钻杆上提时挂扣	（1）可能造成人员伤害； （2）致使形成死泵； （3）受到打击； （4）弹伤井口作业人员
	提出方钻杆保护接头螺纹	挂合低速	（1）误操作其他气门； （2）使用高速挡上提钻具	（1）对人员造成伤害； （2）对设备造成损坏
		方钻杆上行	上提过猛，方钻杆摆动幅度过大	打击井口作业人员

续表

生产作业活动	作业内容	操作步骤	危害因素	风险
接钻杆单根	提出方钻杆保护接头螺纹	摘掉低速	未及时关闭低速,方钻杆上行过多	损坏设备
		刹车	刹车失灵造成钻具失控下行	损害设备,砸伤人员
	鼠洞对扣	涂抹螺纹脂	未涂抹螺纹脂	造成粘扣
		用钩子拉方钻杆	(1)钩子失手滑脱; (2)站位不正确,钩子滑脱	(1)掉入井内; (2)方钻杆打击作业人员
		拉方钻杆到小鼠洞口	(1)拉方钻杆时员工发生滑跌; (2)大门坡道链子未挂好,员工失手后失去平衡发生坠落	(1)造成人员伤害; (2)造成人员伤害
		下放方钻杆进入单根母扣	(1)员工手脚放在接头处; (2)下放过猛; (3)挡住司钻视线,司钻盲目操作	(1)造成人员伤害; (2)对员工造成伤害; (3)造成井口事故
	鼠洞螺纹连接	上扣	(1)未对上方进行观察; (2)上扣连续下放时下放过多或过快	(1)大绳打扭; (2)上磨扣或游车压井架
		紧扣	扣未上紧	发生刺漏引发事故
	出鼠洞	挂合低速	(1)上提速度过快; (2)操作过猛,摆动幅度过大	(1)磕坏钻杆螺纹; (2)导致大绳跳槽
		方钻杆上行	未对大绳、游车、水龙带观察	发生挂卡
		螺纹出鼠洞	(1)作业人员站在钻具倾倒方向; (2)方钻杆摆动幅度过大,失控晃动	(1)钻具打击伤人; (2)方钻杆打击伤人
		刹车	刹车失灵,钻具失控下行	损害设备
		清理螺纹连接件、水眼	(1)直接用手擦拭; (2)堵水眼; (3)台阶面损坏; (4)小鼠洞没有及时盖好	(1)造成手部伤害; (2)造成事故; (3)引起复杂或伤人员; (4)人员掉入造成人员伤害
		涂抹螺纹脂	螺纹脂刷子掉入钻具水眼,造成堵水眼	引发事故
	井口螺纹连接	下放对扣	(1)人员手脚放置在接头处; (2)配合不当,压在内螺纹台阶上未进入内螺纹	(1)造成伤害; (2)处置不当可能造成人员伤害
		上扣	(1)未上紧钻具; (2)未观察钻具上部连接情况; (3)下放过多,导致上扣时压扣	(1)造成钻具刺伤、脱落; (2)造成单根倒扣; (3)造成螺纹损伤
		紧扣	扣未上紧	发生刺漏引发事故

续表

生产作业活动	作业内容	操作步骤	危害因素	风险
接钻杆单根	打开吊卡或取出卡瓦	上提方钻杆	(1)操作过猛; (2)上提钻具未核对重量,可能造成对钻具悬重不掌握	(1)损坏设备; (2)不能及时发现异常
		拉出卡瓦或打开吊卡活门	手未抓在把手上	造成伤害
		井口工具摆放到固定地点	吊卡或卡瓦随意放在转盘上,转盘转动时甩出或倾倒	对人员造成伤害
	下放钻具	下放钻具	(1)操作过猛; (2)下放过快; (3)钻具没有下放到转盘面就开泵	(1)对人员造成伤害; (2)造成复杂; (3)刺漏的高压对井口人员造成伤害
		刹车	(1)人员离开刹把,钻具可能失控自动下行; (2)刹车失灵	(1)造成事故; (2)造成事故
	开泵	挂合泵气门	(1)气门挂合错误; (2)没有发信号或未对高压区域进行观察就启动; (3)开泵过猛、泵压不稳定手就离开控制开关; (4)发生堵水眼时泵压升高,未及时摘掉气门	(1)导致误操作; (2)致使人员受到伤害; (3)有意外时不能够及时处理; (4)造成事故
		运转钻井泵	(1)开泵后没有对钻具连接进行检查就开进; (2)未对高架槽出口进行观察,钻井液未返出; (3)振动筛未开启; (4)开泵过猛	(1)会造成井下复杂; (2)造成井下事故; (3)钻井液流失; (4)憋漏地层
	恢复钻进	下放钻具	下放过快过猛,发生顿钻	造成事故
		解除转盘控制开关限位	未进行确认,盲目解除限位,误操作时	造成人员伤害
		试启动转盘	(1)工具未及时清理,人员未及时撤离就启动转盘; (2)启动过猛	(1)造成人员伤害; (2)造成事故
		方补心进转盘	(1)钻井液溅进入员工眼部; (2)指重表未校正	(1)损害眼睛; (2)影响井身质量
		启动转盘	操作过猛	损坏设备
		加压钻进	(1)加压过大、过猛; (2)转盘打倒车,扭矩无控释放	(1)造成事故; (2)造成事故

表 4-11 钻井泵的危害因素辨识

设备设施名称	设备单元	设备部件及关键要素	危害因素	风险
钻井泵	基础	固定	基础不平、悬空	钻井泵下沉、泵体震动大、设备损坏
	空气包	五通连接	空气包壳体与钻井泵排出五通连接螺栓松动,缺失	高压刺漏伤人、落物伤人
		压盖	空气包压盖螺栓松动、断裂	高压刺漏伤人、压盖飞出落物伤人
		胶囊	空气包胶囊刺破	输出压力不平稳,易导致高压系统松动刺漏
		压力表	压力表失灵、损坏	气压低造成压力输出不平稳,导致设备损坏
		压力	充气压力过高或过低	压力不平稳,胶囊、设备损坏
		截止阀	压力表截止阀损坏、失效	漏气或压力表提前损坏
	动力端	壳体	壳体密封不严	齿轮油渗漏
		皮带轮	皮带轮安装不到位,固定松动	皮带轮脱落,导致落物伤人、设备损坏
		油质油量	润滑油油量不足或变质、油道堵塞	润滑不良,导致轴承、齿轮等损坏
		松紧度	皮带过紧或过松	轴承损坏,加速皮带损坏
	液力端	上水闸门	上水闸门失效或手轮损坏	影响正常工作状态
		阀箱	阀箱固定螺栓松动	高压液体刺漏伤人、设备损坏
		上水四通	上水四通连接松动	钻井液外溢、影响正常工作状态
		排水五通	排水五通连接松动	高压液体刺漏伤人、设备损坏
		压盖	闸盖压盖松动	高压液体刺漏伤人、设备损坏
		缸套	缸套固定松动	设备损坏
	安全阀	阀锈蚀度	安全阀锈蚀、卡死	憋泵、高压液体刺漏伤人
		定压标尺	定压标尺、阀盖缺失、损坏,固定不牢	定压不准,导致憋泵造成人员伤害、设备损坏
		安全销定位	安全销定位过高或过低	
		标准销	没有使用标准安全销	
		排出管线固定	安全阀溢流口排出管线固定松动,未加保险绳或保险链	物体飞出伤人、高压液体刺漏伤人
		出口方向	安全阀出口方向不正确	高压液体刺漏伤人
	底座	固定	水平度不够,有悬空	泵体振动大,导致钻井泵损坏
		泵连接	泵与底座连接顶丝松动	振动移位造成损坏
		调节丝扣	调节丝扣调节不到位	

续表

设备设施名称	设备单元	设备部件及关键要素	危害因素	风险
钻井泵	冷却装置	冷却水箱	冷却水箱漏水,位置不对	冷却水漏失,设备损坏
			冷却水脏,有杂物	喷淋泵堵塞、设备损坏
		喷淋泵固定	喷淋泵固定不牢固,管线漏水,排水闸门未打开	无冷却或冷却不够,导致设备磨损
		皮带护罩	喷淋泵皮带护罩松动、破损或未安装	旋转部位裸露,导致机械伤害
		密封圈	喷淋泵密封圈漏水	冷却水漏失,设备损坏
		安装	喷淋泵安装不正	皮带偏磨、断裂,设备损坏
	润滑装置	润滑油泵	润滑油泵固定不牢固,管线破损	油泵脱落,不能提供润滑油,导致设备损坏
		上油闸门	上油闸门开关错误	不能提供润滑油,导致设备损坏
		压力表	润滑油压力表失灵、损坏无法准确示值	润滑油量不足,导致设备损坏
	悬吊装置	固定	固定不牢,转动不灵活	倾倒伤人、影响正常使用
		本体	本体有裂纹	吊重物时断裂伤人
		游动滑轮	游动滑轮损坏,脱出导轨	无法吊物,坠落伤人
	照明装置	电缆线	电缆线有接头、破皮、老化;与金属接触处无绝缘护套	触电伤害
		照明灯	照明灯缺失,不防爆,无保护链,灯杆固定不牢靠	火灾爆炸、倾倒、落物伤害
	皮带传动装置	皮带轮	皮带轮轮槽缺损	皮带翻转、跳槽
		护罩	护罩固定松动,变形、损坏	设备损坏、物体打击
		皮带	皮带有毛刺、断裂	皮带翻转、扭结缠绕
	万向轴传动装置	万向轴	万向轴不同轴	轴承偏磨,万向轴甩出造成落物伤害、物体打击、设备损坏
		防退装置	防退装置缺失,固定螺栓松动	轴承偏磨,设备损坏
		运转	万向轴油封盖缺失,运转有异响	设备损坏,万向轴甩出,物体打击事故
		护罩固定	护罩固定松动,变形、损坏	设备损坏、物体打击
		润滑油路	黄油嘴、润滑脂管路阻塞、损坏	轴承磨损,设备损坏
		固定螺栓	固定螺栓松动,定位装置缺失	轴承偏磨,设备损坏

续表

设备设施名称	设备单元	设备部件及关键要素	危害因素	风险
钻井泵	防爆接线箱	密封性	密封不严	有异物进入造成漏电
		接线端子	接线端子螺栓未紧固	线路虚接 烧损
		保护按钮	检修保护按钮失效或短接	人员误操作,检修时伤人
		屏蔽线	屏蔽线连接松动	电机无法正常运行
	驱动电机	接地	电机未接地	触电伤害
		编码器	编码器损坏	影响电机正常运转
		电机内部	长期未使用、天气潮湿导致绝缘阻值低;电机内部有水	人员触电,烧坏设备
		固定螺栓	固定螺栓松动	轴承偏磨,设备损坏
		保护按钮	检修保护按钮失效或短接	人员误操作,检修时伤人
	风机电机	接地	电机未接地	触电伤害
		保养	电机两端轴承保养不到位	轴承损坏
		风机接线	风机接线不牢或虚接、短接	烧坏风机,直流电机过热,长期高温损坏绝缘,严重时烧坏
		滤网	风机滤网堵塞、破损	进气量不足,电机高温损坏;杂物进入损坏电机
		电机相序	电机缺相运行	电机烧损

表 4-12 钻井队管理活动的危害因素辨识

管理活动	管理内容	危害因素	风险
一、目标和承诺	年度 HSE 工作计划	未制订钻井队年度 HSE 工作计划	导致重点工作不突出,重点风险控制不到位
	HSE 责任状	未将上级下达的 HSE 指标,分解到班组和岗位	不能形成有效的目标体系
	HSE 承诺书	岗位人员未做出书面 HSE 承诺	不能有效掌握责任状内容,对完成岗位工作指标缺乏系统性
二、机构与职责	领导小组	HSE 领导小组和井控领导小组职责不清晰	不能高效配置资源和提高安全效率
	安全管理	安全管理分工不明确、职责不落实	导致钻井队不能有效落实 HSE 体系归口管理职责
	井控管理	井控管理分工不明确、职责不落实	导致无专门人员负责井控工作归口管理
	大班管理	各路大班 HSE 分工不明确、职责不落实	无法落实各路大班直线管理责任
	班组管理	班组 HSE 责任不明确	无法落实班组属地管理责任

续表

管理活动	管理内容	危害因素	风险
三、文件控制	法律法规	没有收集与生产施工相关的地方法规	生产活动不符合当地习俗、法规,导致生产受阻或经济损失
	甲方HSE要求	生产作业前和作业过程中,未收集和了解甲方有关HSE方面的要求	导致甲方有关HSE方面的要求不能落实
	受控文件	未建立"受控文件明细表"	导致作业不能按照"受控"管理执行
	规章性公文	未建立"规章性公文目录"	对接收红头文件内容的有效性无法控制
	标准目录	未建立"在用标准目录"	导致钻井设计等技术文件中的引用标准无法执行
	记录明细	未建立"记录管理明细表"	导致填写或保留的记录失控
	外来文件	对涉及HSE的外来文件或信息没有及时接受	导致施工违背甲方、当地政府等HSE要求
四、能力培训和意识	培训计划	没有HSE培训学习计划	导致人员HSE素质差,对从事岗位不能胜任
	培训考核	培训没有考核	导致培训效果差
	培训时间	三级安全教育	导致对从事行业的岗位风险控制、操作技能缺乏
	违章培训	对违章行为认识不足	频繁违章导致事故概率增加
	能力评价	未及时开展员工能力评价	由于岗位能力不足导致HSE事故
	证件要求	缺少证件	无上岗资格,导致岗位能力不足
五、危害辨识、风险评价与控制措施	固有危害	固有危害辨识不全面	固有危害控制措施不全面
	新增危害	新增危害辨识不全面	新增危害失控导致HSE事故
	临时危害	临时危害辨识不全面	非常规作业控制措施不全面,导致HSE事故
	管理危害	未及时分析、评审各级检查提出的问题和隐患	已经识别出的问题不能形成长效机制
六、特种设备及安全防护设施	特种设备	未建立特种设备台账	无法保证特种设备有序管理,导致混乱
	安全防护用品及设施	未建立安全防护用品和器具台账	导致安全防护用品和器具管理混乱,不能保证在有效期内合理使用
	吊索具	未建立吊索具台账	导致吊索具管理混乱,超标吊索具不能及时判废
	消防器材	未建立消防器材管理台账	导致消防器材缺乏有序管理,没有相应的指标
	危险化学品	未建立危险化学品台账	导致危险化学品无序管理,未分类存放,增大潜在的风险

续表

管理活动	管理内容	危害因素	风险
七、相关方管理	安全生产协议	与不了解安全生产协议内容	不了解双方的 HSE 责任、权利和义务
	相关方联席会	未制订联合作业风险控制措施	导致协作双方 HSE 责任不清、分工不明，配合不当
	相关方检查	相关方措施未落实	导致联合作业事故或现场遗留隐患
	入场教育、培训	未对来访者进行入场教育	外来人员缺乏风险认知，导致 HSE 事故
八、过程控制	拆搬安控制	拆搬安作业许可措施不具体	不能有效控制拆搬安作业风险
		拆搬安任务分配不具体	风险控制措施不具体
		钻井队未组织自查自改	作业中发生人员伤害
	钻井过程控制	钻井队 HSE 工作计划书未交底	对本井风险控制缺乏系统性认识
		班前会未开展工作前安全分析	班组风险控制不全面
		钻井过程无值班干部	班组风险控制无人监督考核
	产品控制	产品性能失效	材料、配件及工具失效或缺失导致事故
	完井后评估	钻井设备"带"病转入下口井	隐患转入下口井
九、风险控制工具方法应用	目视化	现场没有警示标识	无法识别作业现场危险区域和部位
	上锁挂签	未实施上锁挂签措施	导致能量意外释放
	工作循环分析	未开展工作循环分析	对已经制定的程序和措施无法改进
	观察与沟通	未开展观察与沟通	不能及时分析违章原因，改进现场管理
	危险作业	未建立本队危险作业项目清单	员工对危险作业项目不了解
		有限空间作业前和过程中未进行气体测量或分析	可能导致作业人员窒息、中毒
		未完成的作业未重新办理作业许可	作业人员不清楚新增风险
		作业许可未关闭	能量隔离措施不能解除，风险仍然存在，导致设备损坏、人员伤害
十、井控管理	井控设备	井控装备不符合设计（细则）要求	发生溢流、井涌、井喷时无法有效控制井口
	地层破裂压力试验	未按设计要求做地层破裂压力试验	无法确定最大关井套压
	井控技术交底	未进行井控技术交底	员工不了解井控措施
	低泵冲试验	未按井控细则要求进行低泵冲试验	无法确定压井时的排量
	坐岗要求	无专人坐岗	无法及时发现溢流及井漏
	测量	未按井控细则要求检测油气上窜速度	无法确定油气上窜到井口的时间

续表

管理活动	管理内容	危害因素	风险
十、井控管理	应急物资储备	未按设计要求储备重泥浆、加重剂、堵漏剂	无法及时实施压井或堵漏作业
	防喷演习	未定期进行防喷演习	作业人员不能熟练掌握关井程序和动作
十一、绩效测量和监视	岗位巡检	岗位员工未进行交接班检查和巡回检查	不能及时发现和消除生产作业中存在的问题
	干部巡检	值班干部未按照"值班干部HSE巡回检查表"进行全面检查	不能及时发现设备设施存在的问题
	钻井队HSE检查	钻井队未组织开展HSE检查	不能全面掌握钻井队HSE现场表现,及时消除存在的短板
	计量检定	未指定计量器具属地管理岗位	职责不清导致计量器具失控
	计量管理	未指定计量器具归口管理岗位	无人归口管理导致计量器具管理不系统、不全面
	HSE（井控）分析	未按时召开HSE（井控）分析会	不能及时总结HSE、井控工作中的短板问题,不利于持续改进
	HSE考核	钻井队未开展月度HSE考核工作	不能全面掌握钻井队HSE现场表现,及时消除存在的短板
十二、事故、事件及隐患	隐患管理	未完善管理措施	导致问题重复出现
	未遂事故	未吸取未遂事件教训	可能导致同类事件再次发生
	事故险情	未吸取事故教训	导致事故重复发生
十三、应急准备和响应	应急预案	未编制应急处置预案	无法合理应对突发事件,导致事态扩大或蔓延
	预案交底	未对相关人员进行交底、培训	不会合理应对突发事件,造成事态扩大或蔓延
	应急物资	应急物资和装备未配备、检查	导致发生突发事件无法应对,造成事件的进一步扩大
	应急演练	未进行应急演练	不能保证预案的科学性、有效性

四、汇总审查

组织和完成岗位危害因素辨识后,要汇总危害因素台账,形成钻井作业危害因素辨识清单。将初步汇总的危害因素清单发放至员工中,再次广泛听取员工的意见,并进行逐级讨论、汇总意见、修改完善,最后报请领导小组审核。

五、注意事项

（1）危害因素是导致危害事件的原因而不是结果,一般以人的不安全行为、物的不安全状态、管理缺陷和环境因素的形式体现。

（2）危害因素辨识中不能描述为某种作业活动，而是详细描述其中存在的不安全状态或不安全行为。

（3）危害因素辨识避免笼统或宏观描述，要描述具体的不安全行为；物的不安全状态要描述出具体的缺陷，不能宏观描述为"设备缺陷"。

（4）危害因素辨识结果要经领导小组审查后批准发布。

第五节　风险分析与评估

风险分析与评估就是对识别的危害因素做进一步的分析，对其进行衡量和评价，为进一步的管理决策提供服务。风险分析是指系统地使用既有信息，识别出风险，并预测其对于人员、财产和环境的风险。风险评估是以风险分析作为基础，考虑社会、经济、环境等方面的因素，对风险的可能性和后果严重程度做出判断的过程。

一、风险分析与评估要求

从风险分析与评估的现场、人员、技术方法、危害程度及评估与审核的程序等方面出发，进行风险分析与评估工作，一般有以下六方面的要求。

（1）操作活动现场主要采用直观经验法进行风险分析与评估。

（2）专业技术人员和安全管理人员在系统开展风险评估时可采用风险矩阵分析法（RAM）或作业条件危险性分析法（LEC）。

（3）对采用经验法评估的重大风险或评估人员不能最终达成一致意见的风险，要采用矩阵法或LEC法进行二次评价。

（4）对评价出的重大风险，风险分析与评估小组人员要到作业现场观察相应的操作和设备设施进行确认和查证。

（5）经风险评估确定的重大风险要组织相关专家进行审定。

二、风险分析与评估方法

选择风险矩阵分析法（RAM）、作业条件危险性分析法（LEC）等方法对风险进行定性、定量评价，根据评价结果按从严从高的原则判定评价级别。

三、风险评估技术等级划分

进行风险分析与评估时，应结合自身可接受风险的实际，明确事故（事件）发生的可能性、严重性、风险值的取值标准和评价级别，进行风险评价，根据相关规范要求，将所识别风险划分成4个等级，如图4-5所示。

低风险（蓝色），是可接受或可容许的风险，这种风险出现频次极少，危害及影响小，其后果可以忽略。

一般风险（黄色），是需要关注的风险，这种风险出现频次低，但存在危害及影响，只是后果不可能严重。

较大风险(橙色),是需要特别控制的风险,它出现的频次较高、存在危害及影响且后果可能比较严重。

重大风险(红色),是不可接受的风险,这种风险虽然已经采取措施但仍然无法控制其产生的危害及影响,并且后果严重。

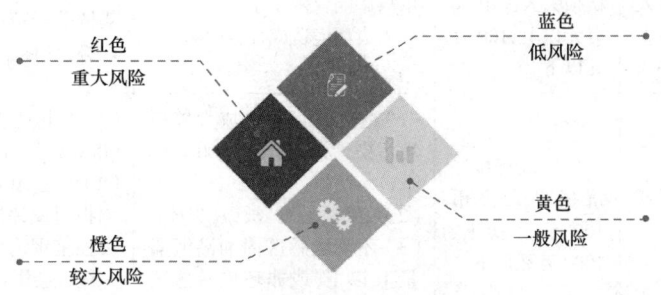

图 4-5　风险等级划分示意图

以风险矩阵分析法为例,进行风险评估。风险矩阵分析法是一种表格式的危险事件或者事故发生可能性和事故后果严重程度的表示方法。表 4-13 是事故发生可能性,表 4-14 是事故后果严重程度,矩阵中的每一个单元格都代表可能性和后果严重度的一种组合,将不同组合分成 4 个等级,见表 4-15。

表 4-13　事故发生可能性等级

事故发生可能性等级	说明	事故发生可能性等级	说明
1	几乎不可能发生(没有先例)	4	可能发生(1 年)
2	很少发生(有过先例,10 年)	5	经常发生(1 个月)
3	偶尔发生(3 年)		

表 4-14　事故后果严重程度等级

严重程度等级	员工伤害	财产损失	环境影响	声誉
1	造成 1 人轻伤	一次造成直接经济损失人民币 1000 元以下	没有对环境造成影响	无负面信息在集团公司所属企业内部传播
2	造成 1 人重伤,或 2~5 人轻伤	一次造成直接经济损失人民币 10 万元以下、1000 元以上	事故影响仅限于生产区域内,没有对周边环境造成影响	负面信息在集团公司所属企业内部传播,无蔓延之势
3	造成 2~5 人重伤,或 6~20 人轻伤	一次造成直接经济损失人民币 10 万元以上、50 万元以下	事故影响仅限于生产区域内,没有对周边环境造成影响	负面信息在集团公司所属企业内部传播,且有蔓延之势,具有在集团公司范围内部传播的可能性

续表

严重程度等级	员工伤害	财产损失	环境影响	声誉
4	造成1人死亡，或者6~20人重伤，或20人以上轻伤	一次造成直接经济损失人民币50万元以上、100万元以下	事故影响仅限于生产区域内，对周边环境造成轻微影响	负面信息尚未在媒体传播，但已在集团公司范围内部传播，且有蔓延之势，具有媒体传播的可能性
5	造成2人以上死亡，或20人以上重伤	一次造成直接经济损失人民币100万元以上、1000万元以下	(1)造成或可能造成大气环境污染，需疏散转移100人以下；(2)放射源丢失、被盗、失控；(3)环境敏感区内油品泄漏量1t以下，或非环境敏感区油品泄漏量5t以上10t以下	(1)引起地(市)级领导关注，或地(市)级政府部门领导做出批示；(2)引起地(市)级主流媒体负面影响报道或评论，或通过网络媒介在可控范围内传播，造成或可能造成一般社会影响；(3)引起当地公众关注

表4-15 风险矩阵

风险等级(R)		事故发生可能性(L)				
		1	2	3	4	5
事故后果严重程度(C)	1	1 I	2 I	3 II	4 II	5 II
	2	2 I	4 II	6 II	8 II	10 II
	3	3 II	6 II	9 II	12 III	15 III
	4	4 II	8 II	12 III	16 III	20 IV
	5	5 II	10 II	15 III	20 IV	25 IV

四、风险等级确定

以钻井泵的危害因素评价为例，展示如何进行风险评估。表4-16是钻井泵的风险等级确定情况。生产作业活动的风险评估与此相似，不再赘述。

因钻井野外作业地面情况受限，或整拖等原因，钻井泵基础不平、悬空经常出现，可能性定性为4级，而后果为钻井泵下沉、泵体震动大、设备损坏等，影响较小，后果严重程度定性为1，参照风险评估矩阵，此条风险等级为4，低风险，标蓝色。

钻井泵液力端排水五通为高压端，由于设备安装不到位，或设备运转时产生振动，可能导致连接处松动，此种情况由于人员问题或设备老化，有可能发生，可能性定性为3，后果轻则导致设备损坏，严重时可致人员伤亡，后果严重程度定性为4，参照风险评估矩阵，此条风险等级为12，为较大风险，标橙色。

第四章 钻井作业活动风险防控

表4-16 钻井泵风险等级确定

设备设施名称	设备单元	设备部件	危害因素	风险	可能性（L）	后果（C）	风险值	风险等级	控制措施
钻井泵	基础	固定	基础不平、悬空	钻井泵下沉，泵体震动大，设备损坏	4	1	4	低	基础水平度误差小于或等于5mm
	空气包	五通连接	空气包壳体与钻井泵排出五通螺栓松动、缺失	高压刺漏伤人、落物伤人	3	4	12	一般	空气包壳体与钻井泵排出五通连接螺栓紧固
		压盖	空气包压盖螺栓飞出、断裂	高压刺漏伤人，压盖飞出落物伤人	2	4	8	一般	空气包压盖螺栓紧固、齐全
		胶囊	空气包胶囊刺破	输出压力不平稳易导致高压系统松动刺漏	3	2	6	一般	空气包胶囊完好
		压力表	压力表失灵、损坏	气压低造成压输出不平稳导致设备损坏	3	1	3	低	空气包顶部压力表灵敏可靠，表盘清晰、完整
		压力	充气压力过高或过低	压力不平稳，胶囊、设备损坏	3	1	3	低	空气包应充氮或压缩空气，充气值为工作压力的20%~30%，压力不大于6MPa，不低于2.5MPa
		截止阀	压力表截止阀损坏、失效	漏气或压力表提前损坏	2	1	2	低	截止阀灵敏可靠，手柄齐全、完好
	动力端	壳体	壳体密封不严	齿轮油渗漏	3	1	3	低	壳体密封良好
		皮带轮	皮带轮安装不到位、固定松动	皮带轮脱落致落物伤人、设备损坏	3	2	6	一般	皮带轮安装紧实，固定牢靠
		油质油量	润滑油油量不足或变质、油道堵塞	润滑不良致轴承、齿轮等损坏	3	1	3	低	润滑油油质，油量符合要求
		松紧度	皮带过紧或过松	轴承损坏，加速皮带损坏	3	1	3	低	皮带松紧度合适

· 123 ·

续表

设备设施名称	设备单元	设备部件	危害因素	风险	可能性(L)	后果(C)	风险等级	控制措施
钻井泵	液力端	上水闸门	上水闸门失效或手轮损坏	影响正常工作状态	3	1	低	上水闸门完好,灵活好用
		阀箱	阀箱固定螺栓松动	高压液体刺漏伤人、设备损坏	2	4	一般	安装螺栓齐全紧固
		上水四通	上水四通连接松动	钻井液外溢,影响正常工作状态	3	1	低	上水四通连接紧固
		排水五通	排水五通连接松动	高压液体刺漏伤人、设备损坏	3	4	较大	排水五通连接紧固
		压盖	阀盖固定松动	高压液体刺漏伤人、设备损坏	2	4	一般	阀盖紧固紧固牢靠
		缸套	缸套固定松动	设备损坏	3	1	低	缸套固定紧固牢靠
	安全阀	阀锈蚀度	安全阀锈蚀、卡死	憋泵、高压液体刺漏伤人	2	4	一般	安全阀灵活、可靠、无锈蚀
		定压标尺	定压标尺松动、阀盖缺失、损坏、固定不牢	定压不准导致憋泵造成人员伤害、设备损坏	3	4	较大	定压标尺完好清晰,固定完好
		安全销定位	安全销定位过高或过低		3	4	较大	安全阀所定压力高于使用压力一个档次
		标准销	没有使用标准安全销	物体飞出伤人、高压液体刺漏伤人	3	4	较大	使用标准安全销
		排出管线固定	安全阀溢流口排出管线固定松动,未加保险绳或保险链	高压液体刺漏伤人	2	4	一般	安全阀溢流口排出管线固定牢固井加保险绳或保险链
		出口方向	安全阀出口方向不正确		2	4	一般	安全阀出口方向正确
	底座	固定	水平度不够,有悬空	泵体振动大导致钻井泵损坏	3	1	低	泵体与底座接触良好,无悬空
		泵连接	泵与底座连接顶丝松动	振动移位造成损坏	3	1	低	泵与底座连接顶丝固定牢靠
		调节丝扣	调节丝扣调节不到位		3	1	低	调节丝扣调节到位

续表

设备设施名称	设备单元	设备部件	危害因素	风险	可能性(L)	后果(C)	风险等级		控制措施
钻井泵	冷却装置	冷却水箱	冷却水箱漏水,位置不对	冷却水漏失,设备损坏	3	1	3	低	冷却水箱完好,安装到位
		喷淋泵固定	喷淋泵水脏,有杂物	喷淋泵堵塞,设备损坏	4	1	4	低	及时更换,盖好水箱盖
		皮带护罩	喷淋泵固定不牢固,管线漏水,排水闸门未打开	无冷却或冷却不够导致设备磨损	4	1	4	低	安装紧固,管线完好,闸门常开
		密封圈	喷淋泵皮带护罩松动,破损或未安装	旋转部位裸露导致机械伤害	3	1	3	低	喷淋泵皮带护罩完好,固定牢靠
		安装	喷淋泵密封圈漏水	冷却水漏失,设备损坏	3	1	3	低	喷淋泵密封圈不刺不漏
			喷淋泵安装不正	皮带偏磨,断裂,设备损坏	3	1	3	低	喷淋泵安装到位
	润滑装置	润滑油泵	润滑油泵固定不牢固,管线破损	油泵脱落,不能提供润滑油导致设备损坏	3	1	3	低	安装紧固,及时更换
		上油闸门	上油闸门开关错误	不能提供润滑油导致设备损坏	3	1	3	低	常开
		压力表	润滑油压力表失灵,损坏无法准确示值	润滑油量不足导致设备损坏	3	1	3	低	压力表灵敏可靠,表盘清晰,完好
	悬吊装置	固定	固定不牢,转动不灵活	倾倒伤人,影响正常使用	3	2	6	一般	固定牢靠,灵活好用
		本体	本体有裂纹	吊重物时断裂伤人	1	3	3	低	本体完好,无裂纹
		游动滑轮	游动滑轮损坏,脱出导轨	无法吊物,坠落伤人	2	3	6	一般	游动滑轮转动灵活,完好无缺损
	照明装置	电缆线	电缆线有接头,破皮,老化,与金属接触处无绝缘护套	触电伤害	3	4	12	较大	电缆线无接头,破皮,老化,与金属接触处有绝缘护套
		照明灯	照明灯缺失,不防爆,无保护链,灯杆固定不牢靠	火灾爆炸,倾倒,落物伤害	3	3	9	一般	照明灯完好,防爆灯有绝缘护套,灯杆固定牢靠

续表

设备设施名称	设备单元	设备部件	危害因素	风险	可能性(L)	后果(C)	风险值	风险等级	控制措施
钻井泵	皮带传动装置	皮带轮	皮带轮轮槽缺损	皮带翻转、跳槽	3	1	3	低	皮带轮轮槽完好无缺损
		护罩	护罩固定松动、变形、损坏	设备损坏、物体打击	2	2	4	低	护罩固定，变形、损坏
		皮带	皮带有毛刺、断裂	皮带翻转、扭结缠绕	4	1	4	低	皮带完整齐全，无毛刺、断裂现象
	万向轴传动装置	万向轴	万向轴不同轴	轴承偏磨，万向轴甩出造成落物伤害，物体打击，设备损坏	2	2	4	低	万向轴同轴度不超过20丝，万向轴花键轴向位移15~20mm，连接螺栓紧固，防退装置齐全，运转平稳
		防退装置	防退装置缺失，固定螺栓松动	轴承偏磨，设备损坏	3	1	3	低	固定螺栓紧固
		运转	万向轴油封盖缺失、变形、损坏，运转有异响	设备损坏，万向轴甩出，物体打击	2	2	4	低	万向轴部件齐全完好，运转平稳
		护罩固定	护罩固定松动、变形、损坏	设备损坏、物体打击	2	2	4	低	护罩固定，无变形、损坏
		润滑油路	黄油嘴、润滑脂管路阻塞、损坏	轴承磨损，设备损坏	3	1	3	低	黄油嘴、润滑脂管路齐全、畅通
		固定螺栓	固定螺栓松动，定位装置缺失	轴承偏磨，设备损坏	3	1	3	低	固定螺栓紧固，定位装置齐全完整
	防爆接线箱	密封性	密封不严	有异物进入造成漏电	3	1	3	低	密封严密，有效防爆
		接线端子	接线端子螺栓未紧固	线路虚接、烧损	3	1	3	低	端子螺栓紧固
		保护按钮	检修保护按钮失效或短接	人员误操作，检修时伤人	2	2	4	低	检修开关完好
		屏蔽线	屏蔽线连接松动	电机无法正常运行	2	1	2	低	屏蔽线连接紧固

续表

设备设施名称	设备单元	设备部件	危害因素	风险	可能性（L）	后果（C）	风险值	风险等级	控制措施
钻井泵	驱动电机	接地	电机未接地	触电伤害	2	4	8	一般	接地电阻不大于4Ω，每月检测一次
		编码器	编码器损坏	影响电机正常运转	2	1	2	低	编码器完好无损
		电机内部	长期未使用，天气潮湿导致绝缘阻值低；电机内部有水珠	人员触电，烧坏设备	2	4	8	一般	绝缘阻值符合标准，电机内干燥
		固定螺栓	固定螺栓松动	轴承偏磨，设备损坏	3	1	3	低	固定螺栓紧固
		保护按钮	检修保护按钮失效或短接	人员误操作，检修时伤人	2	3	6	一般	保护按钮完好，工作正常
	风机电机	接地	电机未接地	触电伤害	2	4	8	一般	接地电阻不大于4Ω，每月检测一次
		保养	电机两端轴承保养不到位	轴承损坏	3	1	3	低	轴承运转无异响，温升≤45℃
		风机接线	风机接线不牢或虚接，短接	烧坏风机，直流电机过热，长期高温损坏绝缘，严重时烧坏	3	1	3	低	风机接线紧固
		滤网	风机滤网堵塞、破损	进气量不足，电机高温损坏；杂物进入损坏电机	3	1	3	低	风机滤网完好，清洁通畅
		电机相序	电机缺相运行	电机烧损	3	1	3	低	正确接电

五、注意事项

（1）风险评估中要针对不同的评估对象选择相应的技术方法，在划分管理单元、明确管理内容和细化操作步骤的基础上，逐项、逐步开展风险分析与评估，并对评估结果展开讨论，对于意见不能统一的风险评估结果可以用作业条件危险评价法（LEC）进行再次评估。

（2）风险评估中，既要克服以大的某项管理内容来宏观评估其存在的风险，又要防止脱离实际地盲目细化评估项目。要根据生产作业活动的实际操作进行风险的分析与评估，使风险评估结果更具有指导性和实效性。

（3）风险分析与评估结果要经领导小组审查批准发布。

第六节 风险控制

危害因素辨识、风险分析与评估的目的是有效实施风险防控。因此，针对识别、分析和评估出的风险，围绕事故预控、降低风险及其影响的角度，从技术和管理两方面制订风险防控措施。岗位日常操作风险防控落实到操作规程、现场检查表、应急处置卡、岗位职责和培训矩阵中。非常规作业活动风险防控严格执行作业许可。二级单位和企业级风险防控严格执行重大风险防控方案，层层落实风险防控责任。钻井作业的风险控制措施，包括以下几项关键环节和实际做法。

一、作业规程的制修订与完善

在风险辨识和风险评估的基础上，查验已有作业规程覆盖是否全面，风险控制措施是否有效，从而对现有钻井作业规程进行修订完善，达到有作业就有规程的目标。

以修订吊单根作业规程为例。根据生产作业活动风险辨识，与现有的吊单根作业规程进行比对，发现现有作业规程未涵盖"ϕ177.8mm（7in）及以上钻铤、取心筒、螺杆钻具、随钻震击器等特殊钻具起吊至钻台上作业"，故增加相应内容。

吊单根作业规程

1　作业准备

1.1　检查气动绞车固定牢固、刹车系统灵敏有效、气压在 0.7MPa～0.9MPa、气源控制开关封闭良好、钢丝绳排列整齐，吊索具、吊钩及附件齐全完好。

1.2　检查场地单根无弯曲、无损伤、水眼畅通、内、外螺纹和密封台阶完好，编号正确、清晰。

1.3　钻台上准备钻杆钩、钢丝刷子及兜绳，场地准备紧扣撬杠和专用提丝。

2 作业流程

场地单根→上好专用提丝并用加力杠上紧→起吊至钻台上→将钻具单根入小鼠洞。

3 作业步骤

3.1 场地人员将被吊单根内、外螺纹清理干净后戴好护丝,滚到猫道中间位置。不得站在钻具上用脚蹬踏的方式或站在钻具中间滚钻具。

……

3.9 均匀涂抹螺纹脂。

3.10 吊 ϕ165mm 及以下钻铤时,外螺纹端用吊装带拴牢后挂在绷绳吊钩上,配合钻台气动绞车吊上钻台。

3.11 钻铤上钻台用兜绳兜稳后,再放入小鼠洞。

3.12 ϕ177.8mm 及以上钻铤、取心筒、螺杆钻具、随钻震击器等钻具,应使用游车配合绷绳上下钻台,不得使用钻台气动绞车吊。

3.13 每次使用完鼠洞后,应重新盖好鼠洞盖。

……

以倒大绳作业规程增加为例。倒大绳作业是现场常见的作业活动,查询现有的操作规程进行比对,没有关于倒大绳作业相关的作业规程,故增加该作业规程。

倒大绳作业规程

1 作业准备

1.1 作业之前,对参与作业人员进行分工,并做好风险提示。

1.2 在倒大绳之前,对新大绳进行检查。

1.3 拆除过卷阀调节杆、绞车前护罩。

2 作业流程

游车卸载→固定游车(顶驱)→卸死绳压板→缠旧大绳至滚筒→切割大绳→倒出旧大绳→拆除活绳头→固定活绳头→缠排大绳→固定死绳压板→解除游车(顶驱)固定。

3 作业步骤

3.1 将游车所承载的负荷进行卸载。

3.2 固定游车

3.2.1 带顶驱的固定

a)将游车悬吊绳索释放到自由状态,调整游车高度到固定位置。操作人员高处作业时必须使用防坠落装置。

b)操作人员携带专用连接工具乘坐吊篮上升至游车部位,进行游车和悬吊绳索的连接。高处使用的工具及配件必须拴好保险绳,安全带的安全绳必须挂在吊钩上,吊篮必须使用牵引绳控制摆动。

c）缓慢下放游车至顶驱销孔与导轨销孔重合，穿入固定销并加装安全销。穿固定销时，防止挤手。

d）下放游车，直至悬重回零，确认悬吊固定牢靠后，下放游车至大绳处于松弛状态。

……

注意事项：

（1）全面系统梳理已有的操作规程是实施操作规程制修订的前提和基础，要重视对已有操作规程的梳理和分析。

（2）确定增加、减少和修订的操作项目既要根据当前生产作业活动的实际，又要考虑其长远性，避免因某一项设备或操作的临时或短时调整而删除已有的操作项目，造成对操作规程的反复修改而产生混淆。

（4）操作规程制修订和风险控制措施的修改与增补意见要经领导小组审查后批准。

二、岗位安全生产责任清单的建立与完善

要结合风险辨识的结果，进一步健全完善各级人员安全生产职责，做到岗位全覆盖，上下衔接清晰，同级分界明确。岗位安全生产职责应考虑自身业务职责、相关业务赋予的职责、落实重点工作任务的职责等要求。对每一项安全生产职责进行细化分解，列出落实该项安全生产职责的具体工作任务，明确每一项工作任务的工作标准（含工作结果），确保实现每项工作均有人负责，每项风险均有人管控。

以钻井队队长的岗位责任清单为例，钻井队管理活动目标和承诺包含年度HSE计划、HSE责任书、HSE承诺书等管理内容，钻井队作为钻井队的HSE第一负责人，应负责这些工作，所以钻井队队长的岗位安全生产责任清单含有这些安全工作职责，见表4-17。

三、岗位巡回检查表制修订与完善

针对钻井专业的设备设施，在全面开展危害因素辨识和风险分析与评估的前提下，制修订已有的岗位巡回检查表。

以副司钻HSE巡回检查表修订为例。确定副司钻管控的设备设施，与原副司钻HSE巡回检查表内容进行对比，发现原检查表中没有对节流（压井）管汇提示牌的检查。故在副司钻HSE巡回检查表检查内容中新增节流（压井）管汇提示牌。表4-18是副司钻巡回检查表。

以管理员HSE巡回检查表新增为例。确定食堂操作间、餐厅、洗漱间等设备设施的管理责任属于管理员，但没有管理员HSE巡回检查表，在辨识表中检索这些设备设施的风险，梳理编写出管理员HSE巡回检查表。表4-19是管理员巡回检查表。

表 4-17 钻井队队长岗位安全生产责任清单

岗位名称	在岗人员	岗位职责概述	队级管理岗	
钻井队队长	队长	全面负责钻井队生产工作		
安全生产职责			工作任务	工作标准
1. 负责贯彻落实国家、地方有关HSE法律法规、相关上级安全生产规章制度、规程、禁令等及理念；根据上级制定的方针和目标，组织制定钻井队HSE目标，并推动落实			（1）组织辨识适用于钻井队有关HSE方面的法律法规、规章制度要求	督促相关岗位人员及时通过上级、项目部获取所在地及甲方有关HSE的法律法规、规章制度要求，建立清单，并定期识别与更新
			（2）组织开展钻井队适用法律法规及相关安全生产规章制度、规程、禁令等培训学习	① 对法律法规、规章制度进行自学，督促相关岗位人员进行自学 ② 组织安排相关岗位人员参加上级组织的法律法规和规章制度学习 ③ 带头组织并督促相关岗位人员开展安全生产规章制度宣贯培训，使员工掌握相关要求
			（3）组织开展钻井队合规性评估	① 带头遵守并督促岗位人员遵守法律法规及上级相关安全生产规章制度、规程、禁令等，做到现场管理依法合规 ② 定期对有关HSE法律、法规和上级安全生产规章制度、规程、禁令等执行和落实情况进行检查 ③ 针对评估发现的问题及时采取措施予以改进
			（4）组织开展公司HSE承诺、方针、目标、理念、管理原则等的宣贯，并推动落实	① 开展公司HSE承诺、方针、目标、理念、管理原则等的宣贯 ② 制定钻井队年度HSE工作目标，并督导考核落实
2. 负责组织建立健全基层各岗位安全生产责任清单，并督促落实			（1）组织建立基层各岗位安全生产责任清单	① 组织将钻井队安全生产职责分解到岗位，并建立全员安全生产职责任清单，明确各岗位安全生产职责、工作任务和工作标准。每三年组织对各岗位HSE职责和责任清单进行评审与修订 ② 生产工艺、工作任务、岗位职责发生变化，或者发生生产安全事故事件时，结合风险评估结果或者事故事件教训，及时对责任清单进行补充完善
			（2）组织基层各岗位签订HSE（井控）责任书，实施HSE（井控）承诺	① 组织钻井队全员签订HSE（井控）责任书，HSE承诺书，依据责任状中制定的指标，内容完成情况定期进行公示 ② 对全员的HSE（井控）责任书、HSE承诺书，依据责任状中制定的指标，内容完成情况定期进行考核
			（3）组织实施全员HSE绩效考核	① 依据分公司和钻井队HSE奖惩制度，组织编制全员HSE绩效合同，并根据考核结果进行奖惩 ② 定期组织全员HSE履职情况考核，并严格考核

续表

安全生产职责	工作任务	工作标准
3. 负责组织制订年度HSE工作计划	组织制订钻井队年度HSE工作计划，并督导计划实施	①结合分公司HSE工作要点和钻井队实际，组织制订队年度HSE工作计划，并进行分解，明确责任人和完成时间 ②督促各岗位按计划完成相关工作任务
4. 负责组织召开基层安全会议，组织开展安全生产学习、培训和教育等	（1）组织召开基层安全会议	每月组织召开HSE领导小组会议和HSE基层队会议，传达上级文件、会议精神，解决当前存在的主要问题，提出改进对策，落实安排部署重点工作任务。督促、听取重点问题解决和相关工作进展情况
	（2）组织开展安全生产学习、培训和教育等	①组织或督促相关岗位人员按照年度培训计划，开展安全生产学习、培训和教育等，并亲自授课 ②督促基层队岗位人员对本岗位涉及的安全生产知识等进行自学 ③组织定期结合能力评估工作对员工学习掌握情况进行检查、考核 ④督导新员工"三级入场教育"队级、班组级的落实，督促开展师带徒活动 ⑤组织基层队相关人员参加上级组织的特种作业、并控证取证培训，监督持证上岗
5. 负责组织开展危害辨识和隐患排查工作	（1）组织开展危害辨识工作	每年年初组织开展一次危害辨识工作，对危害辨识工作的具体实施进行监督检查
	（2）组织开展隐患排查工作	①组织开展周自检、定期检查、专项检查等的隐患排查工作 ②对隐患排查工作的具体实施情况进行监督检查 ③及时整改或上报隐患问题，不能整改的及时汇报，在隐患未彻底整改前，制订好削减与控制措施
	（3）组织编制HSE作业计划书	①口井工作前参与并场踏勘，组织召开井场风险识别工作。针对作业过程中新增风险及时制订相应措施，并向员工交底 ②督促编制HSE工作计划书并负责审批
	（4）组织非常规和高危作业	①针对非常规和高危作业，组织或督促开展作业前安全分析，制订风险削减措施，并向作业人员交底 ②按作业许可级别及上级管控要求，组织办理危险作业项目申请，审查和审批并做好监控
	（5）组织对变更风险的管理	①督促按照各级危险作业实施变更要求，落实变更的具体实施 督导办理变更申请并实施变更，落实变更要求的后续管理

续表

安全生产职责	工作任务	工作标准
6.负责安全生产组织工作	组织生产	(1)督促各班组开好班前班后会，明确各班次工作内容和注意事项 (2)周密安排拆搬安装作业、吊装作业等高危作业管理 (3)督导设备设施及器具、运转正常、规范管理，组织开展自查自改，并做好问题整改 (4)针对施工中关键、复杂工序和遇到的事故复杂等状况，及时组织进行HSE工作交底 (5)现场有两个及以上单位联合作业时，组织召开相关单位联席会，明确各方安全职责和任务
7.负责组织应急演练	(1)组织辨识钻井队各类突发紧急情况，组织建立应急管理体系	①及时辨识钻井队各类突发紧急情况，组织建立包括岗位应急处置卡、基层应急处置预案、分公司综合应急预案等在内的应急管理体系 ②按照应急预案规定，落实应急物资、装备等资源，满足钻井队的应急工作需要
	(2)督促开展应急培训、演练	①督促开展应急处置预案、自救互救知识和避险逃生技能培训，使人员熟悉应急职责、处置程序和措施 ②组织制订演练计划并实施。演练后组织对应急预案实施情况进行总结和评估，不断持续改进
	(3)按照职责分工，组织相关应急预案的启动和实施	①紧急情况下，第一时间启动应急响应，按照职责分工，组织有关力量救援 ②妥善处置现场情况，控制态势发展，避免发生次生事故
8.负责交通、消防、环保、健康等专项管理	(1)负责交通安全管理	督导落实值班车、倒班车各项消防车车辆检查，倒班车管理制度的落实，驾驶员安全教育
	(2)负责消防安全管理	负责落实各项消防管理制度的落实，每半年组织全员开展消防知识培训，并进行全员考试
	(3)负责环保管理	负责施工现场环保措施的落实，推动绿色基层队的创建，督促清洁生产
	(4)负责节能节水管理	督导节能、节水技术措施的现场推广、应用
	(5)负责全员健康管理	①督促员工按照规定时间参加体检 ②负责落实员工职业健康体检计划，对于有职业健康禁忌员工实施转岗

续表

安全生产职责	工作任务	工作标准
9. 负责组织开展进入属地范围内的承包商教育、过程监管等	（1）组织开展进入属地范围内的承包商教育工作	①对进入钻井队的承包商组织开展入厂培训和教育 ②督促相关岗位人员对进入属地范围内的承包商施工作业人员进行风险告知与安全教育
	（2）组织开展过程监管等	①开展承包商施工过程监管，对监督发现的问题督促整改并向主管部门反馈 ②按规定及时参与承包商业绩评价
10. 负责组织及时、如实上报 HSE 事故，并按照"四不放过"原则进行处理	（1）组织事故事件的上报、现场处置	①发生事故事件后第一时间向上级报告，立即启动应急预案并亲自组织进行现场处理 ②事故造成人员伤害的，亲自护送到医院并参与抢救
	（2）配合对事故事件进行调查、处理	①配合相关事故事件调查，分析事故原因，提出改进建议 ②按照"四不放过"原则，切实吸取事故事件教训，落实防范措施

安全承诺：

本人承诺认真贯彻落实国家和上级安全生产法令、规定、指示和规章制度，按照上述岗位责任清单，建立健全本单位安全生产责任制，并严格执行落实；对分公司安全生产负责，坚决杜绝"三违"；自愿接受安全检查与监督考核，绝不弄虚作假，督促落实隐患整改；及时如实上报事故事件。如有违反，按照考核标准，责任书和相关规定考核追责；发生生产安全事故，失职照单追责。

承诺人：

表 4-18 副司钻 HSE 巡回检查表（电动钻机）

岗位负责人：　　　岗位上级责任管理人：

检查频次要求	接班前及特殊作业前按照本表内容进行一次检查	填写要求：符合：√　异常：△　存在隐患：×
巡回检查路线	值班房→循环罐→储备罐→钻井泵→工具箱→高压管汇→节流管汇→液气分离器→防喷器→压井管汇→远程控制台→测斜房→值班房	对出现异常和存在隐患的项目要立即报告值班领导

年　　月　　日

	检查内容	检查情况（按岗位实际要求列明检查时机）																													
		1	2	3	4	5	6	7	8	9	10	11	12	13	14	15	16	17	18	19	20	21	22	23	24	25	26	27	28	29	30	31
值班房检查	查看工程班报表，了解施工情况，钻井液性能，钻井液提示记录符合设计要求																															
	查看井控记录，钻井泵运转、钻井液提示记录的填写是否准确，及时																															
循环罐	在 1# 循环罐护栏、循环罐通向泵房扶梯旁护栏设置双面安全标识组合牌																															
	循环罐系统罐面平整，罐面漏洞≤40mm，过道干净，畅通																															
	上下循环罐梯子不少于 3 个，踏板平整，挂钩式梯子有安全绳或链																															
	观察口盖板齐全，及时关闭，罐体各种阀件工作正常																															
	罐体卫生清洁，无杂物；有安全通道，"有限空间限制人内"警示标识																															
	灌注计量罐计量刻度标示清楚，卫生清洁，无杂物，计量准确																															
	在循环罐区保护零线（PE）必须重复接地。在循环罐区保护零线（PE）必须采用等电位连接，导线的截面积不小于 35 mm²																															

续表

	检查内容	检查情况（按岗位实际要求列明检查时机）																														
		1	2	3	4	5	6	7	8	9	10	11	12	13	14	15	16	17	18	19	20	21	22	23	24	25	26	27	28	29	30	31
循环罐	电缆线无破损、老化，与金属接触处有绝缘护套																															
	照明灯完好，防爆灯有保护链，灯杆固定牢靠																															
	电机、配电柜满足防爆要求，控制开关有控制对象标识																															
	防爆接线口装有密封垫，备用防爆插头加防护盖																															
	…																															
节流管汇	闸门齐全、完好、固定牢靠，开关灵活，状态正确																															
	压力表朝底座、无松动、抗震、量程满足要求、回零、有针型阀（大小量程）套压表灵敏，阻尼液无变质，校验期内																															
	基础平稳，无悬空																															
	提示牌悬挂卫生、正确																															
	关井压力提示牌正对操作者，数据齐全、正确，清楚																															
	…																															

保存部门：基层队　　　　　　　　　　　　　　　　保存期：1年

表 4-19 生活管理员 HSE 巡回检查表

岗位负责人：		岗位上级责任管理人：		填写要求：符合：√ 异常：△ 存在隐患：× 年 月 日																													
检查频次要求		接班前及特殊作业前按照本表内容进行一次检查																															
巡回检查路线		食堂操作间→餐厅→锅炉间→洗漱间→淋浴间→生活水罐→生活车房→更衣室→营房区		对出现异常和存在隐患的项目要立即报告																													
	检查内容	检查情况（按岗位实际要求列明检查时机）																															
		1	2	3	4	5	6	7	8	9	10	11	12	13	14	15	16	17	18	19	20	21	22	23	24	25	26	27	28	29	30	31
食堂操作间	炊事机械设备要有专人负责,并挂牌,有设备操作规程																															
	设备卫生清洁,并经常维护、保养,电气设备使用漏电保护器,且在检测期内																															
	燃油燃气管线必须保持完好,燃料用完后要关闭总阀,管线闸门和灶台开关																															
	消防设施有检查记录,检查周期不超过一个月																															
	食堂操作间设有"重点防火部位"标识牌																															
	炊事人员持健康证上岗																															
	炊事人员上岗必须穿戴工作服、帽,勤剪指甲、勤理发,勤洗工服,保持个人卫生清洁																															
	定期洗刷墙壁、天窗、烟道口的油污,保持操作间卫生清洁																															
	操作间及餐厅配备必要的防蝇设施																															
	操作间炊具经常消毒,保持干净卫生																															

续表

检查内容	检查情况（按岗位实际要求列明检查时机）																														
	1	2	3	4	5	6	7	8	9	10	11	12	13	14	15	16	17	18	19	20	21	22	23	24	25	26	27	28	29	30	31
操作间各种物品摆放整齐。加工生熟食的案板、刀具等工具要分开存放，并张贴生、熟标识																															
食堂操作间 配备操作间8kg干粉灭火器1具，压力在绿区；5kg二氧化碳灭火器2具，安全销无锈蚀，喷嘴与胶管完好无龟裂，铅封完好，瓶体和瓶底无锈蚀，有灭火器检查记录本，检查周期不超过一个月																															
食堂垃圾、剩余饭菜要倒入指定地点，不随意乱倒																															
桌椅卫生清洁，电气设备使用漏电保护器，且在检测期内																															
餐厅 餐厅8kg干粉灭火器2具，压力在绿区，安全销无锈蚀，喷嘴与胶管完好无龟裂，铅封完好，瓶体和瓶底无锈蚀，有灭火器检查记录，检查周期不超过一个月																															
……																															

保存部门：基层队　　　　　　　　　　　　　　　　保存期：1年

注意事项：

（1）现场 HSE 检查表是检查现场安全的原始记录，也是现场危害因素识别、安全隐患分析与评估、制订风险防控措施的前提和基础，因此，根据操作规程等要求对现场进行逐一检查，并对检查的问题提出整改措施、整改时间、整改结果和明确相应的责任人。

（2）现场检查出的事故隐患，要立即进行整改，现场难以整改的要采取必要的控制措施，并及时上报。

（3）现场 HSE 检查表的制修订与完善结果要经领导小组审查后批准。

四、应急预案及处置程序

应急预案和处置程序是野外钻井现场风险防控和安全事故处置的基本的和首要的必备方案和处理流程。通过制订相应的事故处理应急预案和处置程序，使事故发生时能有条不紊地实施有效补救措施，将事故可能造成的人员伤亡和财物损失降至最低幅度，是风险防控的最后一道安全屏障。

应用危害因素辨识和风险评估的结果，对现有应急预案进行梳理，尤其是修订、完善钻井队应急处置程序，建立应急处置卡。

以人员落入钻井液池的应急处置程序为例，在生产作业活动的掏罐作业中，作业人员在罐外打开舱门螺栓时，存在被钻井液冲击滑落到钻井液池的危险，人员落入钻井液池突发事件在之前是确有发生过的，为有效应对人员落入钻井液池的情况，故在钻井队应急预案中新增人员落入钻井液池的应急处置程序。

5.19　人员落入钻井液池应急处置程序

5.19.1　发现人员落入钻井液池，现场人员立即大声呼救"有人掉泥浆池（钻井液池）了"，同时寻求钻井队员工及周边人士协助施救工作。

5.19.2　落池人员应避免慌乱，如钻井液池内泥沙较多，避免挣扎，采取平卧姿势，尽量扩大身体与泥沙的接触面积。

5.19.2.1　如现场无施救人员，落池人员应朝天躺下，轻轻拨动手脚，用背泳姿势慢慢移向硬地。

5.19.2.2　落池人员移动身体时必须小心谨慎。每做一个动作，都应让泥或沙有时间流到四肢底下。急速移动只会使泥或沙之间产生空隙，把身体吸进深处。

5.19.2.3　行走过程当中一旦发觉双脚下陷，应该把身体后倾，轻轻跌躺在地面上。跌下时尽量张开双臂以分散体重，这样可使身体浮于表面。

5.19.3　现场人员施救时，抛掷救生圈、绳索、竹竿或木板等工具拖拉落池人员脱险。

注意：救援过程中，抢险人员注意安全站位并做好身体防护措施。

5.19.5　如果现场人员无法将落坑者救至安全区域，立即拨打当地救援电话寻求救援。同时现场人员将情况汇报公司应急办公室。

5.19.4 公司应急领导小组立即成立抢险组、救护组、保障组赶赴现场开展救援。

① 落池者从水中救起后,在医院专业救护人员未达之前,迅速清除口鼻、呼吸道异物。

注意:将其置于平卧位,如有活动假牙也应取出。解除紧裹的内衣、文胸、腰带等。

② 采用头低脚高的体位将肺及胃内积水排出。

③ 一旦患者的气道开放,即可人工呼吸进行救助。

④ 溺水者恢复自主呼吸后,立即使用大量清水冲身体表面,清洗残留泥浆药品,避免化学灼伤。

注意:人工呼吸必须持续至自主呼吸完全恢复后方可停止,至少坚持3～4h,切不可轻言放弃。

④ 现场实施救助的同时,做好溺水者转运送院准备。

注意:现场急救成功后,仍需送医院进一步观察24～48h。

将应急处置程序进一步提炼,制作成岗位应急处置卡,方便岗位在突发事件下实施应急处理,有效提高作业人员现场应急处置能力。井喷应急处置卡如图4-6所示,柴油罐火灾应急处置卡如图4-7所示。

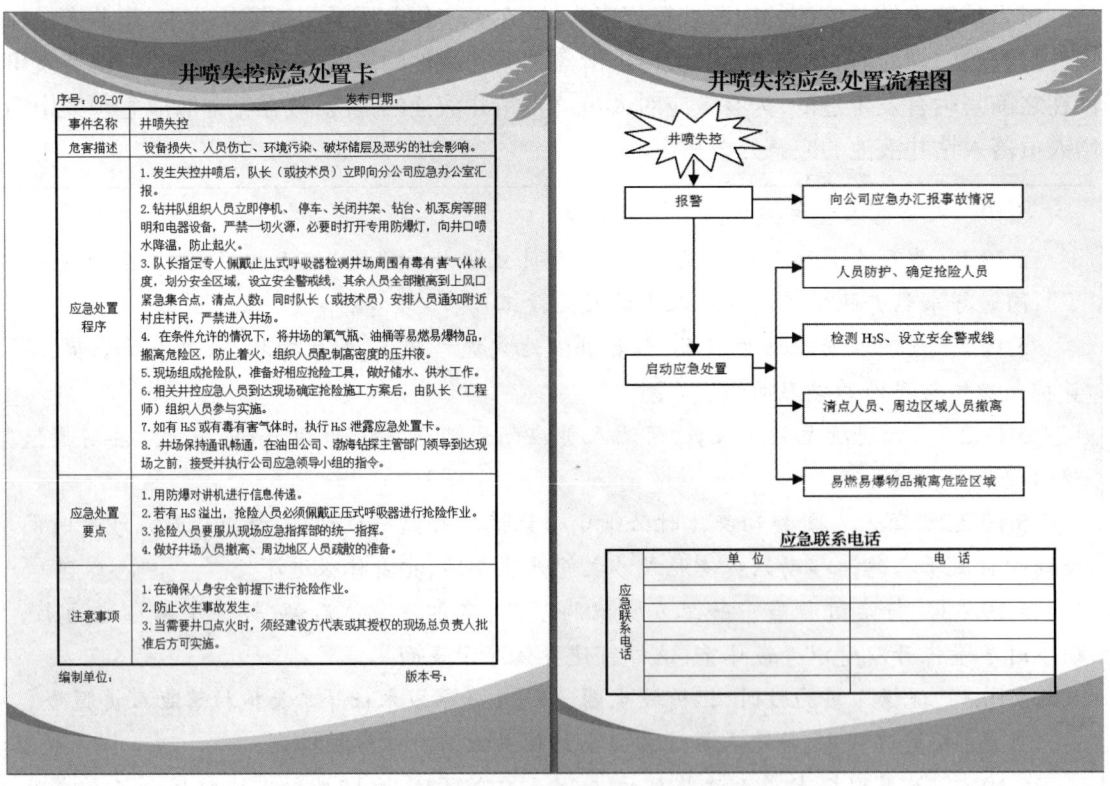

图4-6 井喷应急处置卡示意图

柴油罐火灾应急处置卡

序号：02-19		发布日期：
事件名称	柴油罐火灾	
危害描述	发生火灾爆炸，造成人员伤害、设备损坏	
应急处置程序	1.第一发现人大声呼救："柴油罐着火了"，并立即通知当班司钻和现场负责人。 2.司钻立即停止作业、刹车。发电工断开柴油罐电源、关闭油路闸门。 3.发现人取用灭火器扑救初期火灾。 4.现场负责人组织义务消防队对柴油罐采取降温措施，扑救灭火。 5.火势无法控制时，拨打消防报警电话，同时汇报分公司应急办公室。 6.引导消防队到达现场，并协助扑救	
应急处置要点	1.司钻及时停止作业、刹车。发电工断开柴油罐电源，关闭油路闸门。 2.迅速、正确的处置初期火灾	
注意事项	1.拨打火警电话时，应准确说明火情、行车路线、着火物品等。 2.在等待救援时，采取隔离、降温措施，防止火势蔓延	
应急电话	钻四应急办：0317-2723011　　华北油区火警电话：0317-2720119	

编制单位：　　　　　　　　　　　　　　　　　　　　　　版本号：

柴油罐火灾应急处置流程图

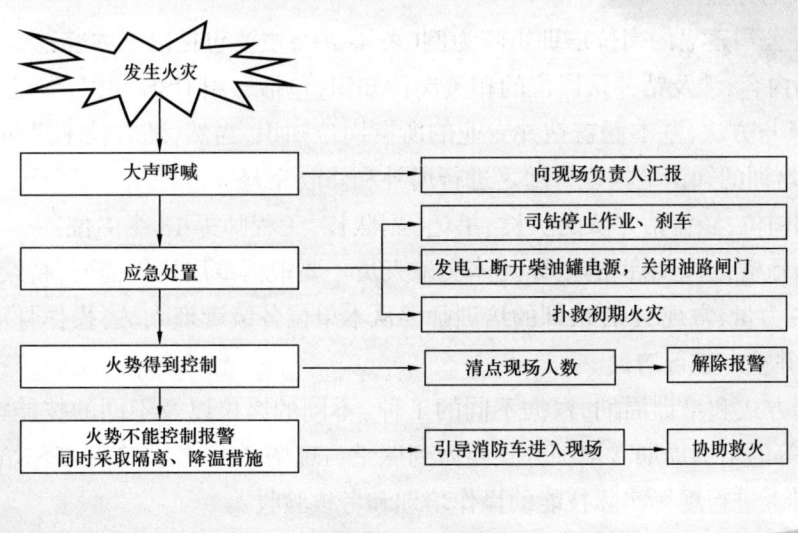

图4-7　柴油罐火灾应急处置卡示意图

注意事项:

(1)应急预案及其处理程序是事故发生时合适和有效的处理措施,要建立健全各个岗位、设备设施以及各细化管理单元及其操作步骤的应急预案和处理程序,并对岗位员工实施针对性的培训和演练。同时,针对预案和程序中不足之处要及时进行修订与增补,及时完善应急预案与事故处置程序及其细节。

(2)应急预案与处置程序的建立只是应急管理的第一步,重要的是对岗位员工的相关培训和演练,只有做到预案在心、程序在手、熟练记忆和熟练操作,预案和程序在事故发生初期才真正发挥作用,先期才能控制事故。

(3)应急预案及处置程序的修订与完善结果要经领导小组审查后批准。

五、开发岗位需求型培训矩阵

应用危害因素辨识和风险评估的结果,研究制定基层岗位培训矩阵,融入基层培训中。把风险防控成果导入到培训矩阵,将涉及各岗位的危害因素、风险与控制措施、应急处置程序等信息纳入基层岗位培训中,制定符合专业生产安全风险防控实际的培训矩阵,编制相关培训课件。

1. 建立钻井队岗位培训矩阵

岗位培训是保持企业持续健康发展的主题之一。针对钻井队的岗位培训尤为重要,建立钻井队岗位培训矩阵既是岗位培训的方法创新,也是更有效地业务开展和掌握培训进展的直观而明确的方法。

以某钻井公司建立的岗位培训矩阵为例(表4-20),主要包括以下内容:

(1)培训内容,涉及钻井队岗位的相关岗位知识,包括通用HSE知识、专业HSE知识和HSE管理工具与方法,基本涵盖钻井专业的所有岗位知识,当然,随着技术进步和新产品投入使用,岗位培训的知识结构也将随之进行增补和修改完善。

(2)培训岗位,涵盖钻井队的队长、书记、副队长、工程师等18个岗位。

(3)培训师资,这是培训的主导具体实施人员。要根据基层培训需要,持续培养单位的HSE培训师资力量,常规HSE培训的培训师要从本单位各级管理人员、操作骨干、技术人员中进行筛选,并重点进行培训。

(4)培训方式和培训周期,根据不同的工种、不同的岗位以及不同的技能本身特点,确定1~3年不等的培训周期。培训方式要做到课堂与现场紧密结合,有些岗位培训必须在课堂教授的基础上进行现场实际技能的操作培训和考核验收。

在建立钻井队所有的岗位培训知识点、所有需要培训的岗位,明确培训方式和培训周期、指定培训师资的基础上,建立钻井队的岗位培训矩阵。当培训内容和培训岗位随着钻井专业方面的某些变化而需要调整和完善时,要及时进行修订和完善。

表 4-20　某钻井公司 HSE 岗位培训矩阵

编号	培训项目	培训课时h	培训周期	培训方式	培训师资	岗位														
						1 队长	2 书记	3 副队长	4 工程师	5 钻台大班	6 机房大班	7 泥浆大班	8 司钻	9 副司钻	10 井架工	11 内钳工	12 外钳工	13 场地工	14 发电工	15 钻井液工	16 炊事员	17 管理员	18 材料员
1	通用安全知识																						
1.1	保命条款	1	1年	课堂现场	钻井队安全监督或培训师	指导	指导	指导	指导	掌握	掌握	掌握	掌握	掌握	掌握	掌握	掌握	掌握	掌握	掌握	掌握	掌握	掌握
1.2	"两书一表"	1	1年	课堂现场	钻井队安全监督或培训师	指导	指导	指导	指导	掌握	掌握	掌握	掌握	掌握	掌握	掌握	掌握	掌握	掌握	掌握	掌握	掌握	掌握
1.3	安全防护用品使用	1	1年	课堂现场	钻井队安全监督或培训师	指导	指导	指导	指导	掌握	掌握	掌握	掌握	掌握	掌握	掌握	掌握	掌握	掌握	掌握	掌握	掌握	掌握
1.4	安全用电常识	不限	随时	课堂现场	钻井队电气师	指导	指导	指导	指导	掌握	掌握	掌握	掌握	掌握	掌握	掌握	掌握	掌握	掌握	掌握	掌握	掌握	掌握
1.5	井控技术基础知识	1	1年	课堂现场	钻井工程师	指导	指导	指导	指导	掌握	掌握	掌握	掌握	掌握	掌握	掌握	掌握	掌握	掌握	掌握	掌握	掌握	掌握
1.6	消防知识及消防器材使用	1	1年	课堂现场	钻井队安全监督或培训师	指导	指导	指导	指导	掌握	掌握	掌握	掌握	掌握	掌握	掌握	掌握	掌握	掌握	掌握	掌握	掌握	掌握
……																							
2	岗位基本操作技能																						
2.1	钻井泵	1	1年	课堂现场	设备副队长或钻台大班	指导	指导	指导	了解	指导			掌握	掌握	掌握	了解	了解	了解					
2.2	绞车	1	1年	课堂现场	设备副队长或钻台大班	指导	指导	指导	了解	指导			掌握	掌握	掌握	掌握	掌握	了解					

续表

编号	培训项目	培训课时h	培训周期	培训方式	培训师资	岗位																	
						1 队长	2 书记	3 副队长	4 工程师	5 钻台大班	6 机房大班	7 泥浆大班	8 司钻	9 副司钻	10 井架工	11 内钳工	12 外钳工	13 场地工	14 发电工	15 钻井液工	16 炊事员	17 管理员	18 材料员
2.3	气动绞车	1	1年	课堂现场	设备副队长或钻台大班	指导	指导	指导	了解	指导			掌握	掌握	掌握	掌握	掌握	了解					
	……																						
3	生产受控管理流程																						
3.1	拆甩钻台、井架	1	1年	课堂现场	钻井队安全监督或培训师	指导	指导	指导	指导	掌握	掌握	掌握	掌握	掌握	掌握	掌握	掌握	掌握	掌握	掌握			
3.2	拆甩泵房	1	1年	课堂现场	钻井队安全监督或培训师	指导	指导	指导	指导	掌握	掌握	掌握	掌握	掌握	掌握	掌握	掌握	掌握	掌握	掌握			
	……																						
4	新工具新方法																						
4.1	作业许可	1	1年	课堂现场	直线领导或培训师	指导	指导	指导	指导	掌握	掌握	掌握	掌握	掌握	掌握	掌握	掌握	掌握	掌握	掌握	了解	了解	了解
4.2	相关方管理	1	1年	课堂现场	直线领导或培训师	指导	指导	指导	指导	掌握	掌握	掌握	掌握	掌握	掌握	掌握	掌握	掌握	掌握	掌握	了解	了解	了解
	……																						

2. 开发培训课件

HSE 培训课件作为培训矩阵应用的重要组成部分,是员工理解 HSE 培训矩阵和操作规程的重要支撑。培训课件以通俗易懂的语言、形象直观的图片将培训项目的内容以及其中涉及的各种危害、风险等呈现出来,更加有利于岗位员工了解、掌握培训内容。

开发课件,要根据岗位培训的需要,主要应关注以下方面:

对于基层领导,要突出 HSE 知识由学会到会用的转化,有效提升 HSE 管理体系运行能力,促进 HSE 工作从思想认识的转变,学会运用 HSE 系统管理的方法规划项目风险管理。

对于基层班组长,要促进学会如何在班组运行体系,学会如何运用工作前安全分析、安全观察与沟通、工作循环检查、作业许可等管理工具控制作业风险,同时要增强 HSE 培训能力,为推动班组全员属地责任落地奠定基础。

对于岗位员工,重点是以风险防控为中心,注重基础 HSE 知识的掌握和岗位操作技能的提升。

培训课件的编制原则如下:

(1)有据可依,突出风险。培训课件内容要围绕岗位管控要求,以规章制度、操作规程等为依据,按管理流程、操作步骤分析危害与风险,评估危害后果,明确防控措施和应急处置要求,让员工懂得如何识别风险、评估风险、控制风险,实现安全操作。

(2)文字简明,直观生动。HSE 培训课件的使用对象是基层岗位员工,课件内容的表现方式应避免大量文字堆砌,宜用简洁易懂的文字、形象直观的图片或视频、发人深省的典型案例展现管理要求、操作规范及相应风险,切忌简单复制法律法规、制度标准条文的编制方式。

(3)编审结合,实用有效。作为基层岗位 HSE 培训矩阵的实施载体,要吸纳基层员工、操作骨干的参与,通过集合多方面的编制意见,形成课件初稿。并由对口的职能部门进行评审,根据反馈意见再次进行编制,最终形成课件定稿,实现编制与评审同步进行,保证课件编制质量。

六、风险控制责任分配

根据制订的风险防控措施,按照风险防控工作所需要的资源等,结合本单位各管理层次分析,进行责任分级,梳理、分析本单位各管理层级与风险管控相关的职责,查漏补缺,制修订和完善与风险管控直接相关的各管理层级、相关部门的职责。

1. 分配原则

(1)分层管理、分级防控。将风险防控的责任划分到各个管理层级,每一层级对照专业领域、业务流程,评估并确定风险防控重点,落实防控责任。

(2)直线责任、属地管理。将风险防控的职责落实到规划计划、人事培训、生产组织、工艺技术、设备设施、安全环保、物资采购等职能部门和属地管理岗位,实现管工作必须管风险。

（3）过程控制、逐级落实。从设计、施工、运行等作业活动的全过程和各环节进行风险防控，逐级落实风险防控措施。

2. 生产作业风险管控责任

（1）常规作业（多数为低风险）应建立作业规程，明确作业岗位与人员需求，将作业责任落实到岗位人员，如钻进作业、起下钻作业等；关键性作业（所属为一般风险）应由管理部门制订作业方案，或经检查验收，如开钻作业、钻开油气层作业；重点作业（多数为较大风险或重大风险）应制定相应的管控制度，由管理部门直接参与作业，如一级井控风险井，应有处级领导驻井，实行"双盯工作法"。

（2）对于高风险作业、非常规作业应建立作业许可制度，梳理作业许可项目清单，低风险作业由基层队审批管控，一般风险与较大风险作业由管理部门审批管控。

3. 设备设施风险管控责任

（1）全部风险应落实到基层岗位，将设备设施检查维护融入岗位HSE巡回检查表。

（2）一般及以上风险落实到基层队管理人员，基层队干部、大班在巡回检查期间、周检查期间，重点关注此类风险，及时排查，安排人员整改。

（3）较大及以上风险落实到机关管理部门，相关管理部门应在日常验收检查、季度检查、重大节假日检查时，重点关注此类风险，及时排查，安排人员整改。

注意事项：

（1）风险责任的分配要逐级逐岗落实，做到人人操作有责任、层层管理有责任。对于部门和直线管理者要根据HSE职责分配，将风险防控的要求按岗位形成关键任务清单。对于操作员工，要将风险防控措施的落实责任明确到具体岗位。

（2）风险责任分配要根据条件的变化而及时调整完善，要与危害因素识别、风险分析与评估和风险控制相结合。

（3）风险责任分级分配的结果要经领导小组审查后批准。

第五章 测井作业活动风险防控

以测井作业活动为例,结合测井作业流程及设备的生产实际,按照基层岗位风险防控模式(工作准备—信息收集—活动拆分—危害辨识—风险评价—风险控制)的"六步法",阐述测井作业活动风险防控的具体内容和工作程序,分析现有测井作业活动风险防控措施,将风险防控责任落实到具体岗位,建立测井作业活动的风险防控机制。

第一节 概　　述

一、测井作业宏观描述

测井作业活动内容包括完井测井、生产井测井、随钻测井、射孔等系列生产作业活动,其中还包含测井仪器、设备的日常维护与维修,放射性物品和民用爆炸物品的储存和运输等生产保障活动。测井作业活动由相应的基层作业队、班组具体实施。

这些基层作业队、班组包括测井队、射孔队、测井仪器维修班组、危险品库房班组等,岗位设置和人员分工比较具体和明确,从测井(射孔)队的队长、操作工程师、绞车工、井口工、驾驶员到仪器维修班的班长、仪修工以及危险品库房的班组长、保管员等。

二、测井作业系统存在的主要风险

测井作业是石油勘探开发的一项重要作业活动,其作业特点是点多、线长、面广、流动作业,施工涉及放射性物品和民用爆炸物品两大危险品。图5-1为测井作业活动。

在测井作业活动中(图5-1),存在的主要风险有:

(1)放射性物品在存储、使用和运输过程中可能发生放射源丢失、被盗和人员受到过剂量辐射的风险。

(2)民用爆炸物品在存储、运输过程中可能发生的丢失、被盗和在使用过程中发生意外爆炸的风险。

(3)车辆行驶路途中,因受道路状况、环境、气候变化、人的不安全行为等因素影响,可能发生的碰撞、翻车等风险。

(4)测井作业过程中,现场可能发生的井喷失控、硫化氢等有毒气体泄漏风险。

(5)测井作业过程中可能发生物体打击、高处坠落、机械伤害等风险。

(6)测井作业过程中可能遭受的突发性自然灾害风险,如突发性洪汛灾害、突发性气象灾害、突发性地质灾害、突发性海洋灾害等。

图 5-1　测井作业活动

如何指导岗位员工在测井作业活动中识别和评估这些风险,在相应的专业培训基础上实施对风险的控制,避免事故发生,这就是安全生产风险防控的目的。

因此,实施测井作业活动的风险识别与评估、风险防控,建立风险防控机制十分重要而且必要。

第二节　风险防控工作准备

一、风险防控工作前的准备

测井作业活动的风险防控工作开展前,依程序要做好六方面准备工作。

1. 成立组织机构

二级单位要成立由主要领导任组长的风险防控领导小组,并指定单位其他相关领导、业务科室科室长担任副组长及领导小组办公室主任等职。同时,要将机关相关管理科室和各基层单位的主要领导纳入领导小组成员中,从组织机构建立和人员配置方面保障风险防控工作的开展和运行。

2. 明确主要职责

组织机构建立后还要明确各个管理层级的主要领导在风险防控中对应的主要职责,要使领导层面引起足够的重视,明确其主要的和具体的管理职责,这是做好风险防控工作的基础和前提。

3. 组织专项调研

组织风险防控相关人员针对目前存在的有关风险识别及防控方面进行专题性调研工作。主要了解目前在测井作业活动各层面、各工种和各岗位等方面的风险防控执行情况,包括员工对风险防控的认识、看法等意识形态方面的调研。

4. 制订工作方案

结合本单位实际及风险防控的需要编制工作方案,方案中明确负责人和各成员的主要责任,明确各阶段的工作内容、工作目标和责任人,按时间节点确定需要完成的工作量及进度安排,同时还要制订相应的奖惩措施,奖优罚劣,以调动各基层单位工作积极性和主动性。

5. 组织专项培训

组织参与风险防控的相关人员开展专项培训,阐述风险防控工作的意义、目的,讲解现行的国家 HSE 法规、标准、集团公司的相关制度规范,讲授风险防控工作的技术方法和技术要领,并以实际案例详细讲解,为风险防控工作做好技术准备。

6. 召开启动大会

在完成上述五方面的准备工作后,由风险防控领导小组组织召开本单位风险防控工作启动大会,向全体人员阐述风险防控工作的意义、目的和任务,发布风险防控工作方案,宣布风险防控工作正式启动。

二、收集相关信息资料

为确保生产安全风险防控工作有效开展,根据测井专业特点,首先进行测井作业基层生产单位——项目部和能够独立完成测井作业任务的最小组织单元——测井队相关信息资料的收集、汇总,应确保收集信息资料的真实性、全面性和可靠性,能够覆盖测井作业活动的各个方面,信息资料包括但不限于:

——组织机构设置;
——岗位设置及岗位职责要求;
——属地区域划分或区域位置;
——相关工艺流程、主要设备设施;
——管理制度、操作规程、两书一表、应急处置预案和应急处置卡等;
——相关事故、事件案例;
——危害因素辨识与风险分析情况、风险评估或安全评价报告等;
——其他必要的资料和信息。

组织机构方面的资料可通过绘制组织机构框架图,清楚地说明基层单位、测井队的机构设置、管理层次和岗位设置等情况。××项目部组织机构框架如图 5-2 所示,测井队岗位设置如图 5-3 所示。

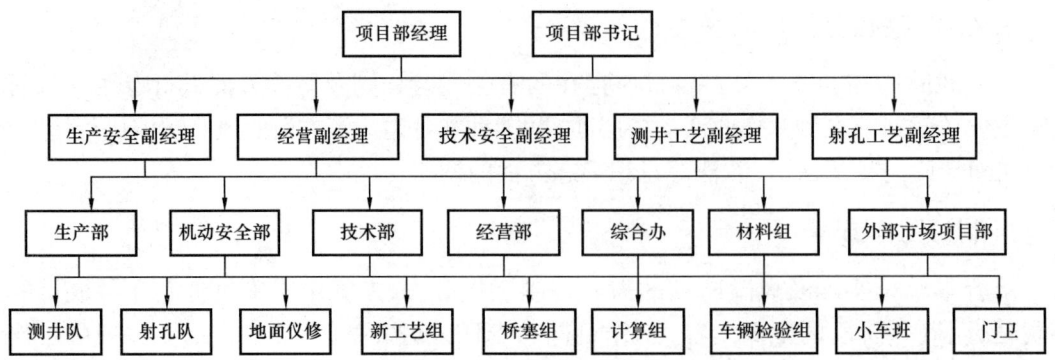

图 5-2 ××项目部组织机构框架图

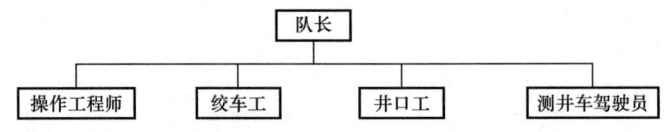

图 5-3 测井队岗位设置图

岗位设置及岗位职责方面的资料可通过建立基层单位岗位设置清单方式完成。表 5-1 是××项目部岗位设置及岗位职责清单。

表 5-1 ××项目部岗位设置及岗位职责清单

序号	组织机构	岗位名称	岗位职责
1	项目部领导	项目部经理	项目部经理岗位职责
2		项目部书记	项目部书记岗位职责
3		生产安全副经理	生产安全副经理岗位职责
4		经营副经理	经营副经理岗位职责
5		技术副经理	技术副经理岗位职责
6		测井工艺副经理	测井工艺副经理岗位职责
7		射孔工艺副经理	射孔工艺副经理
8	生产部	生产部部长	生产部部长岗位职责
9		生产部副部长	生产部副部长岗位职责
10		调度员岗	调度员岗位职责
11		生产信息录入岗	生产信息录入员岗位职责
12	技术部	技术部部长	技术部部长岗位职责
13		教育培训岗	教育培训员岗位职责
14		质量管理岗	质量管理员岗位职责
15		工程管理岗	工程管理员岗位职责
16		工艺技术管理岗	工艺技术管理员岗位职责

续表

序号	组织机构	岗位名称	岗位职责
17	机动安全部	机动安全部部长	机动安全部部长岗位职责
18		机动安全部副部长	机动安全部副部长岗位职责
19		设备管理岗	设备管理员岗位职责
20		安全员	安全员岗位职责
21		HSE 监督	HSE 监督岗位职责
22	综合办	办公室主任	办公室主任岗位职责
23		政工干事	政工干事岗位职责
25	经营部	经营部部长	经营部部长岗位职责
26		会计岗	会计岗位职责
27		出纳岗	出纳员岗位职责
28		劳资岗	劳资员岗位职责
29		统计岗	统计员岗位职责
30	材料组	材料组长	材料组长岗位职责
31		材料员	材料员岗位职责
32	外部市场项目	项目经理	项目经理岗位职责
33		项目副经理	项目副经理岗位职责
34		调度员	调度员岗位职责
35		安全员	安全员岗位职责
36		驾驶员	驾驶员岗位职责
37		厨师	厨师岗位职责
38	测井队	队长	队长岗位职责
39		操作工程师	操作工程师岗位职责
40		绞车工	绞车工岗位职责
41		驾驶员	仪器车驾驶员岗位职责
43		放射源运输车驾驶员	放射源运输车驾驶员岗位职责
44		井口工	井口工岗位职责
45		危险品押运员(兼)	危险品押运员岗(兼)岗位职责
46	射孔队	队长	队长岗位职责
47		操作工程师	操作工程师岗位职责

续表

序号	组织机构	岗位名称	岗位职责
48	射孔队	绞车工	绞车工岗位职责
49		驾驶员	仪器车驾驶员岗位职责
50		民爆品运输车驾驶员	民爆品运输车驾驶员岗位职责
51		井口工	井口工岗位职责
52		危险品押运员（兼）	危险品押运员（兼）岗位职责
53	地面仪修组	地面仪修组长	地面仪修组长岗位职责
54		地面仪修岗	地面仪修岗岗位职责
55	桥塞班	桥塞班长	桥塞班长岗位职责
56		桥塞施工员	桥塞施工员岗位职责
57	新工艺班	新工艺班长	新工艺班长岗位职责
58		新工艺施工员	新工艺施工员岗位职责
59	计算组	计算组长	计算组长岗位职责
60		计算员	计算员岗位职责
61	小车班	小车班班长	小车班班长岗位职责
62		驾驶员	驾驶员岗位职责
63	车辆检验班	检验班长	检验班长岗位职责
64		车辆检验员	车辆检验岗位职责
65	门卫	门卫岗	门卫岗位职责
66		勤杂工	勤杂工岗位职责

测井作业施工时，测井队按照HSE标准化作业规范使用警戒带将施工区域圈闭，测井队施工现场各岗位属地区域如图5-4所示。

工艺流程类的资料应根据测井和射孔两大主体作业活动进行资料的详细收集，建议以测井和射孔中的具体作业活动流程进行具体收集。测井作业中的完井测井、生产井测井、随钻测井等，按照其独立的作业流程进行资料收集，确保资料收集的全面和完整。测井（射孔）作业工艺流程如图5-5所示，表5-2是××项目部主要设备设施一览表。

表5-3、表5-4是××项目部管理制度、操作规程、两书一表、应急处置预案和应急处置卡等资料清单。在资料收集和分析中，可以根据情况增加收集的种类和数量，以更全面地汇总风险防控方面的资料信息。

测井队施工现场临时属地区域图

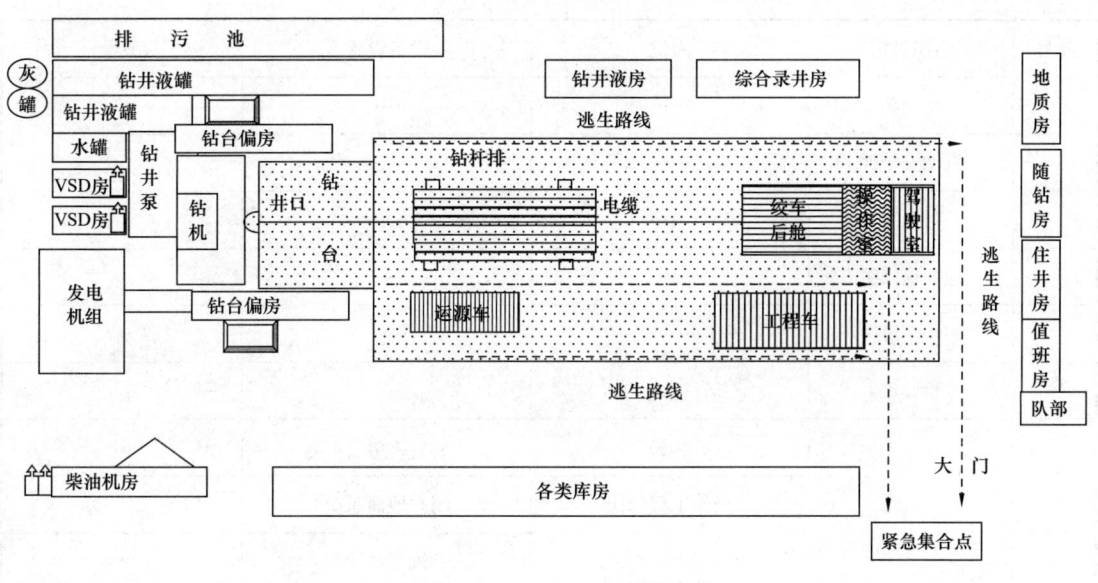

图 5-4 测井队现场施工属地区域图

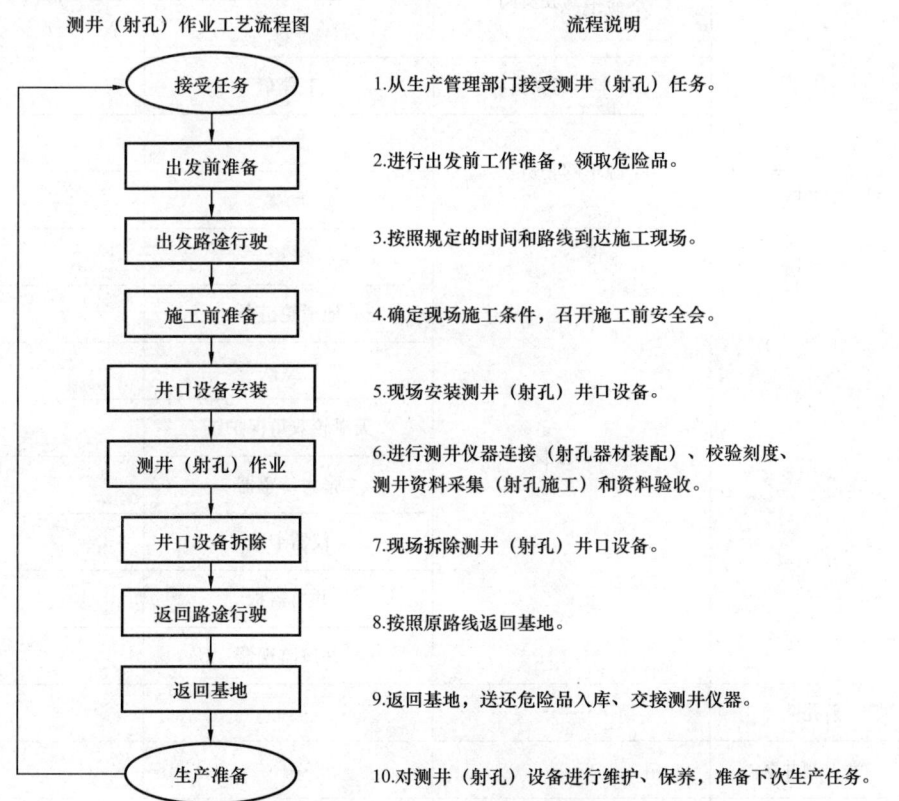

图 5-5 测井(射孔)作业工艺流程图

表 5-2　××项目部主要设备设施一览表

序号	组织机构	岗位	设备设施	型号
	生产部	……	……	
	机动安全部	……	……	
	材料组	……	……	
	地面仪修组	……	……	
	小车班	……	……	
	检验班	……	……	
	测井队	队长	工房	
		操作工程师岗	测井地面系统	
		绞车工岗	绞车系统	
			车载发电机	
		仪器车驾驶员岗	一体化测井绞车	
			车库	
		工程车车驾驶员岗	工程车	
		源车驾驶员	源车	
			源罐	
		井口工岗	滑轮	
			地滑轮链条	
			T型铁	
			天滑轮双重保护链	
			张力传感器	
			仪器卡盘	
			井口盖板	
			井口监视器	
	射孔队	……	……	
	海上测井队	……	……	
	外部市场项目部	……	……	

表 5-3 ××项目部管理制度清单

序号	信息资料名录	序号	信息资料名录
1	岗位 HSE 职责	29	项目部调度工作细则
2	项目部放射源管理规定	30	员工行为规范
3	项目部民用爆炸物品管理规定	31	测井队 HSE 作业指导书（队长岗）
4	放射源出入库、出入罐、出入仪器、出入井口管理细则	32	测井队 HSE 作业指导书（操作工程师岗）
5	项目部车辆交通安全管理规定	33	测井队 HSE 作业指导书（绞车工岗）
6	项目部生产运行规定	34	测井队 HSE 作业指导书（井口组长岗）
7	车间生产准备规程	35	测井队 HSE 作业指导书（井口工岗）
8	下井仪器运输规程	36	测井队 HSE 作业指导书（驾驶员岗）
9	路途行驶规定	37	测井队 HSE 作业指导书（源车驾驶员岗）
10	施工现场车辆摆放规程	38	射孔队 HSE 作业指导书（队长岗）
11	井口设备安装规范	39	射孔队 HSE 作业指导书（操作工程师岗）
12	下井仪器连接、拆卸规程	40	射孔队 HSE 作业指导书（绞车工岗）
13	下井仪井场刻度规程	41	射孔队 HSE 作业指导书（联炮工岗）
14	仪器起下规程	42	射孔队 HSE 作业指导书（井口工岗）
15	井下仪器遇卡处理规定	43	射孔队 HSE 作业指导书（驾驶员岗）
16	施工现场检查项及其要求	44	射孔队 HSE 作业指导书（民爆品运输车驾驶员岗）
17	HSE 管理现场监察处罚规定	45	测井（单井）HSE 作业计划书
18	海上作业安全规定	46	射孔（单井）HSE 作业计划书
19	干部安全环保承包考核制度	47	测井 HSE 现场检查表
20	安全环保生产例会制度	48	射孔 HSE 现场检查表
21	项目部安全环保检查制度	49	放射源失控事故应急处置预案
22	项目部安全环保奖惩制度	50	民爆物品失控事故应急处置预案
23	安全环保教育培训制度	51	井喷突发事件应急处置预案
24	安全环保事故管理制度	52	交通突发事件应急处置预案
25	环境卫生管理制度	53	火灾事故突发事件应急处置预案
26	仪器维修工房管理规定	54	自然灾害突发事件应急处置预案
27	防火管理规定	55	环境突发事件应急处置预案
28	项目部关于 HSE 记录、质量记录控制规定	56	硫化氢泄漏突发事件应急处置预案

续表

序号	信息资料名录	序号	信息资料名录
57	工业生产伤亡突发事件应急处置预案	63	火灾事故岗位应急处置卡
58	公共卫突发事件应急处置预案	64	交通事故岗位应急处置卡
59	溢流及井喷失控岗位应急处置卡	65	触电岗位应急处置卡
60	硫化氢泄漏岗位应急处置卡	66	自然灾害岗位应急处置卡
61	人身伤害岗位应急处置卡	67	食物中毒岗位应急处置卡
62	环境污染岗位应急处置卡		

表5-4 ××项目部操作规程清单

序号	信息资料名录	序号	信息资料名录
1	液压测井车操作规程	21	撞击式取心作业标准操作流程
2	液压测井车维护保养操作规程	22	修接电缆标准操作流程
3	机械测井车操作规程	23	测井穿芯打捞标准操作流程
4	机械绞车维护保养规程	24	马丁代克保养标准操作流程
5	发电机操作规程	25	钢丝马笼头制作标准操作流程
6	汽车起重机操作规程	26	测井用滑轮的维护标准操作流程
7	电动单梁起重机操作规程	27	投棒式多级起爆标准作业流程
8	LWD-MWD用高温锂电池组安全操作规程	28	LWF存储式过钻杆测井系统数据采集与控制标准操作流程
9	手电钻安全操作规程	29	套管接箍定位器电缆头制作标准操作流程
10	台钻安全操作规程	30	新89安全型防沙起爆装置组装标准操作流程
11	测井电缆安全使用规程	31	TCP射孔枪（89）装配标准操作流程
12	井口设备保养及安全使用规定	32	WCP射孔枪（89）装配标准操作流程
13	空气压缩机安全操作规程	33	内置式复合射孔枪（89）装配标准操作流程
14	高压清洗机安全操作规程	34	川南压力起爆装置组装标准操作流程
15	井口电缆防喷装置使用维护保养规范	35	电缆鱼雷铆接标准操作流程
16	钻进式井壁取芯标准作业流程	36	压差起爆器（型号）装配标准操作流程
17	绞车操作标准作业流程	37	延时起爆器（型号）装配标准操作流程
18	过油管射孔标准作业流程	38	桥塞工具预防性维护标准操作流程
19	常规裸眼井井口安装标准操作流程	39	油气井管柱爆炸切割标准操作流程
20	水平井（PCL）测井标准操作流程	40	电缆倒灰作业标准操作流程

三、调查作业岗位情况

在收集和分析信息资料的基础上,进行作业岗位、工艺流程、设备设施、作业区域和岗位职责等方面的现场调查。主要明确以下几方面内容。

(1)明确作业岗位的划分与实际分布、工艺流程的原理和实际操作、设备设施的种类与工作原理、作业区域的实际分布、岗位职责的详细内容及其与实际工作的联系。

(2)明确岗位员工对作业岗位、设备设施等岗位职责、操作规程的了解和掌握程度,以及实际操作与要求的差距等。

(3)明确作业岗位、设备设施等在历史上出现的事故及其处理情况,详细调查其中的典型案例发生及其处理细节情况。

(4)明确岗位员工及管理人员对风险防控工作的认识程度、意见以及建议等。

上述岗位、区域、设备设施等方面的调查结束后,分析整理并报风险防控领导小组讨论确认后融入防控指南编制中。

至此,风险防控的准备工作结束,经风险防控领导小组审核通过后,按计划开始风险防控的下一个环节工作,进行测井作业活动的分解。

第三节 测井作业活动分解

测井作业活动分解是围绕岗位,从人员、设备、工艺流程和工作区域等方面将某一具体的测井作业活动分解成一定的具体的、包含一定的可具体操作的作业项目和操作步骤,便于实施详细的风险辨识和风险控制的一个风险管控活动。它是风险管控开展的必要基础工作。

一、分解原则

在测井作业活动信息资料整理分析的基础上,对测井作业活动开展科学和合理的分解。主要按照以下原则:

(1)要考虑基层测井作业活动全过程,要全面涵盖和无遗漏。
(2)要考虑人、机、料、法、环等多种因素。
(3)要考虑所有常规与非常规作业活动。
(4)要考虑作业场所里所有相关人员的活动。
(5)要考虑作业场所里所有设备、设施(包括租赁设备、设施)。

二、作业活动分解

基层单位抽调安全管理人员与生产、技术骨干组成工作小组,以生产单位生产工艺过程为主线,列出所有流程、工艺、工序、具体作业活动(包括所有的常规、非常规和应急处置等作业活动);根据测井专业的特点一般按照测井作业工艺流程和测井作业设备设施两种方法进行分解。

1. 按照测井作业工艺流程进行分解

按照测井作业工艺流程,将测井作业活动分解为:接受任务出发、路途行驶、现场施工、施工结束返回基地、最后到基地生产准备等17项作业内容,其中包括了穿心打捞和应急处置等非常规作业活动和应急处置活动。

针对每项作业内容,再进行工作任务细分,最后分解到可开展危害因素辨识与风险评估的基本单元,即为操作项目。操作项目应是一项相对独立的工作任务,由一系列连续发生的操作步骤构成。考虑到操作步骤分解的主要目的是为了更好地进行危害辨识,因此操作步骤分解不宜过粗也不宜过细。如某操作项目仅包含1～2个作业步骤,就应考虑是否与其他操作项目合并;而某一操作项目作业步骤过多,如包含几十个作业步骤,则应考虑将该操作项目进一步拆分成几个更小的操作项目。按照上述要求,将测井作业活动的17项作业内容划分为75个具体操作项目。表5-5是测井作业活动分解情况。

表5-5 测井作业活动分解表

序号	作业活动	作业内容	操作项目
1	测井作业	接受任务及出发前准备	车辆检验
2			领取下井仪器
3			领取放射源
4			领取取心药饼
5		出发路途行驶	车辆行驶
6			途中检查
7			途中临时餐饮、住宿
8		施工前准备	车辆摆放
9			设置施工区域
10			现场布线
11			启动发电机
12			启动地面系统
13		井口设备安装	井口设备卸车
14			井口设备搬运
15			井口设备安装
16		测井施工	仪器搬运
17			仪器连接吊装
18			仪器刻度

续表

序号	作业活动	作业内容	操作项目
19	测井作业	测井施工	放射源安装
20			放射源临时存放
21			仪器起下
22			放射源拆卸
23		井口设备拆除	井口设备拆卸
24			设备、现场复原
25		穿心打捞(非常规活动)	搬运工具
26			安装滑轮
27			现场布线
28			安装快速接头
29			连接打捞筒
30			打捞施工
31			循环泥浆
32			铠接电缆
33			清洗打捞筒
34			检查面板、传感器
35			拆卸打捞筒
36			拆卸滑轮
37		处理滑轮电缆跳槽(非常规活动)	固定电缆
38			处理电缆跳槽
39			滑轮电缆复原
40		井喷失控应急处置	报警
41			剪断电缆
42			紧急撤离
43		硫化氢泄露应急处置	报警
44			现场监控
45			紧急撤离
46		放射源突发事件应急处置	设置非安全区域
47			现场处置
48			放射源临时存放

续表

序号	作业活动	作业内容	操作项目
49	测井作业	人员伤害应急处置	脱离危险区域
50			现场处置
51		返回路途行驶	车辆行驶
52			途中检查
53			途中临时餐饮、住宿
54		交通事故应急处置	设置警示标志
55			处置伤员
56			撤离现场
57		车辆火灾应急处置	扑灭初起火灾
58			紧急撤离
59		返回基地	还放射源
60			还剩余取心药饼
61			还下井仪器
62		基地生产准备	上电缆
63			接电缆
64			制作鱼雷
65			制作电极
66			制作马龙头
67			制作定位器
68			保养滑轮
69			保养马丁代克
70			仪器联机检查
71			仪器刻度
72			车辆一保作业
73			更换轮胎
74			洗车台洗车
75			正压呼吸器气瓶充气

2. 根据测井作业设备设施进行划分

按照测井作业活动所涉及的设备设施,列出测井作业活动涉及的10个设备设施。表5-6是测井作业活动设备设施清单。

表5-6 测井作业活动设备设施清单

序号	作业活动	作业区域	设备设施
1	测井作业	测井施工现场	一体化测井绞车
2			工程车
3			放射源运输车
4			民爆物品运输车
5			汽车吊
6			电缆绞车系统
7			车载发电机
8			井口滑轮
9		基地	高温高压清洗机
10			空气压缩机

三、明确岗位管理内容

针对已分解的作业内容和操作项目,明确每个操作项目所涉及的岗位和人员。表5-7测井队测井作业活动岗位管理单元划分矩阵。

表5-7 测井作业活动岗位管理单元划分矩阵

序号	作业活动	作业内容	操作项目	岗位				
				测井队长	操作工程师	绞车工	井口工（押运员）	驾驶员
1	测井作业	接受任务及出发前准备	车辆检验					√
2			领取下井仪器	√	√		√	√
3			领取放射源	√			√	√
4			领取取心药饼	√			√	√
5		出发路途行驶	车辆行驶	√	√	√	√	√
6			途中检查	√			√	√
7			途中临时餐饮、住宿	√			√	√

续表

序号	作业活动	作业内容	操作项目	岗位				
				测井队长	操作工程师	绞车工	井口工（押运员）	驾驶员
8	测井作业	施工前准备	车辆摆放	√			√	√
9			设置施工区域	√			√	
10			现场布线		√			
11			启动发电机		√			
12			启动地面系统		√			
13		井口设备安装	井口设备卸车	√			√	
14			井口设备搬运	√			√	
15			井口设备安装	√		√	√	
16		测井施工	仪器搬运	√			√	
17			仪器连接吊装	√		√	√	
18			仪器刻度	√	√		√	
19			放射源安装	√			√	
20			放射源临时存放	√			√	
21			仪器起下	√	√	√	√	
22			放射源拆卸	√			√	
23		井口设备拆除	井口设备拆卸	√			√	
24			设备、现场复原	√	√	√	√	
25		穿心打捞（非常规活动）	搬运工具	√			√	
26			安装滑轮	√		√	√	
27			现场布线	√	√			
28			安装快速接头	√			√	
29			连接打捞筒	√			√	
30			打捞施工	√			√	
31			循环钻井液				√	
32			铠接电缆				√	
33			清洗打捞筒				√	
34			检查面板、传感器	√	√			
35			拆卸打捞筒	√			√	
36			拆卸滑轮	√			√	

续表

序号	作业活动	作业内容	操作项目	岗位				
				测井队长	操作工程师	绞车工	井口工（押运员）	驾驶员
37	测井作业	处理滑轮电缆跳槽（非常规活动）	固定电缆	√			√	
38			处理电缆跳槽	√			√	
39			滑轮电缆复原	√		√	√	
40		井喷失控应急处置	报警	√			√	
41			剪断电缆	√			√	
42			紧急撤离	√	√	√	√	√
43		硫化氢泄漏应急处置	报警	√			√	
44			现场监控	√			√	
45			紧急撤离	√	√	√	√	√
46		放射源突发事件应急处置	设置非安全区域	√			√	
47			现场处置	√	√	√	√	
48			放射源临时存放	√			√	
49		人员伤害应急处置	脱离危险区域	√	√	√	√	√
50			现场处置	√	√	√	√	√
51		返回路途行驶	车辆行驶	√	√		√	√
52			途中检查	√			√	√
53			途中临时餐饮、住宿	√			√	√
54		交通事故应急处置	设置警示标志	√				√
55			处置伤员	√	√	√	√	√
56			撤离现场	√	√	√	√	√
57		车辆火灾应急处置	扑灭初起火灾	√	√	√	√	√
58			紧急撤离	√	√	√	√	√
59		返回基地	还放射源	√			√	√
60			还剩余取心药饼	√			√	
61			还下井仪器	√	√		√	
62		基地生产准备	上电缆	√		√	√	
63			接电缆	√		√	√	
64			制作鱼雷				√	

续表

序号	作业活动	作业内容	操作项目	岗位				
				测井队长	操作工程师	绞车工	井口工（押运员）	驾驶员
65	测井作业	基地生产准备	制作电极				√	
66			制作马龙头				√	
67			制作定位器				√	
68			保养滑轮				√	
69			保养马丁代克			√		
70			仪器联机检查		√		√	
71			仪器刻度	√	√		√	
72			车辆一保作业					√
73			更换轮胎					√
74			洗车台洗车				√	√
75			正压呼吸器气瓶充气				√	

四、确定设备拆分

明确各岗位所涉及的设备设施,建立岗位设备设施清单。

对设备设施关键部位按照某一规律进行拆分,如先拆分设备本体再拆分附件,先拆分功能性附件再拆分安全环保附件和工作环境,按照由近及远、由外及里、由上及下的顺序对设备设施的关键部分逐项拆分。表5-8是测井作业活动设备设施拆分情况。

表5-8 测井作业活动设备设施拆分表

序号	设备设施	关键部位	责任岗位
1	测井车辆	发动机系统	驾驶员
2		油路系统	驾驶员
3		电路系统	驾驶员
4		转向系统	驾驶员
5		制动系统	驾驶员
6		车轮	驾驶员
7		车灯	驾驶员
8		底盘	驾驶员
9		驾驶室	驾驶员

续表

序号	设备设施	关键部位	责任岗位
10	车载发电机	发电机油路	操作工程师
11		发电机电路	操作工程师
12	绞车系统	滚筒	绞车工
13		滚筒固定架	绞车工
14		滚筒链条	绞车工
15		液压油箱	绞车工
16	汽车吊	液压系统	吊车驾驶员
17		卷扬机滚筒	吊车驾驶员
18		滑轮组	吊车驾驶员
19		吊钩	吊车驾驶员
20		吊臂	吊车驾驶员
21	高压清洗机	水管线	车辆检验班班长
22		电源线路	车辆检验班班长
23		阀门	车辆检验班班长
24	空气压缩机	安全阀	车辆检验班班长
25		压力表	车辆检验班班长
26	井口滑轮	滑轮体	井口工
27		滑轮夹板	井口工
28		滑轮轴承	井口工

五、注意事项

（1）生产作业活动分解是危害因素识别和风险评估及防控的基础，因此，作业活动分解要根据实际尽可能细分，保持危害因素的个体特点及其对应处置程序的个性化；同时，操作步骤划分不宜过粗或过细。

（2）设备设施的拆分要根据其实际运行和功能情况，既防止拆分的笼统性，又要防止追求细分而导致一些本不宜拆分的部分被硬性拆分但无实际功用。

（3）考虑到危害辨识与风险评估的全面性和充分性，可根据需要对岗位所涉及的岗位制度、材料、工作环境等其他单元划分进行分析。

（4）测井作业活动分解结果要经领导小组审查后批准。

第四节　危害因素辨识

危害因素是指可能导致人身伤害和(或)健康损害、财产损失、工作环境破坏、有害的环境影响的根源、状态或行为,或其组合。危害因素辨识就是识别健康、安全与环境危害因素的存在并确定其特性的过程。

一、概述

危害因素辨识是风险防控的核心内容,只有全面识别出作业活动和设备设施及作业环境中存在的危害因素,才能有针对性地采取有效的安全控制措施,消除存在的事故隐患,预防和减少事故的发生。全面实施危害因素辨识,对危害因素进行分类和描述,是做好危害因素评价和控制的前提条件。

在测井作业活动中,将作业活动进行详细分解,由大到小拆解、细分成"作业内容""操作项目"和"操作步骤",其中"操作步骤"是最基本的辨识单元。

危害因素辨识方式应根据不同的辨识对象而不同,是阶段性辨识和动态辨识相结合的方式。对一些固定的场所、设备设施和常规的测井作业活动,主要采用阶段性辨识方式为主,便于对危害因素的阶段性评价;而对于非常规的或新增的作业活动主要采取动态辨识方式,关注的是每项作业活动进行中可能存在的风险。

开展全员危害因素辨识,应对基层岗位员工进行危害因素辨识方式方法和描述要求等知识的培训和讲解。在危害因素辨识中,不仅要对已固化的危害因素进行识别,还要对作业活动中可能产生的随机性危害因素进行辨识,逐步养成岗位员工在作业前先识别危害因素的良好习惯。

二、辨识的方式方法和工具

开展全员危害因素辨识时要从运行经验、风险特点和人员能力等方面考虑,以确定适用的危害因素识别方式、方法和辨识的工具。

一般地,辨识危害因素有询问、交谈、现场观察、工作前安全分析(JSA)、安全检查表(SCL)、事件树分析(ETA)等方法。

测井作业活动危害因素辨识,基层岗位员工宜使用两种方法:用工作前安全分析法(JSA),开展操作项目的危害因素辨识;用安全检查表法(SCL),开展设备设施及工作区域的危害因素辨识。

同时,管理人员还可以通过询问、交谈、现场观察等方式开展危害因素的辨识或补充其他方法辨识;可以针对已发生事故和事件案例的分析,确认事故事件中的危害因素是否已包含在现有危害因素辨识结果中;根据现场观察员工的实际操作,验证所分析的危害因素是否与实际相符,是否有遗漏等。

三、辨识工作的开展

测井作业活动的危害因素辨识主要包括三个方面：操作项目的危害因素辨识、设备设施危害因素辨识和工作环境危害因素辨识。

1. 操作项目危害因素辨识

这是针对测井作业活动中某具体的操作项目开展的危害因素辨识，如井口设备安装、仪器连接吊装、放射源安装等。这些操作项目中，对按照工序流程展开的每一个操作步骤进行危害因素辨识。

以井口设备安装的操作项目（表5-9）为例进行危害因素辨识：

首先将井口设备安装操作分成三个操作步骤，然后再分别辨识每个操作步骤过程中的危害因素：

（1）井口工上钻台：

操作内容是井口工从扶梯登上钻台，需要辨识的风险是蹬梯过程中可能产生的滑落风险。

（2）井口设备吊上钻台：

操作内容是将井口设备从坡道吊上钻台，辨识的风险主要是起吊过程中的绳套断裂等风险。

（3）天地滑轮安装：

操作内容是将天地滑轮安装到位，辨识的风险主要是滑轮安装过程中的物体打击和安装不当导致滑轮坠落等风险。

通过对上述三个操作步骤过程中的危害因素辨识，共计辨识出13项危害因素，汇总成测井作业井口设备安装危害因素辨识表（表5-9）。

表5-9 测井作业井口设备安装危害因素辨识表

序号	作业活动	操作项目	操作步骤	危害因素	风险
1	测井作业	井口设备安装	井口工上钻台	上钻台时从扶梯上滑落	人员摔伤
2			井口设备吊上钻台	起吊井口设备绳套断裂	人员砸伤
3			天地滑轮安装	交叉作业高空落物	人员砸伤
4			天地滑轮安装	钻台面有泥浆滑倒，钻台面有泥浆滑倒	人员摔伤
5			天地滑轮安装	地滑轮链未按规定固定绑扎	设备损坏
6			天地滑轮安装	固定天滑轮的吊卡未使用双月牙	人员砸伤
7			天地滑轮安装	游动天车或作业机刹把未锁死	电缆跳槽
8			天地滑轮安装	工具落井	工具落井
9			天地滑轮安装	井口无防喷闸门	井喷失控

续表

序号	作业活动	操作项目	操作步骤	危害因素	风险
10	测井作业	井口设备安装	天地滑轮安装	气温过低	冻伤
11			天地滑轮安装	气温过高	中暑
12			天地滑轮安装	平台下绑地滑轮链条掉入方井	摔伤
13			天地滑轮安装	钻台上向下抛工具	砸伤

2. 设备设施危害因素辨识

测井作业设备设施的危害因素辨识,是围绕设备设施的关键部位,以其维护的检查标准来进行其风险的辨识,并将辨识的风险以表格的形式详细说明,同时指明其可能导致的事故。

现以测井车辆为例,详细辨识其可能的风险。

在进行测井车辆的风险辨识中,根据其关键部位分成发动机系统、油路系统、电路系统、转向系统、制动系统、车轮、车灯、底盘、驾驶室9个部分逐一进行风险辨识。

如辨识车辆的制动系统可能存在的风险时,就根据车辆制动系统的5项检查标准辨识出5项对应的风险,分述如下:

(1)检查标准一:系统工作正常,无漏油、漏气现象。

存在的风险:系统有漏油、漏气现象。

导致的事故:刹车失灵,发生交通事故。

(2)检查标准二:管线无破损、安装可靠。

存在的风险:管线破损、安装不牢。

导致的事故:刹车失灵,发生交通事故。

(3)检查标准三:气压安全阀灵活可靠。

存在的风险:气压安全阀失效。

导致的事故:刹车失灵,发生交通事故。

(4)检查标准四:打气泵、油水分离器、制动分泵工作正常。

存在的风险:打气泵、油水分离器、制动分泵工作不正常。

导致的事故:刹车失灵,发生交通事故。

(6)检查标准五:储气筒无残液。

存在的风险:储气筒有残液。

导致的事故:刹车失灵,发生交通事故。

车辆其他关键部位的风险辨识与制动系统的相似,通过各个关键部位危害因素的辨识,汇总而成测井车辆危害因素辨识表(表5-10)。

表 5-10　测井车辆危害因素辨识表

序号	设备设施	关键部位	危害因素	风险
1	测井车辆	发动机系统	起动机松动,电源线接触不良	物体打击,火花碰撞
2			散热水箱损毁,堵塞,接头松动	发动机温度过高,损毁发动机
3			风扇皮带断裂,磨损严重,松动	发动机温度过高,损毁发动机
4			水泵螺栓松动,轴承异响,水封渗漏	冷却液循环不畅,造成发动机高温,功率下降,机械事故
5			发电机固定螺栓松动,失效	无法为设备充电,供电。致使设备无法正常工作
6		油路系统	输油管线老化开裂,破损,接头松动	发动机启动困难。行驶中易发生火灾事故,污染道路
7			油底壳开裂,松动	机械事故,环境污染
8			油箱固定不牢,通气孔不畅,油底脏	发生火灾
9			燃油滤清器滤油道堵塞,密封不严	燃油外泄易发生火灾
10			输油泵螺栓松动,柱塞或泵膜损坏	供油压力不足,设备不能正常运转
11		电路系统	电瓶搭铁,断格,桩头松动	产生火花易引发火灾事故
12			电源总开关主火线脱落,开关锈蚀	火线脱落搭铁引发火灾事故
13			电源线路老化,破损	易引发火灾事故
14		转向系统	方向机助力泵固定不牢,烧毁,磨损	转向沉重,易发生交通事故
15			转向烧蚀,搭铁不良,断路	转弯时无法提示前后车辆
16			方向机缺油,机件损坏,磨损严重	转向失灵,发生交通事故
17			转向拉杆弯曲、变形、脱落	转向失灵,发生交通事故
18			方向机油泄露,阻塞,变质,脏污	致使方向机转向沉重或卡死,造成交通事故
19			转向立轴磨损,松旷,锈蚀	转向沉重,刹车跑偏,引发交通事故
20			转向液压管线老化,接头松动,漏油	管线爆裂,液压油漏失造成转向助力失效,引发交通事故

续表

序号	设备设施	关键部位	危害因素	风险
21	测井车辆	制动系统	打气泵螺栓松动,活塞间隙增大	机油流失造成机械事故
22			气压安全阀失效	导致刹车失灵,发生交通事故
23			储气筒有残液	导致刹车失灵,发生交通事故
24			制动油脏污、泄漏、变质、阻塞	造成机件磨损,刹车失效,易发生交通事故
25			制动泵漏气、锈蚀、开裂	发生交通事故
26			分泵连接胶管泄漏、老化、开裂	发生交通事故
27		车轮	轮毂变形、裂纹	方向失控,跑偏
28			轮胎老化、破损,压力过高或过低	发生交通事故
29			轮胎螺栓松动、脱落、切断	发生交通事故
30		车灯	车灯烧蚀、搭铁不良、断路	视物不清造成事故
31			刹车灯烧蚀、搭铁不良、断路	制动时,后车追尾
32		底盘	减震器断裂、泄漏	车身抗震能力下降,加速轮胎磨损
33			钢板弹簧断裂、疲劳、移位	不能起到缓冲减震作用
34			耳销磨损松动、断脱	钢板松动,磨损过甚
35			万向节松旷、卡滞	松旷造成机件损坏
36			法兰盘固定螺栓缺失,及螺栓松动、不牢靠	造成传动轴脱落,引发事故
37			过桥轴承螺栓松动,轴承磨损	致使车辆行驶中抖动或传动轴脱落,造成交通事故
38			传动轴法兰螺栓松动,固定螺栓松动或切断	传动轴脱落,引发交通事故
39			横直拉杆及球头弯曲、变形、脱落	转向失灵,发生交通事故
40			传动轴缺油、螺栓松动、磨损异常	加剧抖动,传动轴脱落,万向节断裂,导致交通事故
41		驾驶室	驾驶室门关闭不严,门锁失灵	行驶中,车门突然打开引发交通事故
42			安全带缺失、失灵或损坏	在发生车辆事故时无法对驾驶员进行保护
43			座椅破损或舒适度差、不稳固	驾驶员疲劳,引发交通事故
44			倒车镜丢失或破损	驾驶员无法观察后方车辆,引发交通事故
45			雨刮器失效	驾驶员视线不清导致交通事故
46			翻转机构螺栓松动,锁销切断,渗漏	在保养或修理发动机时,易造成人员伤害事故

3. 工作环境危害因素辨识

工作环境也是危害因素辨识的主要对象之一,在实际工作中,必要时应进行工作环境危害因素辨识。

工作环境危害因素的辨识是考虑作业活动的环境可能存在危害人和物的不良因素。既要考虑到自然环境中可能存在的危害因素,也要考虑到作业环境对人产生的危害因素。如井口设备安装时要考虑自然环境可能带来危害,同时还要考虑井场环境不良导致的危害。

测井作业现场的环境危害因素辨识从场地环境、钻台环境和自然环境这三个方面进行辨识,分析可能导致的事故。

(1)井场场地环境辨识:

检查的标准:井场空间满足测井车辆摆放要求,测井绞车摆放距井口 25m 以上,测 3500m 以上深井测井车距井口距离应大于 30m。

存在的风险:井场狭小,测井绞车摆放位置距井口距离不足 25m。

导致的事故:绞车工观察不到钻台上的情况导致发生事故。

(2)钻台环境:

检查的标准:钻台面应整洁干净,无钻井液、油污和陷脚的缝洞。

存在的风险:钻台面上钻井液未清理,存在陷脚的缝洞。

导致的事故:人员滑倒摔伤。

(3)自然环境:

检查的标准:夜间施工,井场照明良好。

存在的风险:井场照明不良。

导致的事故:摔倒人身伤害

通过对上述三个环境方面的危害因素辨识,形成测井作业现场环境危害因素辨识表(表 5–11)。

表 5–11 测井作业现场环境危害因素辨识表

序号	检查标准	风险辨识	事故
1	井场空间满足测井车辆摆放要求,测井绞车摆放距井口 25m 以上,测 3500m 以上深井测井车距井口距离应大于 30m	井场狭小,测井绞车摆放位置距井口距离不足 25m	绞车工观察不到钻台上的情况导致发生人身伤害、仪器落井事故
2	钻台面应整洁干净,无钻井液、油污和陷脚的缝洞	钻台面上钻井液未清理,存在陷脚的缝洞	滑倒摔伤
3	夜间施工,井场照明良好	井场照明不良	人身伤害

四、汇总审查

组织和完成岗位操作项目危害因素辨识后,要汇总整个作业活动的危害因素,并初步进行分类,形成测井作业活动危害因素清单。将初步汇总的危害因素清单发放至员工中,广泛听取员工的意见，并进行逐级讨论、汇总意见、修改完善，最后报请领导小组审核。

五、注意事项

（1）危害因素是导致危害事件的原因而不是结果，一般以人的不安全行为、物的不安全状态、管理缺陷和环境因素的形式体现。

（2）辨识出的危害因素不应描述为某种作业活动，而是详细描述其中存在的不安全状态或不安全行为。

（3）危害因素应避免笼统或宏观描述，要描述具体的不安全行为；物的不安全状态要描述出具体的缺陷，不能宏观描述为"设备缺陷"。

（4）危害因素辨识结果要经领导小组审查后批准执行。

第五节　风险分析与评估

在完成危害因素辨识的基础上，对所辨识的危害因素根据其导致后果的严重程度和可能性两个方面进行风险的分析与评估。

一、风险分析与评估要求

开展风险分析与评估工作一般有以下五方面的要求：

（1）作业活动现场主要采用经验分析法进行风险分析与评估。

（2）专业技术人员和安全管理人员在系统开展风险评估时可采用矩阵评价法（RAM）或作业条件危险评价法（LEC）。

（3）对采用经验法评估的重大风险或评估人员不能最终达成一致意见的风险，应采用矩阵法或LEC法进行二次评价。

（4）对评价出的重大风险，风险分析与评估小组人员要到作业现场观察相应的操作和设备设施进行确认和查证。

（5）经风险评估确定的重大风险要组织相关专家进行审定。

二、风险分析与评估方法

在风险分析与评估时，常采用直观经验法、矩阵评价法（RAM）、作业条件危险评价法（LEC）相结合的方式进行。

直观经验法：是根据已有的经验，通过操作现场的直观观察与分析，根据辨识的危害因素发生风险的概率及其可能产生的危害程度，确定其风险等级、评估其导致的事故后果严重程度。

矩阵评价法（RAM）：是在确定风险概率和事故后果严重程度的基础上，根据风险等级划分标准建立风险矩阵，利用风险矩阵对识别危害因素进行风险分析和评估。

作业条件危险评价法（LEC）：是针对在具有潜在危险性环境中的作业，用与风险有关的三类因素，即发生事故的可能性（L）、人体暴露于危险环境中的频繁程度（E）和事故可能造成的后果的严重性(C)等,用这三者的乘积(即 $D=L·E·C$)来评价操作人员遭遇伤亡风险的大小。

三、风险评估技术等级划分

在风险评估中,采用矩阵评价法即通过事故发生概率与事故后果严重程度的乘积确定风险的大小,可将风险技术等级划分成重大风险、较大风险、一般风险和低风险 4 个等级。风险矩阵见表 5–12。

表 5–12 风险矩阵

事故发生概率等级	5	一般 5	较大 10	较大 15	重大 20	重大 25
	4	低 4	一般 8	较大 12	较大 16	重大 20
	3	低 3	一般 6	一般 9	较大 12	较大 15
	2	低 2	低 4	一般 6	一般 8	较大 10
	1	低 1	低 2	低 3	低 4	一般 5
风险矩阵		1	2	3	4	5
		事故后果严重程度等级				

关于风险矩阵的说明:

(1)风险 = 事故发生概率 × 事故后果严重程度。

(2)风险矩阵中风险等级划分标准见表 5–13,事故发生概率等级见表 5–14,事故后果严重程度等级见表 5–15。

表 5–13 风险等级划分标准

风险等级	分值	描述	需要的行动	改进建议
重大风险	16＜重大级≤25	绝对不能容忍	必须通过工程和/或管理、技术上的专门措施,限期(不超过六个月内)把风险降低到一般风险或以下	需要并制订专门的管理方案予以削减
较大风险	9＜较大级≤16	难以容忍	应当通过工程和/或管理、技术上的控制措施,在一个具体的时间段(12 个月)内,把风险降低到一般风险或以下	需要并制订专门的管理方案予以削减
一般风险	4＜一般级≤9	在控制措施落实的条件下可以容忍	具体依据成本情况采取措施。需要确认程序和控制措施已经落实,强调对它们的维护工作	个案评估。评估现有控制措施是否均有效
低风险	1≤低级≤4	可以接受	不需要采取进一步措施降低风险	不需要。可适当考虑提高安全水平的机会(在工艺危害分析范围之外)

表 5-14 事故发生概率

概率等级	硬件控制措施	软件控制措施	概率说明,年$^{-1}$
1	(1)两道或两道以上的被动防护系统,互相独立,可靠性较高。 (2)有完善的书面检测程序,进行全面的功能检查,效果好、故障少。 (3)熟悉掌握工艺,过程始终处于受控状态。 (4)稳定的工艺,了解和掌握潜在的危险源,建立完善的工艺和安全操作规程	(1)清晰、明确的操作指导,制定了要遵循的纪律,错误被指出并立刻得到更正,定期进行培训,内容包括正常、特殊操作和应急操作程序,包括了所有的意外情况。 (2)每个班组上都有多个经验丰富的操作工。理想的压力水平。所有员工符合资格要求,员工爱岗敬业,清楚了解并重视危害因素	现实中预期不会发生(在国内行业内没有先例) $< 10^{-4}$
2	(1)两道或两道以上,其中至少有一道是被动和可靠的。 (2)定期的检测,功能检查可能不完全,偶尔出现问题。 (3)过程异常不常出现,大部分异常的原因被弄清楚,处理措施有效。 (4)合理的变更,可能是新技术带有一些不确定性,高质量的工艺危害分析	(1)关键的操作指导正确、清晰,其他的则有些非致命的错误或缺点,定期开展检查和评审,员工熟悉程序。 (2)有一些无经验人员,但不会全在一个班组。偶尔的短暂的疲劳,有一些厌倦感。员工知道自己有资格做什么和自己能力不足的地方,对危害因素有足够认识	预期不会发生,但在特殊情况下有可能发生(国内同行业有过先例) $10^{-3} \sim 10^{-4}$
3	(1)一个或两个复杂的、主动的系统,有一定的可靠性,可能有共因失效的弱点。 (2)不经常检测,历史上经常出问题,检测未被有效执行。 (3)过程持续出现小的异常,对其原因没有全搞清楚或进行处理。较严重的过程(工艺、设施、操作过程)异常被标记出来并最终得到解决。 (4)频繁的变更或新技术应用,工艺危害分析不深入,质量一般,运行极限不确定	(1)存在操作指导,没有及时更新或进行评审,应急操作程序培训质量差。 (2)可能一班半数以上都是无经验人员,但不常发生。有时出现的短时期的班组群体疲劳,较强的厌倦感。员工不会主动思考,员工有时可能自以为是,不是每个员工都了解危害因素	在某个特定装置的生命周期里不太可能发生,但有多个类似装置时,可能在其中的一个装置发生(集团公司内有过先例) $10^{-2} \sim 10^{-3}$
4	(1)仅有一个简单的主动的系统,可靠性差。 (2)检测工作不明确,没检查过或没有受到正确对待。 (3)过程经常出现异常,很多从未得到解释。 (4)频繁地变更及新技术应用。进行的工艺危害分析不完全,质量较差,边运行边摸索	(1)对操作指导无认知,培训仅为口头传授,不正规的操作规程,过多的口头指示,没有固定成形的操作,无应急操作程序培训。 (2)员工周转较快,个别班组一半以上为无经验的员工。过度的加班、疲劳情况普遍,工作计划常常被打乱,士气低迷。工作由技术有缺陷的员工完成,岗位职责不清,员工对危害因素有一些了解	在装置的生命周期内可能至少发生一次(预期中会发生) $10^{-1} \sim 10^{-2}$
5	(1)无相关检测工作。 (2)过程经常出现异常,对产生的异常不采取任何措施。 (3)对于频繁地变更或新技术应用,不进行工艺危害分析	(1)对操作指导无认知,无相关的操作规程,未经批准进行操作。 (2)人员周转快,装置半数以上为无经验的人员。无工作计划,工作由非专业人员完成。员工普遍对危害因素没有认识	在装置生命周期内经常发生。 $> 10^{-1}$

表 5-15 事故后果严重程度

严重程度等级	员工伤害	财产损失	环境影响	声誉
1	造成3人以下轻伤	一次造成直接经济损失人民币10万元以下、1000元以上	事故影响仅限于生产区域内,没有对周边环境造成影响	负面信息在集团公司所属企业内部传播,且有蔓延之势,具有在集团公司范围内部传播的可能性
2	造成3人以下重伤,或者3人以上10人以下轻伤	一次造成直接经济损失人民币10万元以上、100万元以下	(1)造成或可能造成大气环境污染,需疏散转移100人以下。 (2)造成或可能造成跨乡镇级行政区域纠纷。 (3)非环境敏感区油品泄漏量5t以下	负面信息尚未在媒体传播,但已在集团公司范围内部传播,且有蔓延之势,具有媒体传播的可能性
3	一次死亡3人以下,或者3人以上10人以下重伤,或者10人以上轻伤	一次造成直接经济损失人民币100万元以上、1000万元以下	(1)造成或可能造成大气环境污染,需疏散转移100人以上500人以下。 (2)造成或可能造成跨县(市)级行政区域纠纷。 (3)Ⅳ类、Ⅴ类放射源丢失、被盗、失控。 (4)环境敏感区内油品泄漏量1t以下,或非环境敏感区油品泄漏量5t以上10t以下	(1)引起地(市)级领导关注,或地(市)级政府部门领导做出批示。 (2)引起地(市)级主流媒体负面影响报道或评论。或通过网络媒介在可控范围内传播,造成或可能造成一般社会影响。 (3)媒体就某一敏感信息来访并拟报道。 (4)引起当地公众关注
4	一次死亡3~9人,或者10~49人重伤	一次造成直接经济损失人民币1000万元以上、5000万元以下	(1)造成或可能造成河流、沟渠、水塘、分散式取水口等水体大面积污染。 (2)造成乡镇以上集中式饮用水水源取水中断。 (3)造成基本农田、防护林地、特种用途林地或其他土地严重破坏。 (4)造成或可能造成大气环境污染,需疏散转移500人以上1000人以下。 (5)造成或可能造成跨地(市)级行政区域纠纷。 (6)Ⅲ类放射源丢失、被盗或失控。 (7)环境敏感区内油品泄漏量1t以上10t以下,或非环境敏感区内油品泄漏量10t以上100t以下	(1)引起省部级或集团公司领导关注,或省级政府部门领导做出批示。 (2)引起省级主流媒体负面影响报道或评论。或引起较活跃网络媒介负面影响报道或评论,且有蔓延之势,造成或可能造成较大社会影响。 (3)媒体就某一敏感信息来访并拟重点报道。 (4)引起区域公众关注
5	一次死亡10人以上,或者50人以上重伤	一次造成直接经济损失人民币5000万元以上	(1)造成或可能造成饮用水源、重要河流、湖泊、水库及沿海水域大面积污染。 (2)事件发生在环境敏感区,对周边自然环境、区域生态功能或濒危物种生存环境造成或可能造成重大影响。 (3)造成县级以上城区集中式饮用水水源取水中断。 (4)造成基本农田、防护林地、特种用途林地或其他土地基本功能丧失或遭受永久性破坏。 (5)造成或可能造成区域大气环境严重污染,需疏散转移1000人以上。 (6)造成或可能造成跨省级行政区域纠纷。 (7)Ⅰ类、Ⅱ类放射源丢失、被盗或失控。 (8)环境敏感区内油品泄漏量10t以上,或非环境敏感区内油品泄漏量100t以上	(1)引起国家领导人关注,或国务院、相关部委领导做出批示。 (2)引起国内主流媒体或境外重要媒体负面影响报道或评论。极短时间内在国内或境外互联网大面积爆发,引起全网广泛传播并迅速蔓延,引起广泛关注和大量失控转载。 (3)媒体来访并准备组织策划专题或系列跟踪报道。 (4)引起国际或全国范围公众关注

采用作业条件危险评价法即通过发生事故的可能性(L)、人体暴露于危险环境中的频繁程度(E)和事故可能造成后果的严重性(C)三者（表5-16、表5-17、表5-18）的乘积确定风险的大小，可将风险技术等级划分成5级（重大风险）、4级（较高风险）、3级（一般风险）、2级（一般风险）和1级（低风险）5个等级。表5-19为风险等级划分表。

表5-16 事故发生的可能性(L)

分数值	事故发生的可能性	分数值	事故发生的可能性
10	完全可以预料（1次/周）	0.5	很不可能,可以设想（1次/20年）
6	相当可能（1次/6个月）	0.2	极不可能（1次/大于20年）
3	可能,但不经常（1次/3年）	0.1	实际不可能
1	可能性小,完全意外（1次/10年）		

表5-17 人员暴露于危险环境中的频繁程度(E)

分数值	人员暴露于危险环境中的频繁程度	分数值	人员暴露于危险环境中的频繁程度
10	连续暴露	2	每月一次暴露
6	每天工作时间内暴露	1	每年几次暴露
3	每周一次或偶然暴露	0.5	非常罕见的暴露（<1次/年）

表5-18 发生事故可能造成的后果的严重性(C)

分数值	发生事故可能造成的后果	分数值	发生事故可能造成的后果
100	大灾难,许多人死亡,或造成重大财产损失	7	严重,重伤,或造成较小的财产损失（损工事件——LWC）
40	灾难,数人死亡,或造成很大财产损失	4	重大,致残,或很小的财产损失（医疗处理事件——MTC；限工事件——RWC）
15	非常严重,一人死亡,或造成一定的财产损失	1	引人注目,不利于基本的安全健康要求（急救事件——FAC以下）

表5-19 风险等级划分

分数值	风险级别	危险程度
>320	重大风险	不能继续作业（立即停止作业）
160~320	较大风险	需立即整改（制订管理方案及应急预案）
70~159	一般风险	需要整改（编制管理方案）
20~69	一般风险	需要注意
<20	低风险	可以接受

注：LEC法，危险等级的划分都是凭经验判断，难免带有局限性，应用时要根据实际情况进行修正。

四、风险等级确定

根据不同的作业活动、作业内容、操作项目及其具体的操作步骤,辨识其中可能存在的危害因素,通过风险分析技术方法,分析其存在的风险,根据其后果的严重程度与发生概率两者的综合分析进行赋值形式的风险评估,利用风险分析与评估矩阵法确定风险等级,并予以标示。风险等级统一按照国家规定分为重大风险、较大风险、一般风险、低风险四个级别,分别用红、橙、黄、蓝四色表示。

以测井井口安装、测井车辆和测井作业环境的危害因素辨识及评价为例,分别说明测井作业项目、设备设施和作业环境的风险分析与评估。其他的操作项目、设备设施和作业环境的风险评估与此相似,不再赘述。

1. 测井作业活动的风险评估

针对测井作业井口设备安装的操作项目,在前面风险辨识的基础上(表5-9),针对每个细分的操作步骤中辨识出的危害因素,采用风险矩阵法对事故发生概率和事故后果严重程度给予赋值并评价风险等级(表5-20)。

2. 测井设备设施风险评估

在评估测井车辆的风险中,在前面(表5-10)针对设备设施关键部位风险辨识基础上,对每个关键部位的风险点辨识出的危害因素,采用风险矩阵法对事故发生概率和事故后果严重程度给予赋值并评价风险等级(表5-21)。

3. 测井作业环境风险评估

在评估测井作业环境的风险中,在前面(表5-11)针对测井作业环境风险辨识基础上,对每个辨识出的危害因素,采用风险矩阵法对事故发生概率和事故后果严重程度给予赋值并评价风险等级(表5-22)。

五、注意事项

(1)风险评估中要针对不同的评估对象选择相应的技术方法,在分解作业活动、明确管理内容和细化操作步骤的基础上,逐项、逐步开展风险分析与评估,并对评估结果展开讨论,对于意见不能统一的风险评估结果可以用作业条件危险评价法(LEC)进行再次评估。

(2)风险评估中,既要克服以大的某项管理内容来宏观评估其存在的风险,又要防止脱离实际地盲目细化评估项目。要根据生产作业活动的实际操作进行风险的分析与评估,使风险评估结果更具有指导性和实效性。

(3)在风险评价时,应对现有的控制措施加以考虑,确定控制措施是否使风险得到有效的控制,现有控制措施是否需要改进和补充、是否需要采取新的控制措施。

(4)风险分析与评估结果要经领导小组审查批准。

表 5-20 测井作业活动井口设备安装危害因素辨识及评价表

序号	作业活动	操作项目	操作步骤	危害因素	风险	风险评估			现有的控制措施	增补控制措施建议
						发生概率	后果严重程度	风险等级		
1	测井作业	井口设备安装	井口工上钻台	上钻台时从扶梯上滑落	人员摔伤	2	5	较大风险	上钻台时一定要手扶梯栏杆,观察好脚下	
2			井口设备吊上钻台	起吊井口设备绳套断裂	人员砸伤	2	4	一般风险	使用标准的索具无锈蚀、跳丝、开裂、缺损的现象；使用前吊升用绳套起滑轮	向钻台吊装设备时设备高度不允许超过井口人员肩部
3			天地滑轮安装	交叉作业高空落物	人员砸伤	2	5	较大风险	施工前与井队方进行交流沟通,要求在测井施工过程中,严禁交叉作业	
4			天地滑轮安装	钻台面有泥浆滑倒,钻台面有泥浆滑倒	人员摔伤	2	2	低风险	施工前先将钻台泥浆清除干净	
5			天地滑轮安装	地滑轮链尾未按规定绑扎	设备损坏	2	4	一般风险	(1)按规定要求将地滑轮链绳绕在钻台座横梁上系死结并将链勾绑扎两圈,打结,U型环丝扣上满扣后,努好销钉；(2)地滑轮尾链在井架横梁上至少绕两圈,打结,U型环丝扣上满扣后,努好销钉	
6			天地滑轮安装	固定天滑轮的吊卡未使用双月牙	人员砸伤	2	5	较大风险	(1)T型铁挂在吊卡里,吊卡活门充分咬合、锁死。在T型铁与吊环同加装安全链条(双保险);(2)U型环丝扣上满扣后,努好销钉	起吊时不要站在天滑轮正下方
7			天地滑轮安装	游动天车或作业机刹把未锁死	电缆跳槽	1	2	低风险	滑轮上提到位后提示司钻或作业机手拉死刹把并锁死	
8			天地滑轮安装	工具落井	工具落井	2	2	低风险	施工前必须将井口盖好	

续表

序号	作业活动	操作项目	操作步骤	危害因素	风险	风险评估			现有的控制措施	增补控制措施建议
						发生概率	后果严重程度	风险等级		
9	测井作业	井口设备安装	天地滑轮安装	井口无防喷闸门	井喷失控	2	5	较大风险	要求井队必须安装井口防喷阀门	
10			天地滑轮安装	气温过低	冻伤	2	2	低风险	严寒天气施工，穿棉工服，应注意保暖	
11			天地滑轮安装	气温过高	中暑	2	3	一般风险	（1）别等口渴了才喝水。出汗较多时可适当补充一些盐水；（2）保持充足睡眠	配备防暑药品
12			天地滑轮安装	平台下绑地滑轮链条掉入方井	摔伤	2	2	低风险	提前选择路线，多人配合作业	
13			天地滑轮安装	钻台上向下抛方井工具	砸伤	2	4	一般风险	严禁在钻台上向下抛扔任何物品	

表5-21 测井车辆危害因素辨识及评价表

序号	设备设施名称	关键部位	危害因素	风险	风险评估			现有的控制措施	增补控制措施建议
					发生概率	后果严重程度	风险等级		
1	测井车辆	发动机系统	起动机松动，电源线接触不良	物体打击，火花碰撞	2	2	低风险	（1）定期检查安装固定是否牢靠；（2）线路连接是否紧固；（3）线路是否老化，接头是否完好无损	
2			散热水箱损毁，堵塞；接头松动	发动机温度过高，损毁发动机机件	2	1	低风险	（1）定期检查散热水箱固定和减震胶块完好；（2）必修检查添加合格的防冻液；（3）定期清理散热器表面的杂物	

续表

序号	设备设施名称	关键部位	危害因素	风险	风险评估 发生概率	风险评估 后果严重程度	风险评估 风险等级	现有的控制措施	增补控制措施建议
3	测井车辆	发动机系统	风扇皮带断裂、磨损严重、松动	发动机温度过高，损毁发动机机件	2	1	低风险	(1)启动前检查风扇，发现破损、拉长立即更换；(2)检查风扇皮带轴承的运转情况，如有卡阻立即修复；(3)检查风扇皮带的松紧度，调整到要求的标准	
4			水泵螺丝松动，轴承异响，水封渗漏	冷却液循环不畅，造成发动机高温，功率下降，机械事故	2	1	低风险	(1)定期检查冷却水泵轴承有无异响，水封有无渗漏，如有应立即更换；(2)检查固定螺栓有无松动；(3)检查皮带是否紧固，破损，应更换	
5			发电机固定螺丝松动，失效	无法为设备充电，致使设备无法正常工作	2	1	低风险	(1)发电机安装牢固；(2)发电机能正常发电；(3)发电机皮带松紧度调整适度；(4)无异响；(5)线路无老化、断裂，接头无松动；(6)出现以上故障立即修复或更换	
6		油路系统	输油管线老化开裂、破损，接头松动	发动机启动困难。行驶中易发生火灾事故，污染道路	2	3	一般风险	(1)定期检查输油管线的老化、开裂情况；(2)接头松动，接头松动应及时紧固和清理	
7			油底壳开裂、松动	机械事故，环境污染	2	1	低风险	(1)定期检查油底壳有无裂纹，油底垫子是否损坏；(2)检查油底固定螺栓是否紧固	
8			油箱固定不牢，通气孔不畅，油底脏	火灾隐患，溢流，油路堵塞，污染	2	1	低风险	(1)经常检查燃油箱的安装，防磨和紧固情况；(2)检查油箱通气孔是否畅通；(3)检查燃油箱有无破损渗漏；(4)定期对燃油箱内油进行清洗	

续表

序号	设备设施名称	关键部位	危害因素	风险	风险评估 发生概率	风险评估 后果严重程度	风险评估 风险等级	现有的控制措施	增补控制措施建议
9	测井车辆	油路系统	燃油滤清器滤油道堵塞，密封不严	发动机工作不稳定，柴油外泄易发生火灾和污染事故	2	1	低风险	（1）松动、密封垫损坏车辆不易启动，或启动后时间不长熄火；（2）滤芯堵塞应更换	
10		油路系统	输油泵螺栓松动，柱塞或泵膜损坏	供油压力不足，设备不能正常运转	2	1	低风险	（1）检查固定螺栓齐全有效有无松动现象；（2）检查有无渗漏；（3）检查油管液压线路紧固	
11		电路系统	电瓶搭铁，断格，桩头松动	电气设备损坏影响行车安全，火花易引发火灾事故	2	2	低风险	（1）经常保持清洁；（2）检查电瓶卡子牢固可靠；（3）检查连接线完好无损及电解液高度符合规定	
12		电路系统	电源总开关主火线脱落搭铁，开关锈蚀	火线脱落搭铁发火灾事故。锈蚀致使接触不良	2	1	低风险	（1）检查接线柱无腐蚀，检查接线柱是否紧固；（2）线路连接是否紧固；（3）能否正常使用	
13		电路系统	电源线路老化、破损	车辆用电设备失效，影响安全行驶，易引发火灾事故	2	1	低风险	（1）检查电源线路有无老化、磨损，如有应更换；（2）检查个接头是否牢靠；（3）检查线路固定是否牢靠，检查线路捆接有无松动	
14		转向系统	方向机助力泵固定不牢，烧毁，磨损，堵塞	转向沉重，易发生交通事故	2	1	低风险	（1）检查动力转向器固定的紧固；（2）检查油管接头有无渗漏，如有应紧固；（3）检查有无异响	
15		转向系统	转向烧蚀，搭铁不良，断路	转弯时无法提示前后车辆	2	2	低风险	行驶前检查转向灯是否齐全、完好，发现问题立即修复或更换	

续表

序号	设备设施名称	关键部位	危害因素	风险	风险评估 发生概率	风险评估 后果严重程度	风险等级	现有的控制措施	增补控制措施建议
16	测井车辆	转向系统	方向机缺油,机件损坏,磨损严重	转向沉重或失灵,容易发生交通事故,人员伤亡、财产损失	2	1	低风险	(1)行车前检查方向机的固定是否完好;(2)左右打方向是否灵活自如;(3)检查方向机有无异响	
17			转向拉杆弯曲、变形、脱落	转向沉重或失灵,影响司机安全驾驶,造成车辆安全事故	2	3	一般风险	行车前及时检查,确保拉杆连接紧固无弯曲	
18			方向机油泄漏,阻塞,变质,脏污	致使方向机转向沉重或卡死,造成交通事故	2	1	低风险	(1)行车前应检查制动油是否有缺失,缺失应及时补加;(2)有变质应更换	
19			转向立轴磨损、松旷、锈蚀	易引发转向沉重,刹车跑偏、轮胎加剧磨损,交通事故	2	2	低风险	(1)行车前应打方向检查立轴活动自如;(2)检查锁销是否紧固;(3)检查上下护盖是否齐全;(4)加注润滑脂	
20			转向液压管老化,接头松动,漏油	管线爆裂,液压油漏失,造成转向助力失效,引发交通事故	2	3	低风险	(1)管线老化破损时检查、更换;(2)发现接头松动时立即紧固	
21		制动系统	打气泵螺栓松动,活塞间隙增大	气压上升缓慢影响用气设备。机油流失造成机械事故	2	1	低风险	(1)打气泵固定完好;(2)接头紧固完好无渗漏,无早响,无破损;(3)打气泵工作正常;(4)打气泵有异响	
22			气压安全阀失效	导致刹车失灵,发生交通事故	3	4	较大风险	经常对气压安全阀进行检查	
23			储气筒有残液	导致刹车失灵,发生交通事故	3	3	一般风险	经常对储气筒进行检查,如有残液及时排空	

第五章 测井作业活动风险防控

续表

序号	设备设施名称	关键部位	危害因素	风险	风险评估			现有的控制措施	增补控制措施建议
					发生概率	后果严重程度	风险等级		
24	测井车辆	制动系统	制动机件磨损，制动油脏污，泄漏，变质，阻塞	造成机件磨损，刹车失效，易发生交通事故	2	1	低风险	（1）行车前应检查制动油是否有缺失，如有缺失应及时补加；（2）有变质应更换；（3）定期更换	
25			制动泵漏气，锈蚀，开裂	容易发生交通事故，人员伤亡，财产损失	2	3	低风险	（1）检查制动总泵行程及排杆锁帽；（2）检查制动总泵是否漏气应及时检修；（3）检查管线接头有无松动；（4）检查泵体的固定是否牢靠	
26			分泵连接胶管泄漏，老化，开裂	容易发生交通事故，人员伤亡，财产损失	2	3	低风险	（1）刹车管线排列，固定牢固，如有松动立即紧固；（2）刹车管线完好，无开裂老化现象	
27		车轮	轮毂变形，裂纹	方向失控，跑偏	2	1	低风险	（1）检查，发现损坏立即更换；（2）在泥泞的道路上更换轮胎时，应将轮毂上的杂物清理干净	
28			轮胎老化，破损，压力过高或过低	容易发生交通事故，人员伤亡，财产损失	3	4	较大风险	（1）行车前检查轮胎磨损程度，有无硬伤，如磨损过甚或有硬伤应更换；（2）检查轮胎气压是否在允许范围内	使用年限超出应更换
29			轮胎螺栓松动，脱落，切断	容易发生交通事故，人员伤亡，财产损失	3	4	较大风险	定期检查轮胎螺栓的松紧和缺失	尽量保持螺栓松紧度一致
30		车灯	车灯灯烧蚀，搭铁不良，断路	视物不清造成事故	2	1	低风险	行驶前检查大灯是否齐全、完好，远光近光调整是否合乎要求	
31			刹车灯烧蚀，搭铁不良，断路	制动时，后车追尾	2	1	低风险	行驶前检查刹车灯是否齐全、完好	

续表

序号	设备设施名称	关键部位	危害因素	风险	风险评估 发生概率	风险评估 后果严重程度	风险等级	现有的控制措施	增补控制措施建议
32	测井车辆	底盘	减震器断裂、泄露	车身抗震能力下降，加速轮胎磨损	2	1	低风险	(1)检查固定螺丝的紧固完好，无渗漏；(2)检查有无弯曲、变形；(3)检查支架有无变形	
33			钢板弹簧断裂、疲劳、移位	不能起到缓冲减震作用	2	1	低风险	(1)行车前检查，如有断裂立即更换；(2)检查钢板疲劳，车辆侧倾应更换；(3)发现松动、移位立即进行调整、紧固	
34			耳销磨损松动、断脱	钢板松动、磨损过甚	2	2	低风险	(1)行车前检查有无损坏、断裂；(2)固定是否牢靠，紧固，不松旷；(3)检查消滑是否良好	
35			万向节松旷、卡滞	松旷造成机件损坏	2	3	一般风险	(1)检查锁紧装置是否完好；(2)滚针轴承是否完好	及时加注润滑油
36			法兰盘固定螺栓缺失，及螺栓松动，不牢靠	造成传动轴脱落，引发事故	2	3	一般风险	行车前对传动轴螺栓进行检查紧固	
37			过桥轴承螺栓松动、轴承磨损	致使车辆行驶中抖动或传动轴脱落、造成交通事故	2	2	低风险	(1)行车前应检查，紧固螺栓；(2)轴承无损坏；(3)密封完好，无损坏，无变形；(4)无松旷现象	
38			传动轴法兰盘固定螺栓松动或切断	传动轴脱落，引发交通事故	2	1	低风险	(1)检查法兰固定螺栓是否紧固、开口销是否锁止；(2)检查花键是否磨损、松旷	
39			横直拉杆及球头弯曲、变形、脱落	转向沉重或失灵，容易发生交通事故，人员伤亡，财产损失	2	2	低风险	(1)检查拉杆有无弯曲变形，如变形应更换；(2)检查锁紧螺母完好，无损坏；(3)球头是否松旷；(4)球头锁紧螺丝及开口销完好无损	
40			传动轴缺油、螺丝松动、磨损异常	加剧抖动，传动轴脱落，万向节烧死断裂，交通事故	2	1	低风险	检查传动轴有无扭曲变形，伸缩节伸缩自如，安装十字轴孔是否磨损过甚，卡簧槽是否完好	

第五章 测井作业活动风险防控

续表

序号	设备设施名称	关键部位	危害因素	风险	风险评估 发生概率	风险评估 后果严重程度	风险等级	现有的控制措施	增补控制措施建议
41	测井车辆	驾驶室	驾驶室门关闭不严，门锁失灵	行驶中，室门打开引发交通事故	2	3	一般风险	（1）做好行前的检查工作；（2）确保驾驶室门的轴、锁的完好，紧固开关自如	
42			安全带缺失、失灵或损坏	在发生车辆事故时无法对驾驶员进行保护	2	3	一般风险	（1）做好行前的检查工作，确保完好，有效；（2）发现故障及时更换	
43			座椅破损或舒适度差，不稳固	造成驾驶员驾驶疲劳，引发车辆安全事故	2	2	低风险	（1）行车及时调整 更换；（2）检查座椅固定情况，确保牢靠	
44			倒车镜丢失或破损	驾驶员无法观察后方车辆，引发车辆安全事故	2	2	低风险	行车前检查倒车镜，齐、全、完好、清洁	
45			雨刮器失效	驾驶员视线不清导致交通事故	2	2	低风险	及时更新雨刮器	
46			翻转机构螺栓松动、锁销切断、渗漏	在保养修理发动机时，易造成人员伤害事故	2	3	一般风险	（1）液压油缸无渗漏且起升自如；（2）支撑轴好；（3）油管线完好且紧固且符合要求；（4）手压泵完好，油品符合要求	

表 5-22 测井作业现场危害因素辨识表

序号	作业场所	现场环境危害因素	风险	风险评估 发生概率	风险评估 后果严重程度	风险等级	现有的控制措施	增补控制措施建议
1	井场	井场狭小，测井绞车摆放位置距井口距离不足25m	绞车工观察不到钻台上的绞车人身伤害，仪器落井事故	3	1	低风险	（1）条件允许，绞车摆放距井口25m以上；（2）测3500m以上深井绞车距井口距离应大于30m且对绞车采取加固措施	
2	钻台	钻台面上钻井液清理不良，存在陷脚的缝洞	滑倒摔伤	3	2	一般风险	事先将钻台上钻井液清除干净，将陷脚的缝洞进行堵塞	
3	井场	井场照明不良	人身伤害	3	2	一般风险	（1）要求井队提供良好的照明条件；（2）使用测井车辆提供良好的辅助照明设备	

第六节 风险控制

危害因素辨识、风险分析与评估的目的是有效实施风险防控。因此,针对识别、分析和评估出的风险,围绕事故预控、降低风险及其影响的角度,从技术和管理两方面制订风险防控措施。岗位日常操作风险防控落实到操作规程、现场检查表、应急处置卡、岗位职责和培训矩阵中。非常规作业活动风险防控严格执行作业许可。二级单位和企业级风险防控严格执行重大风险防控方案,层层落实风险防控责任。测井作业活动风险控制措施,包括以下几项关键环节和实际做法。

一、操作规程的制修订与完善

在危害因素辨识和风险评估基础上,梳理、评审和制修订现有的操作规程,评估其完整性、准确性和适用性,确定其制修订清单,并组织相关专业技术和管理与操作人员进行完善,以完善后的操作规程防控可能的风险,同时纳入日常安全检查中。

1. 现有操作规程

依据最新的危害因素辨识和风险分析与评估结果,对测井作业活动的操作规程进行全面梳理,发现有部分操作规程内容与现有的风险防控不相匹配,包括按最新风险防控标准要求操作规程有欠缺或遗漏之处的、操作规程有缺少条款的、操作规程有不适应条款或步骤的情况。

2. 确定增加、减少和修订的操作项目目录

在前面全面和系统梳理测井作业活动现有操作规程的基础上,分类分项整理和归纳梳理结果,将确定需要增加的、减少的和修订的操作规程进行分门别类地整理和归类,并形成操作规程制修订清单,标明具体的操作规程、确定制修订的责任单位或部门,确定制修订和审核、发布的时间节点,有条不紊地推进工作。

例如,在危害因素辨识和风险评估基础上,全面梳理了项目部已有的设备操作规程和标准作业流程(SOP),发现测井作业中有8项设备操作规程需要修改完善、有3项标准作业流程(SOP)需要增补(表5-23)。

表5-23 测井作业操作规程修改与增补情况

序号	操作规程	责任科室	备注
1	液压测井车操作规程	资源管理站	修改完善
2	液压测井车维护保养操作规程	资源管理站	修改完善
3	电动单梁起重机操作规程	资源管理站	修改完善
4	发电机操作规程	资源管理站	修改完善
5	空气压缩机安全操作规程	资源管理站	修改完善

续表

序号	操作规程	责任科室	备注
6	高压清洗机安全操作规程	资源管理站	修改完善
7	井口电缆防喷装置使用维护保养规范	工程技术科	修改完善
8	下井仪器连接、拆卸规程	工程技术科	修改完善
9	车辆检验标准化操作流程（SOP）	资源管理站	增补
10	人工搬运标准化操作流程（SOP）	安全环保科	增补
11	仪器连接、吊装标准化操作流程（SOP）	工程技术科	增补

3. 修订内容的增减情况

以电动单梁起重机操作规程修订完善情况为例说明操作规程的增加、减少和修订情况，见表5-24。

表 5-24 操作规程修订内容对比表

电动单梁起重机操作规程（原）
1. 必须持有特种工种操作证，持证上岗。 2. 工作前，戴好防护用品，防止触电等伤害；要认真检查吊车钢丝绳、传动部位、吊车操作系统、音响信号、限位开关、刹车机构、吊钩等一定安全可靠，否则禁止出车。 3. 吊车和吊具（吊钩、吊环、钢丝绳、链条）正确使用。 4. 吊运的物件必须吊挂或捆绑牢固可靠，方可起吊。吊运时禁止同时使用两个或两个以上的动作或斜吊，放置平稳后方可松钩。 5. 在下述情况，司机应发出音响信号： …… 6. 吊起物件的高度至少比运行路线上遇物件高出半米，但不得从人员头顶通过。 7. 严禁用吊勾吊人或乘坐在吊运物件上。 8. 转换控制器把柄刹车时，应缓慢进行，吊车在运行时不得进行修理。 9. 工作结束后，将吊车开回停放处，将吊钩升至上方，控制器拨到 0 位，拉开电源。

电动单梁起重机操作规程（新）
1 操作工艺参数 1.1 额定载荷 …… 2 操作方法及注意事项 2.1 工作前试车 …… 3 重点检查的项目和部位 3.1 检查项目和部位 …… 4 应急处置 4.1 运动中发生突然停电，先将"紧急制动开关"按下，再切断总电源。 …… 5 日常维护保养方法 5.1 在每次工作完成后，应保持操作手柄、吊钩、滑轮和钢丝绳的清洁。 ……

以前的电动单梁起重机操作规程只是简单地描述了几条简单地操作步骤和要求,而新修订的电动单梁起重机操作规程则是按照相关标准要求,分操作工艺参数、操作方法及注意事项、重点检查的项目和部位、应急处置和日常维护保养方法5个部分进行详细描述。

4. 注意事项

(1)全面系统梳理已有的操作规程是实施操作规程制修订的前提和基础,要重视对已有操作规程的梳理和分析。

(2)确定增加、减少和修订的操作项目既要根据当前生产作业活动的实际,又要考虑其长远性,避免因某一项设备或操作的临时或短时调整而删除已有的操作项目,造成对操作规程的反复修改而产生混淆。

(3)工作循环分析(JCA)方法是生产作业活动安全正常进行的一项前置的保护措施,在重视应用的同时,加强培训、及时完善,充分发挥其及时发现问题、处理问题的安全保护作用。

(4)操作规程制修订和风险控制措施的修改与增补意见要经领导小组审查后批准。

二、现场安全检查表

现场安全检查表是基层岗位员工日常查找风险管控措施是否存在失效、缺陷或不足,并采取措施予以整改的一个有效管理手段。应记录检查情况、发现的问题及其整改要求。现场安全检查表应结合新的危害因素识别、新的设备设施管理规范等进行修订和完善。

1. 修订与完善现场 HSE 检查表

以测井队的现场 HSE 检查表为例,说明完善现场检查表需要涉及的内容。

(1)测井队现场 HSE 检查表的检查项目应包括测井队所有的设备设施和工器具,如井口设备、绞车设备、下井仪器、装源工具等。

(2)检查项目应包括全部测井操作项目关键节点的操作程序和岗位员工的动作、行为,如多人搬运仪器时必须站在仪器同一侧(同肩),行车时乘员必须系好安全带,装卸放射源时必须先将井口密封好等。

(3)检查项目应包括现场安全标准化的内容,如测井车摆放距井口 25m 以上,测井车摆好后前轮回正,后轮打好掩木,后轮处如有冰雪泥泞必须清理干净;使用警戒线圈闭施工区域;"当心电离辐射""当心爆炸"警示牌放在警戒区域明显处等。

(4)检查表还应要求对发现的隐患等问题要及时记录,并记录处理措施。

因此,通过表 5-25 测井现场 HSE 检查表可以清晰地了解设备设施、员工行为以及施工现场的检查情况、发现问题情况、问题整改结果等。

表 5–25 测井作业 HSE 现场检查表（队长岗）

井号：　　　　　　　　　　检查人：　　　　　　　　　时间：　　年　月　日

检查阶段	检查项点与要求	检查结果
基地准备	小队人员身体、精神状况良好，严禁酒后上岗	
	领取井下仪器时劳保着装，抬较重的仪器多人配合，搬运路线确保无湿滑、无障碍	
	多人搬运仪器时必须站在仪器同一侧（同肩）；设专人指挥，以保证步伐统一、同时抬起放下仪器	
	搬运较重仪器应采取正确的方式：弯曲膝盖、下蹲，尽可能保持背部挺直，缓慢平稳地将仪器搬起、放下	
	指定放射源押运员到危险品库房领取放射性源，资质证件随身携带	
	指定专人到危险品库房领取取心药饼	
	明确工程车带车人坐在副驾驶位置，协助并提示驾驶员做好行车安全工作	
	检验员或驾驶员对车辆安全部位进行检查	
	源车必须配押运员，不得搭乘其他人员且不得拉运其他与测井作业无关的物品	
	取心药饼箱放置可靠、无破损，锁具完好，双人双锁管理	
	在可能含有硫化氢等有毒气体井作业时，应配备便携式硫化氢（或多通道）检测仪和至少2套正压式呼吸器	
	硫化氢（或多通道）检测仪在有效检定周期内，电池电量充足	
	呼吸器气瓶气压充足（气瓶压力＞28MPa），输气管线、面罩、背带等附件完好有效	
上井途中	禁止与施工无关的人员搭乘测井车辆，行车中所有人员必须系好安全带	
	乘坐首车，车辆行驶按仪器车、源车、工程车的排序编队行驶，前后车距离≤500m	
	坐在副驾驶位置协驾驶员瞭望，发现情况及时提醒驾驶员注意	
	驾驶期间驾驶员禁止打电话及使用其他通信工具	
	行车速度高速公路＜100km/h，其他公路＜公路限速标识规定的时速	
	遇冰雪路面、窄桥、涉水以及风雪、雨雾天气，应减速行驶	
	过险路险桥应先下车探路，确认可行后由专人指挥安全通过	
	每日驾车行驶时间累计不得超过8h	
	连续驾车行驶2h，停车休息20min以上	
	停车休息，驾驶员对车辆安全部位进行检查，危险品押运员对危险品进行检查	
	途中临时住宿宜选择有封闭大院而且有门卫和摄像监控的宾馆、旅店；停车后使用检测仪检测确认源罐内有源并对源罐防护锁进行检查确认，出发前使用检测仪检测确认源罐内有源	
施工前准备	进入井场，全体员工正确劳保着装：穿工衣、穿工裤、穿工鞋、戴安全帽、戴手套，衣扣袖扣系好，裤脚塞进工靴内	
	放射性测井，小队人员应佩戴个人辐射剂量计（工衣左侧胸袋中）	

续表

检查阶段	检查项点与要求	检查结果
施工前准备	井场空间满足测井车辆摆放要求	
	夜间施工,井场应保障照明良好	
	遇有7级(含7)以上大风、雷电、暴风雨雪、沙尘暴等恶劣天气条件暂停测井作业	
	钻台的安全防护装置和吊升设备完好	
	钻台面应整洁干净,无钻井液、油污和陷脚的缝洞,井口至坡道应通畅无障碍物	
	坡道上无钻杆、钻铤以及其他妨碍测井仪器提升(或下放)的钻具	
	使用警戒线圈闭施工区域;警戒区域呈长方形,区域范围应包括测井仪器车、源车和连接仪器的区域,警戒线两端始于井架基座处,线高约1m,与仪器车的前端保持1~2m的距离	
	"当心电离辐射""当心爆炸"警示牌放在警戒区域明显处	
	设定逃生路线和紧急集合点(可执行现场相关方逃生路线和紧急集合点)	
	在可能含有含硫化氢等有毒有害气体井作业时,进行有毒有害气体检测(检测值为____ppm),将呼吸器放置在上风口并便于紧急穿戴的地方	
	设置气体检测仪报警参数(一级报警10ppm,二级报警20ppm),井口组长随身佩戴并始终保持开机状态	
测井设备安装	条件允许,测井车摆放距井口25m以上,测3500m以上深井测井车距井口应大于30m	
	测井车摆好后前轮回正,后轮打好掩木,后轮处如有冰雪泥泞必须清理干净	
	条件允许,工程车应摆放在井场入口处,车头朝向井场出口方向	
	源车尽量停放在靠近钻台、方便放射源装卸且在测井车中舱视线范围内的安全位置	
	张力系统、深度系统指示正常。如张力计接在地滑轮上,应重新设置校正系数	
	正确设置差分张力报警参数(500lb报警、1500lb自动停车),总张力根据井深设置	
	井口通信、监视设备(放射性测井)完好有效	
	用电前先接地线,接地棒必须埋入地下20cm以上(场地干燥时可浇水)	
	电源线必须采用耐压等级不低于500V的绝缘导线,不许出现2个(含2个)以上接头	
	井场外接电源必须向井队申请《临时用电许可证》	
	外接电源应在井队指定地点,由井队专业人员接电源,接电前必须先断电	
	电源线经过门、窗走线时,必须采取防护防止挤压的措施(如穿管、固定门窗等),电源线路应尽量避免经过存在高温、振动、腐蚀、积水及机械损伤等风险位置	
	操作舱和工程车内临时接电必须使用带漏电保护器的插排,电源线走线合理,尽量避开人员经常走动的位置	
	现场视频线、张力线等地面引线布排合理,线在车辆通过处采取防碾压措施(如地面开槽或加保护盖板)	
	地滑轮链条主体无锈蚀,链环无变形和裂痕,链环焊口完好无裂痕	

续表

检查阶段	检查项点与要求	检查结果
测井设备安装	吊升用索具(包括井队的索具)无锈蚀、跳丝、开裂、缺损的现象	
	地滑轮链条应固定在钻台大梁或安全、可靠能承受15t以上拉力的地方	
	地滑轮尾链在井架横梁上至少绕两圈、打结,U型环上满螺纹后,穿好销钉	
	张力计安装在天滑轮上,T型铁挂在吊卡里,将吊卡活门背向测井车方向,吊卡活门充分咬合、锁死	
	在T型铁与吊环间加装安全链条(双保险),U型环上满螺纹后,穿好销钉	
	专人指挥司钻起吊天滑轮,起吊时滑轮下面严禁站人	
	天滑轮升到位后,切断转盘动力,锁死钻盘,刹把用安全链固定(作业机刹车锁死,测井过程中作业机中应留人值守)	
	放射性测井口监视器安装在钻台上照明充足、无障碍物遮挡的合理位置并正对井口(钻台下装源监视器应放置在可清晰观察到源罐、工具以及装卸源人员动作的位置。)	
	井口通信设备工作正常	
	断线钳完好,使用灵活、正常,作业时放置在井口附近以备应急使用	
	抬较重的仪器多人配合,设备、仪器搬运路线确保无湿滑、无障碍	
	多人搬运仪器时必须站在仪器同一侧(同肩);设专人指挥,以保证步伐统一、同时抬起放下仪器	
	搬运较重仪器应采取正确的方式:弯曲膝盖,下蹲,尽可能保持背部挺直,缓慢平稳地将仪器搬起、放下	
	必须在套(油)管、钻杆排上行走时,应采取绑扎、加固和清理干净等措施	
	下井仪器连接、顶丝、扶正器钉销到位	
	设专人指挥绞车工提升仪器串,指挥手势统一明确,井口对讲清晰,绞车操作时不能猛提猛放,防止仪器损坏、人员受伤	
	提升时仪器串尾部套上牵引绳(钩),地面人员应拉紧牵引绳(钩)护送仪器至坡道上,防止仪器从滑道撞击坡道而损坏	
	井口人员指挥绞车工下放、上提电缆时指挥手势统一明确,井口对讲清晰,绞车工视线不清时应在绞车与钻台间增设专人负责联络指挥	
	当仪器串电缆头高度低于天滑轮高度3m以上时,可在仪器串底部对零。否则,应采用上部仪器测量点位置对齐钻台面	
	刻度后收回并清点放射性刻度器,核实数目无误后将其放置到指定位置,并固定锁好	
	连接取心器前,将电缆各缆心对地放电,断掉滑环线,关闭井下仪器电源,并将地面系统接线控制开关置于安全位置	
	装井壁取心器时选择安全区域,隔离无关人员,限三人操作	
	将取心器弹道斜向上方摆放,装枪人员站在相反位置用锤子将岩心筒砸入弹道,操作人员身体侧离岩心筒30cm以外	

续表

检查阶段	检查项点与要求	检查结果
测井设备安装	井壁取心器装配完毕将岩心筒头朝下放置	
	未使用的取心药饼及时回收到专用防爆箱内,清点取心药饼数量并将防爆箱上锁放在指定处存放	
	仪器源仓清洁、润滑良好,固定螺栓和丝扣良好;装源操作工具使用灵活	
	装放射源前,通知井场无关人员撤离到安全区域;操作者穿戴射线防护服、防护眼镜,正确使用装源工具	
	固放磁测井装卸放射源应在钻台下坡道处进行	
	在钻台上装源须将源罐至井口区域的缝、洞进行遮盖	
	井口监视器画面可清晰观察到井口盖板、源罐、工具以及装卸源人员动作;操作舱与井口间通讯联络有效	
	井口装放射源时,必须采取安装井口防掉器或用帆布遮盖井口等措施,确保仪器、井口之间封盖严密	
	放射源装入源室后拧紧固定螺栓,上紧后的螺栓尾部不应高出仪器表面(通过井口监视设备监视)	
测井作业施工	取心器下放到井内70m后方可接通滑环线,打开电源开关	
	下放仪器经过井口、套管鞋、开窗位置、造斜段、狗腿子、井底等复杂井段时,提示绞车工下放速度不得超过600m/h	
	测井作业时,绞车滚筒上的电缆至少应保留三层	
	电缆运行时严禁人员靠近滚筒	
	电缆运行时严禁人员触摸、跨越、拉扯电缆和滑轮	
	仪器下到井底开始上提电缆时,先将扭矩旋钮调至滚筒刚刚停止转动,然后再将扭矩旋钮向反方向旋转半圈。测井过程中根据深度、拉力的变化随时调整(减小)绞车的扭矩	
	测水平井时,注意保持电缆起下速度和钻具起下速度之间的同步,保持一定张力	
	正常情况下裸眼井段上提速度不得超过4000m/h(井壁取心不得超过3000m/h),套管内不得超过6000m/h	
	取心返工检查取心电极时,必须将电极和取心器分解,不允许联体检查,电缆电极摇过绝缘后应对地放电,重新连接时先确定滑环已断开,地面仪器不可供电	
测井设备拆除和复原	取心器起出井口前断掉滑环线,并将地面系统接线控制开关置于安全位置	
	卸放射源前,通知井场无关人员撤离到安全区域	
	在井口拆卸放射源时应严密封住井口,防止放射源或其他工具物件落入井中	
	用专用工具从源仓中取出放射源,放回到小源罐,盖上源罐并上锁(队长通过井口监视设备监视)	
	小源罐装入源车源罐后,使用检测仪检测确认放射源已入罐,锁好源罐	
	设专人指挥绞车工下放仪器串,指挥手势统一明确,井口对讲清晰,绞车操作时不能猛提猛放,防止仪器损坏、人员受伤	

续表

检查阶段	检查项点与要求	检查结果
测井设备拆除和复原	下放时仪器串尾部套牵引绳(钩),地面人员应拉紧牵引绳(钩)护送仪器平稳下放	
	井口人员指挥绞车工下放、上提电缆时指挥手势统一明确,井口对讲清晰,绞车工视线不清时应在绞车与钻台间增设专人负责联络指挥	
	如果必须在施工现场引爆和处理未发射的取心器,应进行工作前安全分析,结合现场实际情况,制订并落实风险控制措施	
	收回并清点放射性刻度器,将其放置到仪器车指定位置并固定锁好	
	抬较重的仪器多人配合,设备、仪器搬运路线确保无湿滑、无障碍	
	多人搬运仪器时必须站在仪器同侧(同肩);设专人指挥,以保证步伐统一、同时抬起放下仪器	
	搬运较重仪器应采取正确的方式:弯曲膝盖,下蹲,尽可能保持背部挺直,缓慢平稳地将仪器搬起、放下	
	必须在套(油)管、钻杆排上行走时,应采取绑扎、加固和清理干净等措施	
	检查现场确保无任何设备和工具遗漏在井场	
返回途中	驾驶员对车辆安全部位进行检查	
	凌晨2点至5点严禁行车,途中的车辆应就近休息住宿	
	禁止与施工无关的人员搭乘测井车辆,行车中所有人员必须系好安全带	
	乘坐首车,车辆行驶按仪器车、源车、工程车的排序编队行驶,前后车距离≤500m	
	坐在副驾驶位置协驾驶员瞭望,发现情况及时提醒驾驶员注意	
	驾驶期间驾驶员禁止打电话及使用其他通信工具	
	行车速度高速公路<100km/h,其他公路<公路限速标识规定的时速	
	遇冰雪路面、窄桥、涉水以及风雪、雨雾天气,应减速行驶	
	过险路险桥应人先下车探路,确认可行后由专人指挥安全通过	
	每日驾车行驶时间累计不得超过8h	
	连续驾车行驶2h,停车休息20min以上	
	停车休息,驾驶员对车辆安全部位进行检查,危险品押运员对危险品进行检查	
	途中临时住宿宜选择有封闭大院而且有门卫和摄像监控的宾馆、旅店;停车后使用检测仪检测确认源罐内有源并对源罐防护锁进行检查确认,出发前对源罐防护锁进行检查确认并使用检测仪检测确认源罐内有源	
返回基地	返回基地后必须在第一时间将放射源、放射性刻度器送回危险品库房	
	返回基地后必须在第一时间将剩余取心药饼送回危险品库房	
	返回基地后及时归还下井仪器	
	归还井下仪器时劳保着装,抬较重的仪器多人配合,搬运路线确保无湿滑、无障碍	

续表

检查阶段	检查项点与要求	检查结果
返回基地	多人搬运仪器时必须站在仪器同一侧(同肩);设专人指挥,以保证步伐统一及同时抬起及放下仪器	
	搬运较重仪器应采取正确的方式:弯曲膝盖,下蹲,尽可能保持背部挺直,缓慢平稳地将仪器搬起、放下	
	车辆进行回场检验	
	各岗 HSE 检查记录填写及时正确	
发现问题		
问题整改	整改人：　　　　　　验证人：	

2. 注意事项

(1)现场 HSE 检查表是检查现场安全的原始记录,也是现场危害因素识别、安全隐患排查、制订风险防控措施的前提和基础,因此,检查表内容应根据相关标准、规章制度和操作规程等要求制定并明确,还应要求记录检查发现问题制订的整改措施、整改时间、整改结果和相应责任人。

(2)现场检查出的事故隐患,应立即进行整改,现场难以整改的要采取必要的控制措施,并及时上报。

(3)现场 HSE 检查表的制修订与完善结果要经领导小组审查后批准。

三、应急预案及处置程序

应急预案和处置程序是测井作业活动风险防控和安全事故处置的必备方案和处理流程。通过制订相应的事故处理应急预案和处置程序,使事故发生时能有条不紊地实施有效补救措施,将事故可能造成的人员伤亡和财物损失降至最低幅度,是风险防控的最后一道安全屏障。

1. 基层单位应急处置预案修订与完善

应用危害因素辨识和风险评估的结果,对现有应急预案进行梳理,修订、完善基层单位应急处置预案,着重解决应急与风险不对应、职责分配不合理、流程不完整、可操作性不强等问题。

下面以某项目部的突发事件应急处置预案来说明测井作业活动应急处置预案的修订与完善。表 5-26 是 ×× 项目部突发事故应急处置预案。

(1)确定项目部可能发生的事故事件。如在测井作业活动中可能发生放射性物品丢失、泄漏,民爆物品丢失、爆炸,硫化氢泄漏中毒,井喷失控、人身伤害、道路交通等事故。

（2）建立应急处置组织机构。成立应急领导小组，项目部经理担任组长，副组长由副经理担任，项目部其他领导、安全、技术等管理人员为成员，并赋予相应职责。

（3）修订和完善应急处理的流程。包括修订和完善应急处理的流程图和应急处理的各个环节，即应急报告、预案启动、应急处理程序。

另外，在应急处置预案的修订和完善中，要充分考虑并清晰阐述事故事件在项目部层面无法处置情况下的应急报告等相应处理流程，考虑先期处理和应急扩大处理的关系，要考虑在应急处置成功情况下如何有序地、安全地恢复生产等处理程序。

在应急预案修订与完善后，要定期组织应急演练，并对演练中出现的问题及时分析，进行相关预案的再修订与完善，确保应急处置预案的有效性、实用性。

表 5-26　××项目部突发事故应急处置预案

序号	突发事故应急处置预案
1	放射源失控事故应急处置预案
2	民爆物品失控事故应急处置预案
3	井喷突发事件应急处置预案
4	交通突发事件应急处置预案
5	火灾事故突发事件应急处置预案
6	自然灾害突发事件应急处置预案
7	环境突发事件应急处置预案
8	硫化氢泄漏突发事件应急处置预案
9	工业生产伤亡突发事件应急处置预案

2. 岗位应急处置程序完善

岗位应急处置操作卡是指某岗位在突发事件下实施应急处理的操作流程，是针对测井现场某一种突发事件现场处置的具体实施步骤。以表 5-27《测井队突发事件岗位应急处置操作卡》为例来说明。

表 5-27　测井队突发事件岗位应急处置操作卡

岗位	主要风险
队长	溢流及井喷失控、硫化氢泄漏、人身伤害、放射性突发事件、火灾事故、交通事故、食物中毒
风险名称	应急处置措施
溢流及井喷失控	1.停：听到长鸣笛报警信号或接到溢流报告，停止施工并告知相关方； 2.协：配合相关方实施井控工作； 3.报：向项目部应急办公室汇报； 4.断：根据指令，组织人员切断电缆； 5.撤：组织人员、车辆撤离至安全区域，清点统计人数

续表

岗位	主要风险
硫化氢泄漏	1. 停：听到两短一长报警信号或接到硫化氢超标报告，停止施工并告知相关方； 2. 集：所有人员到上风口紧急集合点，清点人数； 3. 测：组织人员持续监测硫化氢浓度； 4. 救：如有人员缺失，组织人员穿戴正压式呼吸器进行搜救； 5. 报：向项目部应急办公室汇报； 6. 断：根据指令，组织人员切断电缆； 7. 撤：组织人员撤离施工现场
人身伤害	1. 救：组织人员对伤者进行急救处置，拨打120急救电话； 2. 报：向项目部应急办公室汇报； 3. 戒：组织人员设置警戒区，保护现场； 4. 协：协助事故调查
放射性突发事件	1. 撤：发生放射性突发事件，人员撤离至安全区域并通知相关方； 2. 报：向项目部应急办公室汇报； 3. 戒：组织人员设置警戒区，保护现场； 4. 寻：确定搜索范围，组织人员穿戴好防护装备，使用放射性检测仪监测、搜寻； 5. 捞：若确定放射源落井，根据处置方案实施打捞； 6. 收：对放射源检测确认、回收入罐； 7. 协：提供相关技术信息和线索，协助调查
火灾事故	1. 喊：发现火情，大声呼喊，组织扑救初起火灾或撤离； 2. 救：视火情组织营救被困人员，救治伤员； 3. 报：立即拨打119，并向项目部应急办公室汇报，告知相关方； 4. 戒：在火灾发生区域设置安全警戒区； 5. 协：协助抢险人员实施救援
交通事故	1. 撤：组织人员撤离至安全区域； 2. 警：安排人员在车辆后方设立警示标志（普通公路100m，高速公路150m）； 3. 报：向项目部应急办公室报告，视情况拨打122,120,119； 4. 救：视情况组织人员自救互救； 5. 防：做好现场防火防爆等防范措施，保护现场并拍照取证； 6. 协：协助交警、医务等现场处置
自然灾害	1. 停：发布警报，停止作业； 2. 救：组织人员做好自救互救； 3. 援：视情况拨打120,119,112请求救援； 4. 报：向项目部应急办公室汇报； 5. 协：协助救援人员进行现场处置
食物中毒	1. 停：发现3人以上（含3人）同时发生腹痛、恶心、呕吐、腹泻等中毒迹象时，停止施工； 2. 报：立即拨打120，并向项目部应急办公室汇报； 3. 止：制止在场所有人员就餐；保留可疑食物样本及呕吐物； 4. 救：立即进行自救或互救，如催吐等措施； 5. 送：安排车辆及陪同人员送中毒者就医
应急联系电话	分公司应急办公室：×××××××× 项目部应急办公室：×××××××× 项目部应急办公室：××××××××

3. 注意事项

（1）应急预案及其处理程序是事故发生时的合适和有效的处理措施，要建立健全各个岗位、设备设施以及各细化管理单元及其操作步骤的应急预案和处理程序，并对岗位员工实施针对性的培训和演练。同时，针对预案和程序中不足之处要及时进行修订与增补，及时完善应急预案与事故处置程序及其细节。

（2）应急处置预案与岗位应急处置程序的建立只是应急管理的第一步，重要的是对岗位员工的相关培训和演练，只有做到预案在心、程序在手、熟练记忆和熟练操作，预案和程序在事故发生初期才真正发挥作用，才能在先期控制事故。

（3）应急处置预案及岗位处置程序的修订与完善结果要经领导小组审查后批准。

四、风险防控责任

测井队岗位员工是风险识别与评估、风险控制的直接组织者和执行者。要依据测井生产作业活动风险识别的结果，结合测井队岗位员工的岗位职责和风险防控工作，进行风险防控责任梳理、分析，制修订和完善与测井作业活动直接相关的岗位风险防控责任，建立岗位安全责任清单。

1. 关键风险防控责任划分原则

（1）操作岗位的风险防控责任要与测井作业流程相结合。

测井作业过程中，每个流程中都存在着不同的风险，要把每个流程中的风险防控责任具体分解到每个具体的操作岗位，以达到测井作业过程每个环节风险都受控。

（2）操作岗位的风险防控责任要与操作规范和检查标准相结合。

在岗位操作规范中，要依据风险识别的成果，明确操作过程的风险责任人，确保各项操作受控。同时要在检查标准中纳入对风险控制责任的落实情况，对岗位员工在操作过程风险控制责任的落实情况进行检查，确保责任落实。

（3）操作岗位的风险防控责任要与非常规作业相结合。

对于测井作业涉及的非常规作业活动，要明确属地监督、监护责任人，要逐项检查非常规作业防控措施的落实情况，风险防控措施不到位、不落实就不能施工作业，确保每项非常规作业都受控、可控。

（4）操作岗位的风险防控责任要与属地管理相结合。

测井队各个岗位在现场作业过程中相互关联比较密切，属地区域和工作流程相互交叉。要依据风险识别成果，落实属地区域、工作流程和相关方等风险控制的责任，确保发现风险相互提醒并得到有效管控。

（5）操作岗位的风险防控责任要与岗位培训矩阵相结合。

提升测井队岗位员工能力是有效控制风险的措施之一，要将岗位风险防控责任纳入岗位培训矩阵中，按照培训矩阵的要求制订培训计划并及时开展培训，确保每个岗位员工都熟知本岗的风险防控责任。

（6）基层操作岗位的风险防控责任要与岗位应急处置程序相结合。

基层岗位应急处置是防止事故扩大的有效手段，要依据岗位风险评估成果，将每项应急处置关键环节风险防控责任人落实到岗位应急处置操作程序中，同时通过开展应急培训和应急处置演练，使每名岗位员工都能知晓本岗位在应急处置过程中的职责并熟练掌握应急处置操作程序。

通过上述风险防控责任分解落实，建立科学、规范的风险防控管理机制，促使岗位员工会熟练进行危害因素辨识、有效控制作业过程中的风险、对发生的突发紧急情况能够有效应急处置，以达到防止各类安全事故发生的最终目的。表5-28是以针对放射性物品辐射、落井与遗失这一高风险制订的测井队岗位风险防控责任一览表。

表5-28 岗位HSE风险防控责任一览表

高风险	风险防控责任	风险防控措施	风险防控措施责任岗位
放射性物品辐射、落井与遗失	测井队队长： （1）是小队放射源安全第一责任者，严格执行放射性物品辐射、落井与遗失风险防管理规章制度、措施。 （2）按照培训计划组织本队员工开展放射性防护、应急等专项培训及放射性源操作规程（SOP）培训。 （3）对小队放射源运输、使用、临时存放等过程进行监督检查。 （4）对现场岗位员工个人剂量计、射线检测仪表和辐射防护用品及井口监控设备现场使用情况进行监督检查。 （5）发生突发情况，为现场应急处置第一负责人，指挥各岗按照相应应急处置程序进行应急处置。	（1）《放射源使用流程卡》《HSE作业指导书》《HSE单井计划书》《HSE现场检查表》《辐射事故突发事件岗位应急操作卡》	全部岗位
		（2）进行出发前各项安全检查并参加出发前安全会	全部岗位
		（3）放射源出库时使用仪器对放射源罐进行检测，确认源罐内有源，保管员、押运员和源车驾驶员三方在《放射源使用流程卡》签字认可，源罐装入源车后，源车大罐上锁，源车驾驶员保存钥匙	队长、押运员和源车驾驶员
		（4）长途行车每2h停车休息20min以上，检查放射源罐上锁及固定情况；临时住宿选择安全可靠，有专人24h值守的停车场停车，放射源运输车停车后和出发前应对放射源罐进行检查	队长、押运员和源车驾驶员
		（5）到达井场，组织各岗查勘施工现场，进行风险辨识和评价；召集相方负责人以及本队全体人员召开施工前会议，告知风险及控制措施	全部岗位
		（6）使用警戒线圈闭施工区域，将"当心电离辐射"警示牌放在警戒区域明显处	井口岗
		（7）现场源车临时停放地点选择在施工区域可视范围内，源车在井场停留期间（放射源在源车大罐内），每2h使用仪器对大源罐检测一次	队长、源车驾驶员和押运员
		（8）安装放射源前，先对仪器源仓、固定螺栓和装源操作工具进行检查	队长、井口岗
		（9）刻度后回并清点放射性刻度器，核实数目无误后将其放置到指定位置，并固定锁好	队长、操作岗、井口岗
		（10）安装、拆卸放射源前，通知井场无关人员撤离到安全区域；操作者穿戴射线防护服、防护眼镜，佩戴个人剂量计	队长、井口岗
		（11）在钻台上装源前须先将源罐至井口区域的缝、洞进行遮盖。装卸源前必须安装井口防掉器和用帆布遮盖井口，确保仪器、井口之间封盖严密	井口岗

续表

高风险	风险防控责任	风险防控措施	风险防控措施责任岗位
放射性物品辐射、落井与遗失	测井队岗位员工：（1）严格遵守放射性物品管理各项规章制度。（2）接受放射性防护、应急等专项培训及放射性源操作规程（SOP）培训，参加辐射突发事件应急演练。（3）正确佩戴和使用辐射防护用品和计量器具。（4）严格执行放射性源操作规程（SOP）。（5）发生突发情况，第一时间向队长报告，听从队长指挥，按照本岗应急处置程序进行应急处置。	（12）安装井口监视设备对放射源装卸操作进行全程监控	队长、井口岗
		（13）放射源装入小源罐后，用射线检测仪对源罐进行检查，确认放射性源已装入小源罐内后上锁，再装入源车大源罐后上锁，小源罐钥匙由队长保存	队长、押运员和源车驾驶员
		（14）返回基地第一时间送还放射源。放射源入库时使用仪器对放射源罐进行检测，确认源罐内有源，保管员、押运员和源车驾驶员三方在《放射源使用流程卡》签字认可	队长、押运员和源车驾驶员
		（15）C/O测井，中子发生器电源关闭30min后，仪器方能起出井口	队长、操作岗、绞车岗
		（16）分装放射性同位素必须在密闭的环境下在专用的分装箱内进行，禁止野外露天分装	队长、井口岗
		（17）现场分装操作前，必须对井口附近辐射水平进行测量；施工结束后，必须测量井场辐射水平，测量值不得超过施工前测量的本底值	队长、井口岗
		（18）连接、拆卸释放器将所用过的手套、卫生纸等全部装入专用塑料袋中	井口岗
		（19）返回基地后在第一时间将剩余同位素及同位素污染物送回同位素工房	队长、井口岗、仪器车驾驶员

2. 注意事项

（1）风险防控责任的划分要逐级逐岗落实，做到人人操作有责任、层层管理有责任。

（2）风险防控责任划分要与危害因素识别、风险分析与评估和风险控制相结合，要根据条件的变化而及时调整完善。

（3）风险防控责任划分的结果要经领导小组审查后批准实施。

五、岗位需求型培训

针对基层培训需求盲目、培训主题不明确、效果不明显的实际问题，利用岗位培训矩阵这一风险防控工具，把风险防控成果与培训矩阵相结合，将涉及各岗位的危害因素、风险与控制措施、应急处置程序等内容纳入基层岗位培训中，制定符合测井队风险防控实际的岗位培训矩阵，编制相关培训课件。

1.建立测井队岗位培训矩阵

建立测井队岗位培训矩阵既是岗位培训的方法创新，也是更有效地开展业务和掌握培训进展的直观而明确的方法。建立测井队岗位培训矩阵，主要包括的内容有：

（1）培训内容，涉及测井队岗位的相关岗位知识，包括通用HSE知识、本岗位基本操作技能、生产受控管理流程和 HSE 方法与工具,基本涵盖测井专业的所有岗位知识。随着技术进步和测井专业内容的增减,岗位培训的培训内容也将随之进行增补和修改完善。

(2)培训岗位,涵盖测井队的队长、操作工程师、绞车工、井口工和驾驶员 5 个岗位。

(3)培训师资,这是培训的主导具体实施人员。要选择在本行业或本岗位具有一定权威的专业师资力量或专业岗位人员,使培训更切合实际和有效。

(4)培训方式和培训周期,根据不同的岗位以及不同的技能要求等因素,确定测井队岗位培训 1~2 年不等的周期。测井队岗位培训的方式可采取课堂集中培训、岗位分散培训、现场实际操作、员工互动学习等多种方式,培训地点可以在教室、工房,也可以在作业现场。

在建立测井队所有的岗位培训知识点、所有需要培训的岗位,明确培训方式和培训周期、指定培训师资的基础上,编制测井队的岗位培训矩阵(表 5-29),在一定的周期内,测井队的岗位培训据此开展,并做好培训记录。当培训内容和培训岗位随着测井专业方面的某些变化而需要调整和完善时,要及时进行修订和完善。

表 5-29 为测井队岗位 HSE 培训矩阵表,涵盖测井队 5 个岗位、4 类培训内容、78 个培训项目的岗位培训矩阵,是一定时期内测井队岗位培训的具体实施方案。

表 5-29 测井队岗位 HSE 培训矩阵

编号	培训项目	培训要求					岗位				
		培训课时	培训周期	培训方式	培训效果	培训师资	队长	操作工程师	绞车岗	井口岗	驾驶员
1	通用安全知识										
1.1	安全用电常识	1	1 年	课堂	掌握	队长或培训师	√	√	√	√	√
1.2	交通安全常识	1	1 年	课堂	掌握	队长或培训师	√	√	√	√	√
1.3	消防安全常识	1	1 年	课堂	掌握	队长或培训师	√	√	√	√	√
1.4	危害因素辨识	1	1 年	课堂	掌握	队长或培训师	√	√	√	√	√
1.5	两书一表	1	1 年	课堂	掌握	队长或培训师	√	√	√	√	√
1.6	放射性辐射防护	1	1 年	课堂	掌握	队长或培训师	√	√	√	√	√
1.7	民爆物品安全	1	1 年	课堂	掌握	队长或培训师	√	√	√	√	√
1.8	硫化氢防护	1	1 年	课堂	掌握	队长或培训师	√	√	√	√	√
1.9	劳动防护用品使用	0.5	1 年	课堂	掌握	队长或培训师	√	√	√	√	√
1.10	职业健康管理常识	0.5	2 年	课堂	掌握	队长或培训师	√	√	√	√	√
1.11	环境保护管理常识	0.5	2 年	课堂	掌握	队长或培训师	√	√	√	√	√
1.12	办公场所安全管理	0.5	2 年	课堂	掌握	队长或培训师	√	√	√	√	√
1.13	人工搬运安全	0.5	2 年	课堂	掌握	队长或培训师	√	√	√	√	√

续表

编号	培训项目	培训要求					岗位				
		培训课时	培训周期	培训方式	培训效果	培训师资	队长	操作工程师	绞车岗	井口岗	驾驶员
1.14	春季安全生产常识	1	1年	课堂	掌握	队长或培训师	√	√	√	√	√
1.15	夏季安全生产常识	1	1年	课堂	掌握	队长或培训师	√	√	√	√	√
1.16	冬季安全生产常识	1	1年	课堂	掌握	队长或培训师	√	√	√	√	√
1.17	自然灾害防御知识	0.5	2年	课堂	掌握	队长或培训师	√	√	√	√	√
1.18	恶劣环境防御知识	0.5	2年	课堂	掌握	队长或培训师	√	√	√	√	√
1.19	危险化学品安全基础知识	0.5	2年	课堂	掌握	队长或培训师	√	√	√	√	√
1.20	事故事件管理	0.5	2年	课堂	掌握	队长或培训师	√	√	√	√	√
1.21	本专业典型事故案例	不限	随时	课堂	掌握	队长或培训师	√	√	√	√	√
2	本岗位操作技能										
2.1	设备操作规程										
2.1.1	液压测井车操作规程	1	2年	课堂+现场	掌握	培训师			√		
2.1.2	液压测井车维护保养操作规程	1	2年	课堂+现场	掌握	培训师			√		
2.1.3	发电机操作规程	1	2年	课堂+现场	掌握	队长或培训师					√
2.1.4	LWD-MWD锂电池组安全操作规程	0.5	2年	课堂+现场	掌握	队长或培训师		√	√		
2.1.5	测井电缆安全使用规程	0.5	2年	课堂+现场	掌握	队长或培训师		√	√	√	
2.1.6	井口设备保养及安全使用规定	1	2年	课堂+现场	掌握	队长或培训师			√	√	
2.1.7	高压清洗机安全操作规程	0.5	1年	课堂+现场	掌握	队长或培训师					√
2.1.8	放射源装卸操作规程	1	1年	课堂+现场	掌握	队长或培训师		√			
2.1.9	同位素分装操作规程	1	1年	课堂+现场	掌握	队长或培训师		√			
2.1.10	井口电缆防喷装置使用维护保养规范	0.5	2年	课堂+现场	掌握	队长或培训师		√	√		

续表

编号	培训项目	培训要求					岗位				
		培训课时	培训周期	培训方式	培训效果	培训师资	队长	操作工程师	绞车岗	井口岗	驾驶员
2.2	标准作业流程										
2.2.1	同位素吸水剖面测井标准作业流程	1	2年	课堂	掌握	培训师	√	√	√	√	
2.2.2	碳氧比测井标准作业流程	1	2年	课堂	掌握	培训师	√	√	√	√	
2.2.3	高压井口装置安装标准作业流程	1	2年	课堂	掌握	培训师	√			√	
2.2.4	绞车操作标准作业流程	1	2年	课堂	掌握	培训师			√		
2.2.5	过油管射孔标准作业流程	1	2年	课堂	掌握	培训师	√	√	√	√	
2.2.6	产出剖面环空测井标准作业流程	1	2年	课堂	掌握	培训师	√	√	√	√	
2.2.7	常规裸眼井井口安装标准操作流程	1	2年	课堂	掌握	培训师	√	√	√	√	
2.2.8	水平井（PCL）测井标准操作流程	1	2年	课堂	掌握	培训师	√	√	√	√	
2.2.9	撞击式取心作业标准操作流程	1	2年	课堂	掌握	培训师	√	√	√	√	
2.2.10	修接电缆标准操作流程	1	2年	课堂+现场	掌握	培训师	√	√	√	√	
2.2.11	测井穿芯打捞标准操作流程	1	2年	课堂	掌握	培训师	√	√	√	√	
2.2.12	马丁代克保养标准操作流程	1	2年	课堂+现场	掌握	培训师	√	√	√	√	
2.2.13	钢丝马笼头制作标准操作流程	1	2年	课堂+现场	掌握	培训师	√	√	√	√	
2.2.14	固放磁测井标准操作流程	1	2年	课堂	掌握	培训师	√	√	√	√	
2.2.15	测井用滑轮的维护标准操作流程	1	2年	课堂+现场	掌握	培训师	√	√	√	√	
2.2.16	投棒式多级起爆标准作业流程	1	2年	课堂	掌握	培训师	√	√	√	√	

续表

编号	培训项目	培训要求					岗位				
		培训课时	培训周期	培训方式	培训效果	培训师资	队长	操作工程师	绞车岗	井口岗	驾驶员
2.2.17	LWF存储式过钻杆测井标准操作流程	1	2年	课堂	掌握	培训师	√	√	√	√	
2.2.18	套管接箍定位器电缆头制作标准操作流程	1	2年	课堂+现场	掌握	培训师	√	√		√	
2.2.19	新89安全型防沙起爆装置组装标准操作流程	1	2年	课堂+现场	掌握	培训师	√	√		√	
2.2.20	TCP射孔枪(89)装配标准操作流程	1	2年	课堂+现场	掌握	培训师	√	√		√	
2.2.21	WCP射孔枪(89)装配标准操作流程	1	2年	课堂+现场	掌握	培训师	√	√		√	
2.2.22	内置式复合射孔枪(89)装配标准操作流程	1	2年	课堂+现场	掌握	培训师	√	√		√	
2.2.23	川南压力起爆装置组装标准操作流程	1	2年	课堂+现场	掌握	培训师	√	√		√	
2.2.24	电缆鱼雷铆接标准操作流程	1	2年	课堂+现场	掌握	培训师	√	√	√		
2.2.25	压差起爆器(型号)装配标准操作流程	1	2年	课堂+现场	掌握	培训师	√	√		√	
2.2.26	延时起爆器(型号)装配标准操作流程	1	2年	课堂+现场	掌握	队长或培训师	√	√		√	
2.2.27	桥塞工具预防性维护标准操作流程	1	2年	课堂+现场	掌握	队长或培训师	√	√		√	
2.2.28	油气井管柱爆炸切割标准操作流程	1	2年	课堂	掌握	队长或培训师	√	√		√	
2.2.29	电缆倒灰作业标准操作流程	1	2年	课堂	掌握	队长或培训师	√	√	√	√	
2.2.30	产出剖面测井标准操作流程	1	2年	课堂	掌握	队长或培训师	√	√	√	√	
2.3	驾驶技能										
2.3.1	防御性驾驶	1	2年	课堂	掌握	培训师					√
2.3.2	春季交通安全常识	0.5	2年	课堂	掌握	培训师					√

续表

编号	培训项目	培训要求					岗位				
		培训课时	培训周期	培训方式	培训效果	培训师资	队长	操作工程师	绞车岗	井口岗	驾驶员
2.3.3	雨季交通安全常识	1	2年	课堂	掌握	培训师					√
2.3.4	冬季交通安全常识	0.5	2年	课堂	掌握	培训师					√
2.4	应急处置能力										
2.4.1	应急处置操作卡	1	1年	课堂+现场	掌握	队长或培训师	√	√	√	√	√
2.4.2	现场急救（CPR）	1	1年	课堂+现场	掌握	队长或培训师	√	√	√	√	√
3	生产受控管理流程										
3.1	作业许可管理	1	2年	课堂	掌握	队长或培训师	√	√	√	√	√
3.2	工艺、设备设施安全管理	1	2年	课堂	掌握	队长或培训师	√	√	√	√	√
3.3	变更管理	1	2年	课堂	掌握	队长或培训师	√	√	√	√	√
3.4	上锁挂牌	1	2年	课堂	掌握	队长或培训师	√	√	√	√	√
3.5	承包商监管	0.5	2年	课堂	掌握	队长或培训师	√				
4	HSE理念、方法与工具										
4.1	HSE职责、权利、义务、责任	0.5	2年	课堂	掌握	队长或培训师	√	√	√	√	√
4.2	HSE管理原则	0.5	2年	课堂	掌握	队长或培训师	√	√	√	√	√
4.3	属地管理	0.5	2年	课堂	掌握	队长或培训师	√	√	√	√	√
4.4	行为安全观察与沟通	0.5	2年	课堂	掌握	队长或培训师	√	√	√	√	√
4.5	目视化管理	0.5	2年	课堂	掌握	队长或培训师	√	√	√	√	√
4.6	工作前安全分析	1	2年	课堂	掌握	队长或培训师	√	√	√	√	√

注：培训课时的单位为小时（h）。

2. 开发培训课件

HSE培训课件作为培训矩阵编制与应用的重要组成部分，是员工理解HSE培训矩阵和操作规程的重要理论支撑。培训课件以通俗易懂的语言、形象直观的图片将培训项目的内容以及其中涉及的各种危害、风险等呈现出来,更加有利于岗位员工了解、掌握培训内容。

（1）培训课件的编制原则：

① 有据可依,突出风险。培训课件内容的选取应符合基层测井工操作实际,围绕岗位管控要求,以规章制度、操作规程等为依据,按管理流程、操作步骤分析危害与风险,评估危害后果,明确防控措施和应急处置要求,让员工懂得如何识别风险、评估风险、控制风险,实现安全操作。

② 文字简明,直观生动。HSE 培训课件的使用对象是基层岗位员工,课件内容的表现方式应避免大量文字堆砌,宜用简洁易懂的文字、形象直观的图片或视频、发人深省的典型案例展现管理要求、操作规范及相应风险,切忌简单复制法律法规、制度标准条文的编制方式。

③ 编审结合,实用有效。作为基层岗位 HSE 培训矩阵的实施载体,HSE 培训课件在编制过程中要本着"接地气"的原则,吸纳测井队员工、操作骨干参与,通过集合多方面的编制意见,形成课件初稿。并由对口的职能部门进行评审,根据反馈意见再次进行编制,最终形成课件定稿,实现编制与评审同步进行,保证课件编制质量。

（2）培训课件的编制流程：

课件编制主要包括课件设计、课件素材准备、课件制作、课件评审和课件发布五个环节。

① 课件设计。课件编制人根据岗位 HSE 培训矩阵中的培训项目,分析该岗位的属地管理职责,梳理岗位操作使用的操作规程、应急处置卡等作业文件,明确正确履责所需的安全环保知识与操作技能要求,设定该培训项目的培训目标,理清培训思路,依据培训对象有针对性地确定培训内容和培训重点。

② 课件素材准备。课件编制人依据课件编制大纲的培训要点,收集、制作课件内容编制的基本素材。法规和标准、知识类书籍、规章制度和典型案例是制作通用安全知识类、生产受控流程管理类和 HSE 管理方法类课件的素材支撑;操作规程、操作卡、应急处置卡、审核检查发现问题通报和事故事件案例是制作岗位操作技能类培训课件的主要素材。

③ 课件制作。HSE 培训课件基本由五个部分组成,分别是课件封面、安全经验分享、培训目的、培训主体内容、讨论总结。课件总体框架及各部分主要作用如图 5-6 所示。

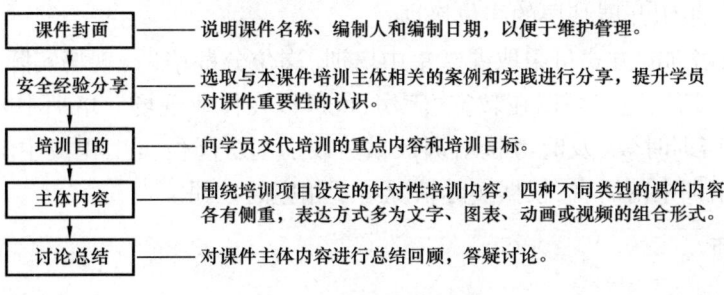

图 5-6 课件总体框架图

课件版式要求。测井队 HSE 培训课件以 Powerpoint 制作的多媒体课件为主，不限于视频课件、仿真装置操作手册等形式。

应结合安全文化建设中视觉形象设计的总体要求，尽可能使用统一的课件多媒体模板。课件背景使用白色版面，字体颜色以黑色为主，重点内容可使用红色、艳蓝色或粗体、斜体的方式强调。

课件正文每张页面表达一个主题，文字尽量使用条目式，可顺序使用三级标题。每个课件正文选择的字号不超过三种，以保持整体风格一致为主。每张页面的配图不宜超过两张，配图应加注提示。如图 5-7 所示。

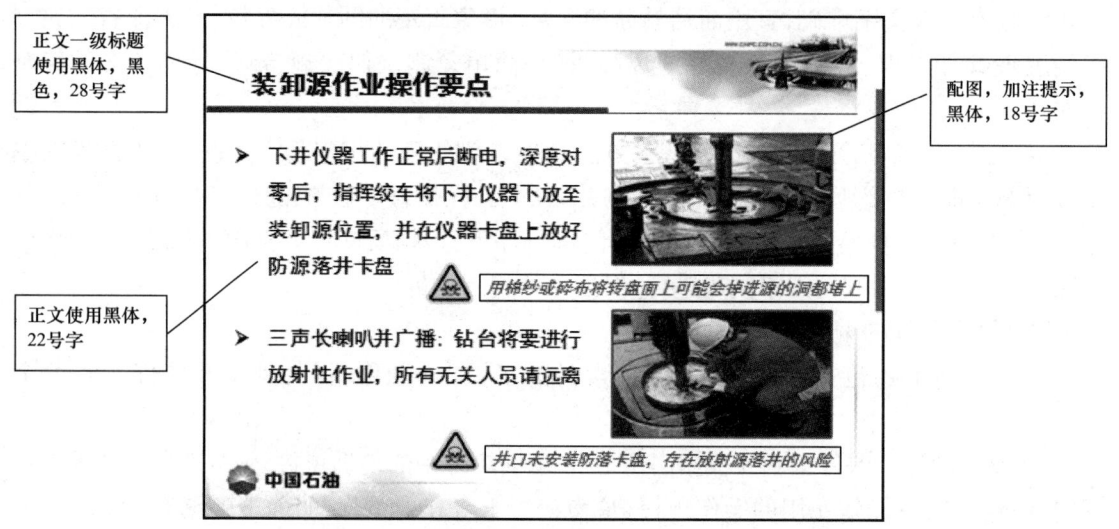

图 5-7　课件正文模板

④ 课件评审。课件编制人完成培训课件制作后，由牵头负责人组织课件试用评审。试用评审通过后，提交对口专业部门做最后审查。

⑤ 正式发布。二级单位培训管理部门负责 HSE 培训课件的统一发布，发布途径可通过印发教材、单行手册或网络培训信息系统等方式。

3. 组织基层培训

在建立开发完成基层岗位培训矩阵和培训课件基础上，根据测井队的生产运行情况及培训计划的安排，组织开展基层的岗位培训。

测井队岗位培训的方式可采取课堂集中培训、岗位分散培训、现场实际操作、员工互动学习等多种方式，培训地点可以在教室、工房，也可以在作业现场。培训中要严肃岗位培训纪律、追求岗位培训时效、及时考核培训效果。鼓励基层岗位员工积极主动参与和接受岗位培训，对岗位培训中落后者，根据实际情况给予相应的处罚。

4. 注意事项

（1）对岗位员工的培训是风险防控的重要措施，根据测井作业的岗位设置和人员状况，设置相应的培训矩阵、开发相关的培训课程、定期和不定期组织基层进行培训。

（2）在培训课件的开发中要以实际培训的岗位员工为中心，从岗位员工的日常操作和日常工作中的违章案例进行解剖式培训，使培训内容让员工看得见、摸得着，同时也实践过。

（3）岗位培训矩阵的开发成果要经领导小组审查后批准。

第六章 大修作业活动风险防控

以大修作业生产安全风险防控为例,从作业过程危害因素辨识、风险评价、风险控制等方面开展风险防控工作,阐述其风险防控的具体内容和工作程序,建立钻探企业大修作业的风险防控机制,为其他钻探企业大修作业风险防控工作起到一定的指导与借鉴作用。

第一节 概 述

一、大修作业宏观描述

大修作业旨在解除复杂的井下事故,恢复油、气、水井的正常生产,作业内容主要包括套管内复杂打捞和套管修复,需要使用倒扣、套铣、磨铣、爆炸等综合技术手段,广义上也把套管内侧钻、油井封串、油井封堵漏、报废井封井等内容纳入大修作业范畴。大修作业施工周期长,井下情况复杂,工艺流程与一般井下作业相比相对繁复,现场作业设备设施密集、岗位员工众多,作业过程存在多种风险。大修作业现场如图6-1所示。

图 6-1 大修作业现场

二、大修作业存在的主要风险

大修作业过程中常见的主要风险有:

井喷:地层流体(油、气和水)无控制连续不断地涌入井筒,喷出地面或侵入其他低压地层导致井下情况复杂化、损害破坏油气资源、酿成火灾、人员设备损坏、油气井报废、污染自然环境。

高空坠落：距离工作平面 2m 以上的高处作业的平台、扶梯、罐面、二层台等处，若有损坏、松动、打滑或不符合规范要求时，当操作者不慎、失平衡时有可能发生高空坠落的风险。

机械伤害：动力驱动的传动件、转动部位，若防护罩失效或残缺，人体有发生机械伤害的风险。

物体打击：施工现场员工搬、拿、抬施工工具和设备，设备高空物体固定不牢，或未清理完全而突发坠落，可能造成人员的物体打击伤害。

触电：带电的设备或装置等，若接零、接地保护装置失灵、失效，或者由于设备漏电、人为误操作等原因，人触及了带电部位，有发生触电的风险。

闪爆：现场出现油气泄漏，在储液罐、分离器、加热炉、排液泵、采油树和流程管线连接不严或本体破损处聚集到一定浓度，遇明火或电火花立即燃烧膨胀发生闪爆。

中毒：现场接触的石油和天然气、柴油及其他化学物品等物质，在施工场地内，与其直接接触或与其反应物接触会对人体有害，有时会发生不同程度的中毒。特别对含有有毒气体（如 H_2S、CO 气体）的作业井施工或施工作业中有可能产生有毒气体时，更可能由于操作失误导致中毒风险。

交通事故：车载设备道路动迁、井场搬迁安装过程中存在车辆侧翻、坠落、碰撞等方面的风险。

此外，大修作业现场还存在火灾、食物中毒、毒虫叮咬等方面的多种风险。因此，实施大修作业系统的风险识别与评估、风险控制，建立风险防控机制十分必要。

第二节　风险防控工作准备

一、工作前的准备

开展大修作业活动风险防控工作前，依程序要做好以下六个方面的准备工作。

1. 成立组织机构

成立由单位主要领导任组长的风险防控领导小组，并指定单位其他相关领导、主要科室长担任副组长及领导小组办公室主任等职。

2. 明确主要职责

明确单位各层级相关领导在风险防控工作中的主要职责，要从领导层面引起足够的重视，明确其主要的和具体的管理职责，这是做好风险防控工作的基础和前提。

3. 组织专项调研

组织相关人员针对目前存在的有关风险识别及防控工作进行专题性调研工作。

4. 制订工作方案

结合本单位实际编制工作方案，明确领导小组、项目小组负责人和各成员的主要责任或具体工作内容，按时间节点完成工作，明确相应的奖惩措施。

5. 组织专项培训

对参加开展大修作业风险防控具体工作的相关人员进行有针对性的专项培训。讲授开展防控工作的技术方法和技术要领，并以实际案例详细讲解。

6. 召开启动大会

在完成上述五方面的准备工作后，由风险防控领导小组召集并召开本单位风险防控工作启动大会，向全体人员阐述风险防控工作的意义、目的和任务，公布风险防控工作方案，宣布风险防控工作的正式启动。

二、收集相关信息资料

以大修作业活动涉及的组织结构设置、岗位职责、工艺流程、制度要求、事故案例分析、危害因素辨识与评估的历史资料和其他资料等分类进行相关资料的有序收集。

信息资料搜集包括但不限于以下内容：

大修队组织结构；大修队岗位设置清单；大修队岗位两书一表；大修队属地区域管理责任划分；大修工艺流程；大修队主要设备设施清单及操作保养规程；管理制度、作业规程、危险作业项目清单、应急预案等；检查审核报告及问题，相关事故、事件案例报告；危害因素台账、风险评估或安全性评价报告等；集团公司的风险防控管理办法及相关规定；国家法律、法规和条例及行业标准，其他相关资料和信息。

1. 组织机构设置

大修队是井下作业公司最基本的施工单位，常见大修队组织结构和岗位设置情况如图6-2所示。

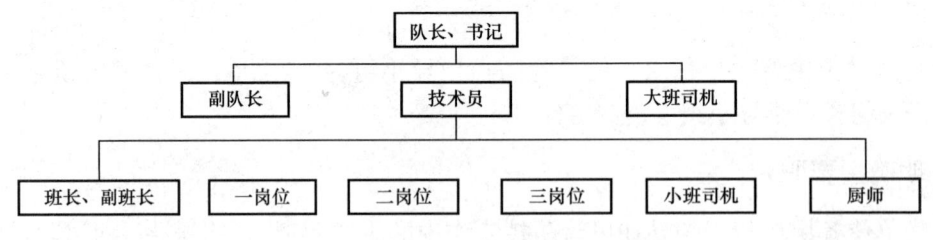

图6-2 ××大修队组织机构框架图

2. 岗位梳理

参照大修队组织机构框架明确其岗位设置和管理层次。结合大修队的岗位工作说明书梳理岗位现有的工作任务、工作职责，进一步明确完善各岗位责任，使后续制定的风险防控制度、措施落到具体的岗位。以表 6-1 大修队队长岗位工作说明书为例,对比生产实际情况增减岗位任务、职责。

表 6-1 大修队队长岗位工作说明书

××××公司岗位工作说明书

一、工作标识:			
单位:钻修工程作业部大修队		岗位名称:队长	岗位性质:管理
编制人:	审核人:	批准人:	编制日期:
二、工作关系:			
直接上级	作业部主管经理	直接下级	本队全体员工
三、主要任务:负责组织本队日常的生产、经营、行政、设备、QHSE 组织管理工作,确保上级下达各项指标的完成。			
四、工作职责:			
1. 行政管理			
2. 生产管理 2.1 负责完成上级下达的生产任务; 2.2 负责本队的日常生产组织管理工作;……			
3. 质量管理 3.1 作为本队第一质量责任人,全面负责本队质量管理工作;……			
4,5,6…			
五、QHSE(交通消防)职责:			
1. 全面负责本队 HSE 体系管理、井控和应急管理,完成 HSE 责任书下达的各项指标;			
2,3,4,5,6,7,8,9…			
六、履责的主要工作:			
一、经常性工作:(或作业前)			
二、阶段性工作:(或作业中)			
七、能力条件:			
项目	基本要求		期望要求
1. 学历:	大学专科		大学本科及以上
2. 专业或工作经历:	在副职岗位上工作两年以上		在副职岗位上工作三年以上
3. 资格证书:			
4. 技能要求:			
5. 体能特殊要求:	身体健康		
八、其他:			

3. 大修工艺流程

资料收集根据大修作业活动具体情况进行,建议从大修常规作业活动及非常规作业活动两个方面开展。常规作业活动主要包括洗井、打捞、活动解卡、套磨铣、套管补贴等;非常规作业活动主要包括吊装作业、动火作业、有限空间作业、环境因素等,确保资料收集的全面性和完整性。再根据管控环节和具体作业内容,收集相关的配套制度、规程、程序等相关资料。表6-2是大修施工作业活动清单。

表6-2 大修施工作业活动清单

序号	项目名称	序号	项目名称
1	井场准备平井场	22	NBQ25-380泵修理作业(拔阀座)
2	设备装车作业	23	NBQ25-380泵修理作业(更换活塞缸套)
3	设备卸车作业	24	排摆管具作业
4	修井机动迁	25	吊装管具作业
5	安装钻台	26	装卸工具作业
6	拆甩钻台	27	开泵作业
7	起升井架作业	28	吊单根入鼠洞作业
8	下放井架作业	29	接钻杆单根作业(套磨铣钻冲)
9	换大绳作业	30	下钻铤单根作业
10	更换刹带片作业	31	起甩钻铤单根作业
11	调节刹把作业	32	单吊卡起钻杆立柱作业
12	冲鼠洞作业	…	……
13	拔鼠洞作业	52	倒扣作业
14	接、卸方钻杆作业	53	套管整形
15	挂甩水龙头作业	54	机械切割
16	安装井控装置	55	取换套
17	拆甩井控装置	56	套管补贴
18	安装循环罐	57	清罐作业
19	拆甩循环罐	58	注水泥塞作业
20	安装NBQ25-380泵	59	填砂作业
21	拆甩NBQ25-380泵	60	动力维修

4. 设备设施

设备设施的辨识确认以现有大修队设备设施清单为基础,结合基层现场实际情况,对设备设施配备情况进行调研,确定设备设施辨识项目。表6-3是设备设施清单。

表 6-3　设备设施清单

序号	设备设施名称	序号	设备设施名称
1	修井机运载底盘	22	撬装泵底盘
2	修井机发动机	23	油管举升机
3	修井机变速箱	24	参数仪
4	修井机分动箱	25	井口工具
5	修井机角传动箱	26	指重表
6	修井机主滚筒	27	B 型吊钳
7	修井机死绳固定器	28	钻具承载设施
8	修井机转盘传动装置	29	内防喷工具
9	修井机井架	30	液控箱
10	修井机游车系统	31	压井管汇
11	水龙头	32	节流管汇
12	钻台	33	放喷管线
13	底座	34	采油树
14	司钻操作箱	…	……
15	液压小绞车	76	索具房
16	液压钳	77	消防房
17	撬装泵发动机	78	柴油罐
18	撬装泵离合器	79	野营房
19	撬装泵传动轴	80	厨房
20	撬装泵变速箱	81	生活水罐
21	撬装泵泵体	82	洗澡间

5. 制度标准

制度标准主要包括四个层面内容：一是公司 HSE 管理体系文件；二是管理体系的支持性文件，包括公司 HSE 企业标准、HSE 管理规定等内容；三是法律法规和行业标准，包含国家法律法规、国家有关 HSE 标准、石油行业和集团公司相关标准和规定；四是作业规程和"两书一表"等规范性作业文件。识别出的有效在用标准，见表 6-4、表 6-5、表 6-6。

表6-4 大修队标准目录

序号	标准编号	标准名称
1	SY/T 5029—2013	抽油杆
2	SY/T 5030—2013	石油天然气工业柴油机
3	SY/T 5069—2017	石油天然气工业、钻井和采油设备、管柱类落物打捞工具
…	…	……
25	SY 5727—2014	井下作业安全规程
…	…	……
39	SY/T 6117—2016	石油钻机和修井机使用与维护
…	…	……
53	SY/T 6417—2016	套管、油管和钻杆使用性能
61	SY/T 6646—2017	废弃井及长停井处置指南
…	…	……
68	SY/T 7028—2016	钻(修)井井架逃生装置安全规范
69	GB/T 33000—2016	企业安全生产标准化基本规范
70	AQ/T 9007—2011	生产安全事故应急演练指南
…	…	……

表6-5 大修队操作保养规程

序号	名称
1	DFX5550TXJ650（东方先科改造120t）操作保养规程
2	DFXK5522TJX450（东方先科盘刹80t）操作保养规程
…	……
13	ES5580TXJ120（二机厂伊顿辅助刹车120t）操作保养规程
…	……
16	空气压缩机操作保养规程
…	……
34	NBQ25-380钻井泵操作保养规程
35	LW450X860卧式离心机操作规程
36	ZS1920X125钻井液振动筛操作规程

续表

序号	名称
37	ZJQ300X2 除砂器操作规程
39	PZ8V190F500 撬装钻井泵机组操作规程
…	……
43	随车起重机操作保养规程

表 6-6 大修队作业规程

序号	标准编号	标准名称
1	SY/T 5790	常规修井作业规程　套管整形与密封加固工艺作法
…	…	……
4	SY/T 5587.4	常规修井作业规程　第 4 部分：找串漏、封串堵漏
5	SY/T 5587.5	常规修井作业规程　第 5 部分：井下作业井筒准备
…	…	……
11	SY/T 5587.11	常规修井作业规程　第 11 部分：钻铣封隔器、桥塞
12	SY/T 5587.12	常规修井作业规程　第 12 部分：打捞落物
…	…	……
14	SY/T 5587.14	常规修井作业规程　第 14 部分：注塞、钻塞
…	…	……

三、调查作业岗位情况

在收集和分析信息资料的基础上，进行作业岗位、工艺流程、设备设施、作业区域和岗位职责等方面的现场调查。主要明确以下几方面：

（1）明确作业岗位的划分与实际分布、工艺流程的原理和实际操作、设备设施的种类与工作原理、作业区域的实际分布、岗位职责的详细内容及其与实际工作的关系。

（2）明确岗位员工对作业岗位、设备设施等岗位职责、操作规程的了解和掌握程度，以及实际操作与要求的差距等。

（3）明确作业岗位、设备设施等在历史上出现的事故及其处理情况，详细调查其中的典型案例发生及其处理细节情况。

（4）明确岗位员工及管理人员对风险防控工作的认识程度、意见以及建议等。

上述岗位、区域、设备设施等方面的调查结束后，我们从设备设施及其操作、施工作业活动、生产管理活动等方面开展风险辨识，分析整理形成大修作业活动辨识项目清单，并报风险防控领导小组讨论确认后融入防控指南编制中。

至此,风险防控的准备工作结束,经领导小组审核通过后,按计划开始风险防控的下一个环节工作,即大修作业活动的分解。

第三节 大修作业活动分解

大修作业活动辨识对象应涵盖作业现场的所有设备设施,涵盖生产作业活动的全过程,涵盖生产经营过程中涉及安全风险的所有管理活动。

一、分解对象的确定

大修作业活动分解围绕设备设施、施工作业活动、生产管理活动三方面开展,将设备设施分解成具体的部件,将操作设备设施分解为启动前检查、启动运行、维护保养等操作步骤,将施工作业活动划分成施工单元和作业步骤,将生产管理活动划分为管理单元,细化分解后进一步开展危害因素辨识与风险评估。施工作业活动清单和设备设施清单参照表6-2和表6-3。设备设施操作项目清单和生产管理活动清单见表6-7和表6-8。

表6-7 大修队设备设施操作项目清单

序号	设备名称	序号	设备名称	序号	设备名称	序号	设备名称
1	修井机发动机	16	防溅盒	31	40m³放喷罐	46	逃生器
2	滚筒绞车	17	滚子方补心	32	泥浆罐	47	手抬机动排污泵
3	链条传动箱	18	链钳	33	振动筛	48	推车式干粉灭火器
4	液压小绞车	19	旋塞阀	34	搅拌器	49	手提式干粉ABC灭火器
5	液压钳	20	防喷单根	35	便携式复合气体检测仪	50	灭火毯
6	转盘	21	防上窜短节	36	正压式呼吸器	51	篮式担架
7	B型吊钳	22	液控箱	37	空气呼吸压缩机	52	75kW发电机
8	大钩	23	压井管汇	38	防爆轴流风扇	53	漏电保护器
9	水龙头	24	节流管汇	39	电阻仪	54	手电钻
10	25-380撬装泵	25	放喷管线	40	风速仪	55	切割机
11	油管举升机	26	采油树(井口)	41	游标卡尺	56	角磨机
12	方钻杆	27	防喷器	42	密度计	57	榔头
13	吊卡	28	分离器	43	压力表	58	手锯
14	气动卡瓦	29	火把	44	助爬器	59	管钳
15	安全卡瓦	30	13m³循环罐	45	防坠落差速器	60	吊带

表 6-8　大修队生产管理活动清单

序号	管理单元	序号	管理单元
1	基层自我培训	8	职业健康
2	危害辨识风险评价与控制措施	9	消防管理
3	设备设施管理	10	井控和技术管理
4	相关方管理	11	现场检查和隐患治理
5	过程控制	12	应急管理
6	作业许可	13	事故事件
7	环境保护与清洁生产节能		

二、分解方法

辨识项目的分解是应用工作分解法（WBS）把已经确立的辨识对象分解成较小的、更易于辨识的组成部分的过程。分解是以设备设施和施工工艺为导向的逐层分级，分解的越细致意味着对风险危害因素辨识的也越细。工作分解法（WBS）如图 6-3 所示。

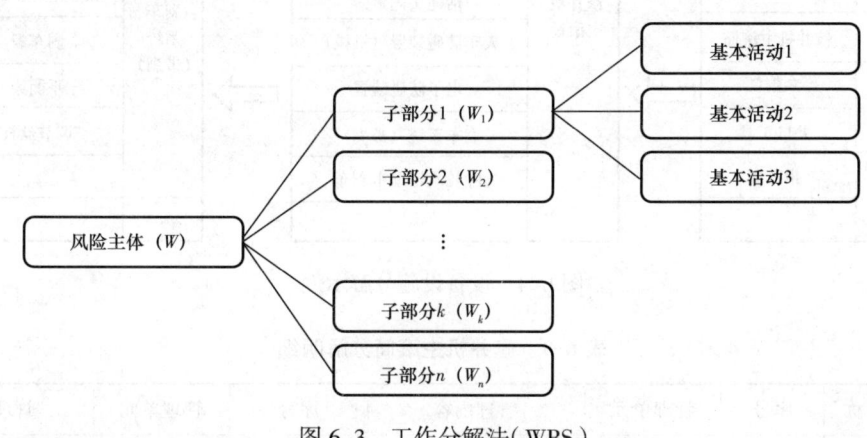

图 6-3　工作分解法（WBS）

三、设备设施分解

设备设施分解是将所确定的每套设备，按照设备设施具体的结构分解成管理单元，再将管理单元进一步分解为可开展危害因素辨识与风险评估的较小的管理内容。

设备设施分解步骤如下：

（1）根据确定的设备设施项目清单，查看每台（套）设备设施现有的巡回检查表。

（2）结合设备设施的说明书、结构图、操作规程或技术标准等，按顺序对设备设施每个部分逐项分析、进行拆分，最后拆分成进行危害因素辨识的部件，各个部件相互独立。

（3）对照设备设施现有的巡回检查表，验证巡回检查表的完整性。

设备设施拆分原则：以单台（套）设备设施、单套装置为对象：

——先拆分设备设施本体，再拆分附件；

——先拆分设备设施功能性附件，再拆分安全附件；

——由近及远、由外及里顺序逐项拆分设备设施的部件。

例如，修井机主滚筒分解，如图6-4所示。将"修井机主滚筒"第一层分解为滚筒轴、离合器、滚筒体、滚筒护罩、刹车系统（带刹）等若干管理单元，再将第二层管理单元中的"刹车系统（带刹）"分解为刹车片、刹车钢带、刹车吊杆、顶丝、刹车毂、平衡梁、调节丝杠等若干管理内容。修井机主滚筒分解明细见表6-9。表6-3设备设施清单中各部分均可按照此方法分解。

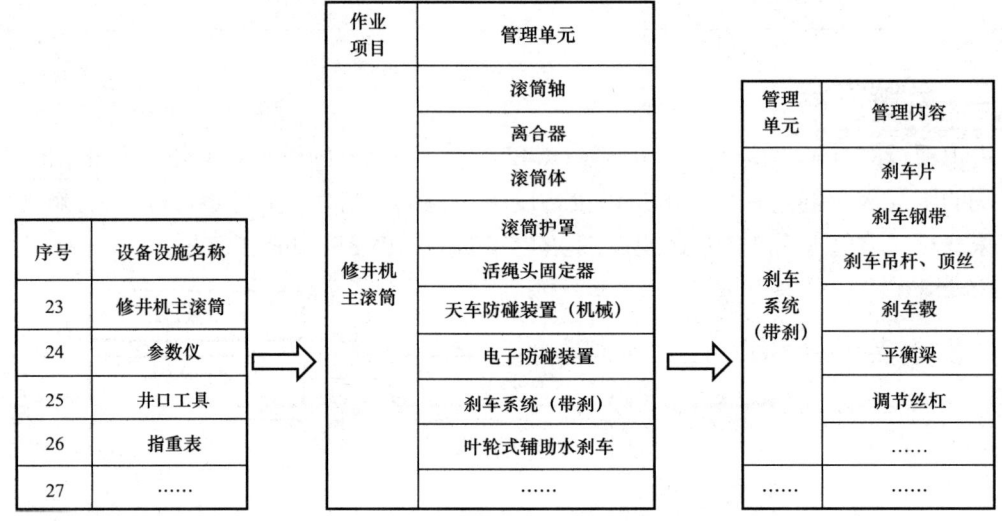

图6-4 设备设施分解示例

表6-9 修井机主滚筒分解明细

设备设施名称	序号	管理单元	管理内容	序号	管理单元	管理内容
修井机主滚筒	1	链条箱	链条	3	滚筒轴	主轴
			链轮			固定架
			轴承	4	离合器	气管线
			油封			导气龙头
			护罩			护罩
	2	捞砂滚筒轴(过桥轴)	主轴	5	滚筒体	绳槽
			固定架			起升钢丝绳
						耐磨板

续表

设备设施名称	序号	管理单元	管理内容	序号	管理单元	管理内容
修井机主滚筒	6	滚筒护罩	护罩壳体	11	叶轮式辅助水刹车	本体
			限位槽			循环管线
			连接销子			阀门
	7	活绳头固定器	压板			水箱
			螺母			链条
	8	天车防碰装置(机械)	过卷阀	12	WCB224辅助刹车系统	链轮
			过卷阀固定架			链条护罩
			刹车气缸			气压推盘
			控制阀			摩擦片
			气管线			调节丝杠
	9	电子防碰装置	传感器			固定螺栓
			信号线			护罩
			控制显示器			双导龙头
			电磁阀			气管线
			刹车气缸			冷却液进出管线
			气管线			冷却液柜
	10	刹车系统(带刹)	刹带片			电源控制箱
			刹车钢带			供液电机
			刹带吊杆、顶丝			冷却电机
			刹车毂			冷却风扇
			平衡梁			散热器
			调节丝杠			冷却液
			刹车连杆			
			刹把			

四、设备设施操作分解

设备设施操作分解是以设备设施操作活动为对象,按照设备设施运行的先后顺序,将第一层级分解为启动前检查、启动运行、维护与保养等管理单元,再将管理单元作为第二层级分解为若干细小的管理内容。

例如,设备设施操作分解,如图6-5所示。在"液压钳"操作过程中,第一层级分解为启动前检查、启动运行、停止与保养三个管理单元,第二层级再将启动前检查分解为各连接部位、牙座、牙片、液压管线、密封圈、安全门、尾绳等 7 个管理内容,同时将启动运行及停止与保养也进一步的细分为可进行危害因素辨识的较小的管理内容。液压钳操作分解明细见表 6-10,表 6-7 大修作业设备设施操作清单中的各部分均可按照此方法分解。

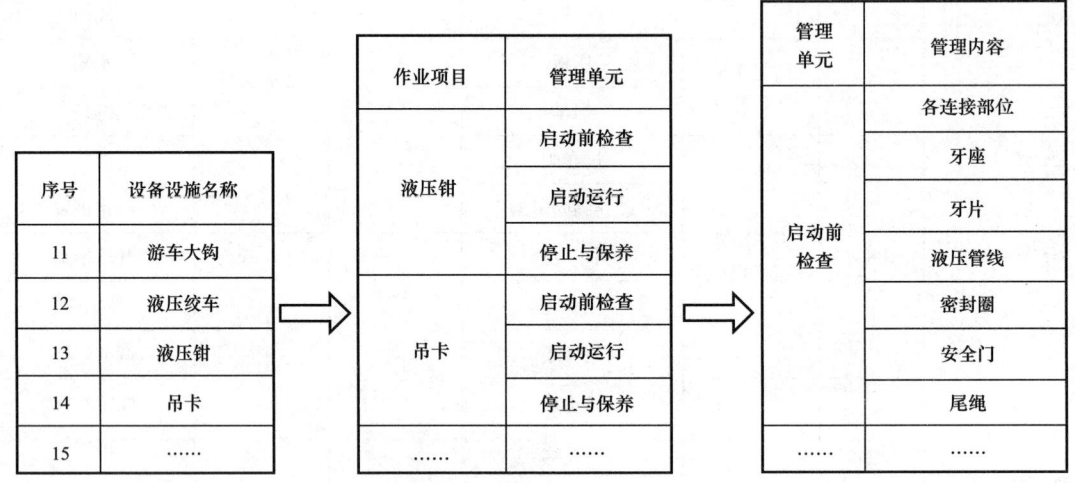

图 6-5　设备设施操作分解示例

表 6-10　液压钳操作分解

序号	设备设施名称	管理单元	管理内容
5	液压钳	启动检查	牙座尺寸
			液压管线
			液压油压力表
			控制手柄
			主、背钳
			固定尾绳
			大钳高度
		启动运行	推拽液压钳
			调换挡
			上扣
			卸扣
			钳门
		保养	手柄
			清洁

五、施工作业活动项目分解

施工作业活动项目分解是以大修施工作业活动过程为基础,以大修工艺流程为导向,按一定的逻辑逐层进行细化分解的过程。根据施工作业活动作业项目清单,将搬迁、洗压井、通井、刮削、打捞、套磨铣等大修作业流程分解成若干既相对独立又相互关联的作业单元,将作业单元分解为作业内容,应用工作前安全分析(JSA),最后将每个作业内容分解成可开展危害因素辨识与风险评估的作业步骤。

分解原则:

(1)按照工艺流程顺序,先排列常规生产活动,再排列辅助活动和相关方作业。

(2)按照作业活动的先后顺序分解。

例如,单吊卡起甩钻杆单根作业准备工作分解,如图6-6所示。"单吊卡起钻杆立柱作业"过程中,第一层分解为准备工作、起钻、排摆立柱等三个作业单元,第二层再将作业单元进一步分解为清理钻台、作业前检查、锁止转盘、挂吊卡、游车上行等11个作业内容,第三层再将作业内容进一步分解为清理湿滑介质、检查修井机油料、大绳、刹车等27个作业步骤。单吊卡起甩钻杆单根作业活动分解明细见表6-11。表6-2施工作业活动清单中其他部分均可按照此方法分解。

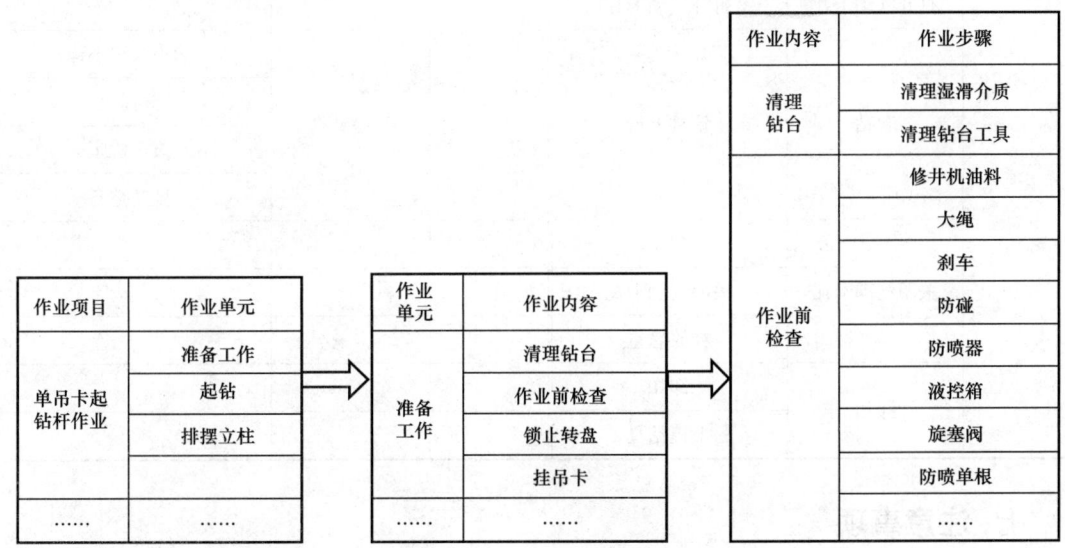

图6-6 施工作业活动分解示例

六、生产管理活动分解

各职能部门按照管理层级、管理流程,依据部门职责、岗位职责,结合相关体系文件、上级单位HSE管理体系量化审核标准、基层队HSE标准化建设标准等HSE管理体系规范标准,以安全管理事项为重点,按照生产经营业务流程,确定基层队生产管理活动项目清单并细化分解为相应管理单元和管理内容。大修队生产管理活动分解明细见表6-12。

表 6-11 单吊卡起甩钻杆单根作业活动分解

作业项目	27		单吊卡起甩钻杆单根作业		
作业单元	作业内容	作业步骤	作业单元	作业内容	作业步骤
准备工作	清理钻台	清理工作面、湿滑介质	甩钻杆	拉钻杆入小鼠洞	拉到鼠洞口
					下放钻杆入鼠洞
	隔离能源	锁紧转盘			刹住刹把
		控制开关限位			
	挂吊卡	扶住吊环		甩钻杆准备	摘吊卡
		挂吊卡			上提游车
					上紧提丝
		检查挡销			液压小绞车挂提丝
	扣吊卡	扣合吊卡		甩钻杆	钻杆出鼠洞
	游车负载	挂合低速			上护丝
		大钩弹簧拉出			甩至猫道
	打开气动卡瓦	打开气动卡瓦		排摆钻杆	摘小绞车小钩
	起钻	钻具上行			拆提丝
					滚至桥座
					排摆整齐
	关闭气动卡瓦	刹车			
		关闭气动卡瓦			
		释放悬重			
	卸扣	卸扣			
		上提钻具			

七、注意事项

(1) 生产作业活动分解是危害因素识别和风险评估及防控的基础,因此,作业活动分解要根据实际尽可能细分,保持危害因素的个体特点及其对应处置程序的个性化;同时,操作步骤划分不宜过粗或过细,过粗无法达到风险辨识的目的,过细则大大地增加了工作量,效果也不会十分明显。

(2) 设备设施的拆分要根据其实际运行和功能情况,既防止拆分的笼统性,又要防止追求细分而导致一些本不宜拆分的部分被硬性拆分但无实际功用。

(3) 考虑到危害因素辨识与风险评估的全面性和充分性,可根据需要对岗位所涉及的岗位制度、材料、工作环境等其他单元划分进行分析。

表 6-12 大修队生产管理活动分解表

序号	管理单元	管理内容	序号	管理单元	管理内容	序号	管理单元	管理内容
1	基层自我培训	培训实施	5	过程控制	井场勘察	8	职业健康	药品管理
1	基层自我培训	新员工（转岗）培训	5	过程控制	开工验收	8	职业健康	急救用品
1	基层自我培训	违章培训	5	过程控制	班前会	8	职业健康	健康证
1	基层自我培训	取证培训	5	过程控制	目视化	8	职业健康	食材管理
1	基层自我培训	HSE 考试	5	过程控制	上锁挂签	9	消防管理	重点防火部位
2	危害辨识风险评价与控制措施	设备设施危害识别	5	过程控制	工作循环分析	9	消防管理	动火作业
2	危害辨识风险评价与控制措施	设备操作危害识别	5	过程控制	观察与沟通	9	消防管理	消防器材
2	危害辨识风险评价与控制措施	生产作业活动危害识别	5	过程控制	经验分享	9	消防管理	消防培训
2	危害辨识风险评价与控制措施	管理活动危害识别	5	过程控制	现场用电	9	消防管理	消防应急演练
2	危害辨识风险评价与控制措施	识别活动开展	5	过程控制	属地管理	10	井控和技术管理	井控设备试压
2	危害辨识风险评价与控制措施	新增危害	5	过程控制	队伍外出	10	井控和技术管理	打开油气层验收
2	危害辨识风险评价与控制措施	环境危害因素识别	5	过程控制	工艺变更	10	井控和技术管理	坐岗
2	危害辨识风险评价与控制措施	职业健康危害因素识别	5	过程控制	设备变更	10	井控和技术管理	井控风险识别与措施制定
2	危害辨识风险评价与控制措施	新工艺新技术新材料	5	过程控制	项目识别	10	井控和技术管理	防喷演习
2	危害辨识风险评价与控制措施	六个评估	5	过程控制	作业升级	10	井控和技术管理	溢流管理
3	设备设施管理	操作保养规程和技术文件	6	作业许可	作业许可办理	11	现场检查和隐患治理	岗位检查
3	设备设施管理	设备安装	6	作业许可	工作前安全分析	11	现场检查和隐患治理	队干部检查
3	设备设施管理	设备启用	6	作业许可	作业审批	11	现场检查和隐患治理	违章
3	设备设施管理	设备保养	6	作业许可	气体检测	11	现场检查和隐患治理	问题整改
3	设备设施管理	设备设施检测	6	作业许可	过程监控	11	现场检查和隐患治理	隐患排查
3	设备设施管理	设备检维修	6	作业许可	作业终止	12	应急管理	应急处置预案
3	设备设施管理	油水管理	6	作业许可	重新办理	12	应急管理	应急培训
3	设备设施管理	定人定机管理	6	作业许可	作业延期	12	应急管理	应急物资
3	设备设施管理	安全装置和防护设施	6	作业许可	关闭	12	应急管理	应急演练
3	设备设施管理	吊索具	7	环境保护与清洁生产节能	污染源识别	12	应急管理	应急响应
3	设备设施管理	手持电工工具	7	环境保护与清洁生产节能	固体废弃物	13	事故事件	未遂事件
3	设备设施管理	检测仪	7	环境保护与清洁生产节能	产生量统计	13	事故事件	事故处理
3	设备设施管理	危险化学品	7	环境保护与清洁生产节能	废液拉运	13	事故事件	事故事件防范
4	相关方管理	入场提示	8	职业健康	生产布局	13	事故事件	工程事故复杂
4	相关方管理	相关方 HSE 告知	8	职业健康	职业危害识别	13	事故事件	工伤上报
4	相关方管理	安全技术交底	8	职业健康	人员查体			
4	相关方管理	措施落实确认	8	职业健康	有毒有害场所管理			
4	相关方管理	相关方监督检查	8	职业健康	劳动防护用品			

（4）在工作流程上，要遵循组织人员培训、室内提前对标、现场分析验证、认真评审完善、及时提交成果的流程。

（5）大修作业及管理活动分解结果要经领导小组审查后批准。

第四节　危害因素辨识

大修专业生产作业环境不固定，设备设施多而大、工序复杂或不可预见，生产作业过程中的危害因素来自人、物、环境、管理因素的组合。危害因素辨识中，针对危害因素的描述、辨识方式方法等相关知识要对基层岗位员工进行培训和讲解。作业前的危害因素辨识，不仅是对已固化的危害因素进行识别，还要对作业活动中可能产生的随机性危害因素进行辨识，使岗位员工逐步养成有作业必先识别危害因素的习惯，定期和随时进行大修作业活动前的危害因素辨识。

一、危害因素的描述

在进行风险防控工作时普遍存在危险因素描述不准确、不妥当等现象，在这里有必要对危险因素的描述进行说明，以使对危害因素的描述更加准确、合理。

（1）危害因素应是导致事故、事件的原因而不是结果。例如，物体打击、触电、中毒是危害因素可能导致的后果，而不是危害因素。危害因素一般以人的不安全行为、物的不安全状态、管理缺陷和环境因素的形式体现，只有从这四个方面着手才能尽可能地将某个项目的危害因素识别全面。

（2）危害因素不能描述为某种作业活动，如高处作业、有限空间作业，应进一步描述出其中存在的不安全状态或不安全行为，如"高处作业未系安全带""进入有限空间作业前未对有毒有害气体进行监测""液压钳上卸扣时，防护门未关闭"。

（3）危害因素应避免使用笼统语言进行描述。

① 对于人的不安全行为描述要避免使用"操作不规范""违章作业""劳保穿戴不齐"等用语，应描述出具体的不安全行为，如"吊装作业司索人员没使用牵引绳，人员站在被吊物上移动""设备未停机时清洁设备运动部件"等。

② 对于物的不安全状态描述要避免使用"设备缺陷""设备损坏"等用语，应描述出具体的缺陷，如"砂轮机无防护罩或防护罩损坏""漏电保护器不动作、失灵""液压钳防护门缺失"等。

③ 对于管理因素描述要避免使用"检查不到位""管理缺陷""责任不落实"等用语，应描述成导致"不到位"的原因，如"岗位人员检查表××内容没掌握""××岗位检查表中缺少××检查项目""岗位人员培训中没有岗位责任制培训内容"等。

④ 对于环境因素描述要避免使用"环境差""天气恶劣"等用语，应描述出"差"在哪，"恶劣"到什么程度，如"夜间作业现场昏暗、缺少照明""起下钻作业时突遇大风、雷雨等天气""钻台面湿滑、工具摆放混乱"等。

二、辨识的方式方法和工具

开展危害因素辨识时要从运行经验、风险特点和人员能力等方面考虑,以确定适用的危害因素识别方式、方法和辨识的工具。

大修作业开展危害因素辨识活动的参与者包括:大修队技术人员、设备管理人员、安全管理人员、作业相关方、大修工程专家和风险管理专家等。将上述人员作为辨识过程中的关键参与者,但实施过程中主要依靠全体作业人员开展危害因素辨识工作。

大修作业活动中的危害因素辨识,建议对日常生产任务宜采用头脑风暴法(BS)、调查表法、工作前安全分析法开展操作步骤危害因素辨识;设备设施宜采用安全检查表法开展危害因素辨识;对非常规作业、临时检维修等应按照作业许可要求,采用工作前安全分析方法开展操作步骤危害因素辨识。

同时,可以通过询问、交谈、现场观察等方式联合基层岗位员工开展危害因素的辨识;可以针对已发生事故和事件案例的分析,确认事故事件中的危害因素已包含在现有危害因素辨识结果中;根据现场观察员工的实际操作,验证所分析的危害因素是否与实际相符,是否有遗漏等。

三、辨识工作的开展

大修作业活动的危害因素辨识主要包括四方面:设备设施危害因素辨识、设备设施操作危害因素辨识、施工作业活动危害因素辨识、生产管理活动危害因素辨识。

1. 设备设施危害因素辨识

大修作业设备设施的危害因素辨识,是围绕设备设施的关键部位开展的,根据收集整理的设备设施使用说明书、巡回检查表、设备设施项目分解表等,由参与设备设施风险辨识人员采用访谈、调查表、现场观察法、头脑风暴法、专家判断等开展设备设施危害因素辨识。

以大修作业主要设备修井机主滚筒为例进行说明,见表6—13。

表6—13 设备设施危害因素辨识(修井机主滚筒)

设备设施名称	序号	管理单元	管理内容	危害因素
修井机主滚筒	1	链条箱	链条	松紧度过松或过紧,有损坏现象
			链轮	动力无法正常传递
			轴承	润滑不良,磨损超标,松旷,运转不平稳
			油封	密封不严、漏油
			护罩	不齐全、密封不严、漏油,固定不牢固
	2	捞砂滚筒轴(过桥轴)	主轴	传动轴的固定螺栓及背帽松动、缺失;轴承损坏卡阻
			固定架	固定架开焊、变形
				固定螺栓不全或未紧固

续表

设备设施名称	序号	管理单元	管理内容	危害因素
修井机主滚筒	3	滚筒轴	主轴	安装不牢靠,运转不平稳
			固定架	开焊、变形
				固定螺栓不全或未紧固
	4	离合器	气管线	老化、破损、渗漏
			导气龙头	漏气或损坏
			护罩	变形、密封不严,安装不牢固
	5	滚筒体	绳槽	磨损超标
			起升钢丝绳	磨损超标、断丝断股
			耐磨板	没有或损坏
	10	刹车系统（带刹）	刹带片	刹带块磨损超标、开裂、破损
			刹车钢带	变形,调整不均匀,刹车块固定螺栓孔变形,两端固定销孔变形
			刹带吊杆、顶丝	刹带吊杆、顶丝损坏、缺失
			刹车毂	刹车毂磨损量大于标准要求,有龟裂,冷却水渗漏
			平衡梁	平衡梁销子缺失、变形、错位,支撑固定松动,转动不灵活,两端调整不平衡
			调节丝杠	卡阻不灵活,备帽未紧固,调整不当
			刹车连杆	弯曲变形,连接不牢固,运动不灵活、销钉没有或脱落
			刹把	绞车刹车后,刹把与钻台面夹角过大或过小,无锁定链,连接杆变形,销轴变形,无锁定装置
……	…	……	……	……

2. 设备设施操作危害因素辨识

大修作业设备设施操作的危害因素辨识,是围绕设备设施的维护检查及操作保养标准来进行的,根据收集整理的设备设施使用说明书,操作保养规程、设备设施操作项目分解表等,参与风险辨识人员采用访谈、调查表、现场观察法、头脑风暴法、工作前安全分析、专家判断等开展设备设施操作危害因素辨识。

以修井机绞车滚筒为例进行说明,见表6-14。

3. 施工作业活动危害因素辨识

针对大修作业活动中具体的操作项目开展危害因素辨识,如单吊卡起钻杆立柱作业、

表 6-14 设备设施操作危害因素辨识(滚筒绞车)

序号	设备设施名称	管理单元	管理内容	危害因素
2	滚筒绞车	启动前检查	护罩	护罩缺失或固定松动
			润滑油	绞车润滑油使用不充足
			防碰器	防碰天车失效
			气源压力	总气源压力过低
			刹车气缸	气路不畅通、冻结、损坏、连接管线破损、漏气
			司控箱	离合器控制手柄档位未在空位、未上锁挂签
			摩擦毂、摩擦片	离合器摩擦毂有油污,摩擦间隙大于标准,摩擦片固定螺栓松动、缺失,护罩连接松动、变形
			平衡梁	平衡梁销子垫片、开口销缺失,支撑固定松动,转动不灵活,两端调整不平衡,两把刹带调节扳手未卡在平衡梁调节螺栓上
			调节丝杠	卡阻不灵活,备帽未紧固,调整不当
		启动运行	离合器	一次挂合离合器起升
			滚筒	拉力不够、空转、阻力大、下放困难
			辅助刹车	在滚筒旋转时挂合刹车
				下钻时到额定悬重未挂合辅助刹车
			刹把	刹车时,刹把与钻台面夹角过大或过小,距钻台面过高或过低,刹把(下绞车刹把)无锁定链,连接杆变形,销轴变形,无锁定装置
			冬季运行	冬季高速提升游动系统
			异响	响声异常时未及时停绞车
			绞车盘绳槽	绞车滚槽磨损严重
		停止与保养	保养	停用后未检查各部件运转固定情况
				未对运转部位注润滑脂

单吊卡下钻杆立柱作业等。这些操作项目中,依据操作流程展开的每一项操作步骤,开始工作前都需要进行危害因素辨识。

以单吊卡起钻杆立柱作业的操作项目为例进行说明:

单吊卡起钻杆立柱作业操作分为准备工作、起钻、排摆立柱等 3 个作业单元,再将 3 个作业单元细分为清理钻台、作业前检查、锁止转盘、挂吊卡、游车上行、坐气动卡瓦、卸扣、上提钻杆立柱、立柱入盒、摘吊卡、钻具入位等 11 个作业内容,进而更进一步细化为清理工作面、修井机油料、大绳、刹车、防碰、防碰器、液控箱、旋塞阀(防喷单根)、锁止转盘、控制手柄限位并上锁挂签、检查吊卡、挂吊卡、插入吊卡销子等 27 个操作步骤。针对单吊卡起钻杆立柱的这 27 个作业步骤开展危害因素辨识工作,识别出作业面钻井液等残留(湿滑)、作业面工具摆放杂乱、作业期间油料不足、大绳断丝超标及锈蚀严重、刹车调节不当、刹车片磨损严重、电子防碰(机械防碰)失效等46条危害因素。单吊卡起钻杆立柱作业活动危害因素辨识明细见表6–15。

表6–15 单吊卡起钻杆立柱作业活动危害因素辨识

作业项目	27			单吊卡起甩钻杆单根作业			
作业单元	作业内容	作业步骤	危害因素	作业单元	作业内容	作业步骤	危害因素
准备工作	清理钻台	清理工作面、湿滑介质	作业面湿滑	甩钻杆	拉钻杆入小鼠洞	拉到鼠洞口	人员身体部位放在钻具下方
			未使用防滑垫			下放钻杆入鼠洞	外螺纹台阶压在鼠洞边缘,继续下放游车时,钻具内螺纹顶住游车
	隔离能源	锁紧转盘	误操作转盘转动			刹住刹把	下放过快,或过多,下单跟顶到鼠洞底部
		控制开关限位	未对控制开关进行限位				刹车后人员离开刹把
	挂吊卡	扶住吊环	人员在吊环摆动范围		甩钻杆准备	摘吊卡	人员站在吊环摆动范围
			人力搬运吊卡			上提游车	人员在吊卡摆动范围内站位
		挂吊卡	未进入吊卡根部			上紧提丝	螺纹过脏
		检查挡销	挡销未连接好或未复位			液压小绞车挂提丝	未挂好吊钩就上提吊钩
起钻	扣吊卡	扣合吊卡	活门扣合后未进行确认	甩钻杆	钻杆出鼠洞		钻具旋转
	游车负载	挂合低速	操作过猛			上护丝	身体部位放置在钻具下方
		大钩弹簧拉出	上提过猛			甩至猫道	未观察钻具吊运
	打开气动卡瓦	打开气动卡瓦	供气不足				钻具到位未及时停止绷甩动作
	起钻	钻具上行	吊环未推到吊卡槽位		排摆钻杆	摘小绞车小钩	摘吊钩时钻具滚动
			班长操作过猛			拆提丝	卸提丝时钻具滚动
			班长注意力不集中			滚至桥座	人员蹲、踹钻具
			重负荷时选用高速挡				人员在钻具前方站位
			未对指重表、防碰及起出情况进行观察			排摆整齐	人员在钻具上行走
			大绳断丝超标				使用身体部位代替工具接触钻具
			精力不集中不能及时发现异常				
……	……	……	……		……	……	……

4. 生产管理活动危害因素辨识

管理风险是指管理运作过程中因信息不对称、管理不善、判断失误等导致管理方面的问题发生，影响管理的水平。管理风险具体体现在构成管理体系的每个细节上，可以分为四个部分：管理者的素质、组织结构、企业文化、管理过程等。

生产管理活动的危害因素辨识则是指从某个具体管理活动的管理者的素质、组织结构、企业文化、管理过程等方面辨识信息不对称、管理不善、判断失误等方面的风险。

参与风险辨识人员一般采用访谈、调查表、头脑风暴法、事故树、对标分析、专家判断等开展生产管理活动危害因素辨识。大修队生产管理活动危害因素辨识见表6-16。

表6-16 大修队生产管理活动危害因素辨识

序号	管理单元	管理内容	危害因素描述	序号	管理单元	管理内容	危害因素描述
1	基层自我培训	培训实施	未按培训计划开展自我培训	2	危害辨识风险评价与控制措施	新增危害	开工前对施工井的工艺、施工环境等新增的风险点进行风险识别和评价不全面
			培训项目未认真开展			环境危害因素识别	未进行环境危害因素识别或者识别不全面
		新员工（转岗）培训	未队新员工进行队级安全教育			职业健康危害因素识别	未进行职业健康危害因素识别或者识别不全面
			督导和考核			新工艺新技术新材料	未开展评估，风险认识不足
		违章培训	违章人员未参加违章培训	…	……	……	……
		取证培训	特种作业无证或过期	6	作业许可	项目识别	未建立危险作业项目清单
			涉海作业未取证				未对作业项目分级
			井控证过期			作业升级	特殊时期未对作业升级管理
			HSE、硫化氢未取证或证件过期			作业许可办理	未办理作业许可或办理错误
		HSE考试	不进行HSE考试			工作前安全分析	人员素质能力
2	危害辨识风险评价与控制措施	设备设施危害识别	未进行设备危害识别或识别不全面				心理、生理状况
		设备操作危害识别	未进行设备操作危害识别或识别不全面				自然环境
		生产作业活动危害识别	未进行生产作业活动危害识别或识别不全面				工作任务简述
							全员分析
		管理活动危害识别	未进行管理活动危害识别或识别不全面				作业人员分工
		识别活动开展	未定期开展危害因素识别				作业步骤
			危害因素识别不全面				工作前安全分析结论确认

续表

序号	管理单元	管理内容	危害因素描述	序号	管理单元	管理内容	危害因素描述
6	作业许可	作业审批	作业许可未得到有效确认和审批	6	作业许可	重新办理	未完成作业未重新办理许可
		气体检测	可能含有有毒有害气体的区域或空间没有进行检测就作业			作业延期	当班作业未完成作业再次作业未办理延期
		过程监控	未实施作业过程监控或监控不到位			关闭	完工后未关闭
		作业终止	有较大风险未停止作业	…	……	……	……

四、汇总审查

在完成大修专业各项目分解及危害因素辨识工作后,要及时汇总,形成危害因素辨识清单。将汇总的危害因素辨识清单发放至大修队各员工手中,广泛听取不同岗位员工的意见,并进行逐级讨论、汇总意见、修改完善,确保危害因素辨识的全面性、有效性。最后报请领导小组审核。

五、注意事项

(1)危害因素是导致危害事件的原因而不是结果,一般以人的不安全行为、物的不安全状态、管理缺陷、环境因素或其组合的形式体现。

(2)危害因素辨识中不能描述为某种作业活动,而是详细描述其中存在的不安全状态或不安全行为。

(3)危害因素辨识要做的"从群众中来,到群众中去",广泛听取各基层岗位员工的意见和建议。

(4)危害因素辨识结果要经领导小组审查后批准执行。

第五节 风险分析与评估

完成危害因素的辨识后,从各个危害因素可能导致的后果的严重程度和可能性两个方面对其进行风险的分析与评估。

一、风险分析与评估要求

从风险分析与评估的现场、人员、技术方法、危害程度及评估与审核的程序等方面出发,进行风险分析与评估工作一般有以下五方面的要求。

(1)操作活动现场主要采用直观经验法进行风险分析与评估。

（2）专业技术人员和安全管理人员在系统开展风险评估时可采用矩阵法或 LEC 评价法。

（3）对采用经验法评估的重大风险或评估人员不能最终达成一致意见的风险，要采用矩阵法或 LEC 法进行二次评价。

（4）对评价出的重大风险，风险分析与评估小组人员要到作业现场观察相应的操作和设备设施进行确认和查证。

（5）经风险评估确定的重大风险要组织相关专家进行审定。

二、风险分析与评估方法

选择风险矩阵分析法（RAM）、作业条件危险性分析法（LEC）等方法对风险进行定性、定量评价，根据评价结果按从严从高的原则判定评价级别。

三、风险评估技术等级划分

通过事故发生概率等级与事故后果严重程度等级的风险矩阵分析，将风险技术等级划分成 4 个等级。矩阵中左下部分至右上角部分分别为低风险、一般风险、较大风险和重大风险，如图 6-7 所示。

事故发生概率等级	5	II 5	III 10	IV 15	IV 20	IV 25
	4	I 4	II 8	III 12	IV 16	IV 20
	3	I 3	II 6	II 9	III 12	IV 15
	2	I 2	I 4	II 6	II 8	III 10
	1	I 1	I 2	I 3	I 4	II 5
风险矩阵		1	2	3	4	5
		事故后果严重程度等级				

图 6-7 风险评估

LEC 法同样可以借鉴上述方法，对评价结果分类及控制要求按照"4 级 4 色"进行分级标识。

四、风险等级确定

根据风险评估技术等级划分标准及原则，对所识别出的风险进行定性或定量的评估，并对其风险等级进行确定，用所对应的颜色进行标识。

以设备设施及操作风险评估为例（表 6-17），针对"修井机主滚筒"项目，链条箱的链条

表 6-17 设备设施危害因素评价清单（修井机主滚筒）

设备设施名称	序号	管理单元	管理内容	危害因素	风险描述	可能性	后果	风险等级	颜色标识
修井机主滚筒	1	链条箱	链条	松紧度过松或过紧，有损坏现象	链条断脱导致链条箱及链轮损坏，无法正常工作	2	2	低风险	蓝
			链轮	动力无法正常传递	磨损超标会造成链条运行不平稳，咬齿轮等，不能正常传递动力	2	2	低风险	蓝
			轴承	润滑不良，磨损超标，松旷，运转不平稳	轴承损坏会造成链轮不能正常运转，从而无法传递动力	2	2	低风险	蓝
			油封	密封不严，漏油	造成轴承烧坏，使链轮无法正常运转	2	1	低风险	蓝
			护罩	不齐全，密封不严，漏油，固定不牢固	造成漏油，使车身油污；严重甚至会造成人身伤害事故	2	1	低风险	蓝
	2	捞砂滚筒轴（过桥轴）	主轴	传动轴的固定螺栓及背帽松动，缺失；轴承损坏卡阻	不能正常传递动力	2	4	一般风险	黄
			固定架	固定架开焊，变形	造成主轴抖动甚至脱落，引发机械及人身伤害事故	2	4	一般风险	黄
				固定螺栓不全或未紧固		3	2	一般风险	黄
	3	滚筒轴	主轴	安装不牢靠，运转不平稳	造成主轴抖动甚至脱落，引发机械及人身伤害事故	2	1	低风险	蓝
			固定架	开焊，变形		2	2	低风险	蓝
				固定螺栓不全或未紧固		2	2	低风险	蓝
	4	离合器	气管线	老化，破损，渗漏	使离合器无法正常挂合工作	4	1	低风险	蓝
			导气龙头	漏气或损坏	使离合器无法挂合工作	3	1	低风险	蓝
			护罩	变形，密封不严，安装不牢固	造成异响或脱落，引发人身伤害事故	2	1	低风险	蓝
	5	滚筒体	绳槽	磨损超标	钢丝绳排列不齐，造成打扭，加速绳槽磨损，甚至引发人身伤害事故	2	4	一般风险	黄
			起升钢丝绳	磨损超标，断丝断股	可能引发人身伤害事故	4	3	较大风险	橙
			耐磨板	没有或损坏	加速钢丝绳的磨损	2	3	一般风险	黄

续表

设备设施名称	序号	管理单元	管理内容	危害因素	风险描述	可能性	后果	风险等级	颜色标识
修井机主滚筒	6	滚筒护罩	护罩壳体	绞车护罩固定螺栓松动、破损、缺失	旋转部位裸露，导致人员机械伤害	2	2	低风险	蓝
			限位槽	没有或损坏	造成护罩松动甚至脱落，引发机械及人身伤害事故	2	1	低风险	蓝
			连接销子	不全或未紧固	造成护罩松动甚至脱落，引发机械及人身伤害事故	4	1	低风险	蓝
	7	活绳头固定器	压板	绞车滚筒上的活绳头绳卡松动、缺失	大绳滑脱，造成游车下砸，人员伤亡，设备损坏及井下事故	2	4	一般风险	黄
			螺母	不全或未紧固	大绳滑脱，造成游车下砸，人员砸伤，设备损坏及井下事故	2	4	一般风险	黄
			过卷阀	失灵、损坏、安装位置不正确	无法及时启动刹车气缸造成顶天车事故	3	3	一般风险	黄
	8	天车防碰装置（机械）	过卷阀固定架	变形、损坏、松动	无法及时启动刹车气缸造成顶天车事故	2	1	低风险	蓝
			刹车气缸	损坏、漏气、失灵	无法及时对滚筒进行刹车	2	4	一般风险	黄
			控制线	损坏、漏气、失灵	无法及时对滚筒进行刹车	2	2	低风险	蓝
			气管线	老化、渗漏	造成执行元件失效	4	1	低风险	蓝
			传感器	失灵、松动	影响传导信号	3	2	一般风险	黄
	9	电子防碰装置	信号线	老化、断接	信号传导失效	3	2	一般风险	黄
			控制显示器	显屏破损坏、失灵	无法观察数据造成顶钻、顶天车事故	2	2	低风险	蓝
			电磁阀	损坏、失灵	无法观察数据造成顶钻、顶天车事故	2	2	低风险	蓝
			刹车气缸	损坏、漏气、失灵	造成顶天车事故	2	4	一般风险	黄
			气管线	老化、破损、松动	造成供气短路	4	1	低风险	蓝
	……		……	……	……	……	……	……	……

由于"松紧度过松或过紧,有损坏现象"而导致"链条断脱导致链条箱及链轮损坏,无法正常工作"的风险,根据经验,该项风险的事故发生的概率赋值为2,事故发生的后果严重程度赋值为2,该项风险的分值为事故发生的概率×事故发生的后果严重程度=2×2=4,对照风险矩阵图,该项风险为Ⅰ级风险,即低风险,用蓝色进行风险标识。依次类推,对设备设施风险进行评估,不再赘述。

五、注意事项

(1)开展风险评估及风险防控措施制订应由公司安全管理人员及专业技术人员参加。

(2)风险评估中要针对不同的评估对象选择相应的技术方法,在划分管理单元、明确管理内容和细化操作步骤的基础上,逐项、逐步开展风险分析与评估,并对评估结果展开讨论,对于意见不能统一的风险评估结果要以矩阵评估法进行再次评估统一。

(3)风险评估中,既要克服以大的某项管理内容来宏观评估其存在的风险,又要防止脱离实际地盲目细化评估项目。要根据生产作业活动的实际操作进行风险的分析与评估,使风险评估结果更具有指导性和实效性。

(4)风险分析与评估结果要经领导小组审查批准。

第六节 风险控制

做全危害因素辨识、细化风险分析与评估,目的是有效实施风险防控。在风险辨识、评价的基础上,结合生产实际制订相应的风险控制措施,推行清单式管理,落实属地管理责任,将风险控制的责任主体落实到具体岗位上,从而实现风险的可控。

一、形成大修作业风险防控清单

全员风险辨识,制订可控措施,形成大修作业风险防控清单,通过不断的培训宣贯,将风险防控的思维方式传达到基层队站,基层队站在认真执行上级部门制订的风险控制措施的基础上,不断的检查、分析、总结控制措施的有效性及改进建议,及时向上级HSE主管部门汇报。企业定期对各项危害因素风险控制的过程及效果进行评审,评审时对控制措施的有效性等方面进行确认。结合基层队站的意见建议及时地修订风险防控清单、完善各项风险的控制措施,循环往复确保风险可控、受控。

清单内容以"油管输送机"的设备设施及操作危害因素辨识及评价表为例,见表6-18、表6-19。

二、操作规程及作业规程的制修订与完善

梳理现有作业、操作保养规程,依据最新的危害因素辨识和风险分析与评估结果,确定增加、减少和修订的作业及操作保养规程项目目录,形成作业及操作保养规程制修订清单,确定参与规程制修订的责任部门及个人,确定制修订和审核、发布的时间节点。大修操作规程、作业规程修改与增补情况见表6-20、表6-21。

表 6-18 设备设施危害因素辨识及评价表（油管输送机）

序号	管理单元	管理内容	危害因素	风险描述	可能性	后果	风险等级	颜色标识	控制措施	控制岗位
1	机架总成	机架底座	机架底座开裂、变形	强度降低导致工作中倾倒，管具掉落造成设备损坏或伤人	1	3	低风险	蓝	(1)设备安装时检查确认机架无开裂变形；(2)每次使用前对设备、对底座进行检查	一岗位
		底座支腿	支腿打不稳	支腿不稳导致工作中设备倾倒	2	3	一般风险	黄	检查设备支腿与地面接触情况，保证无松动	一岗位
		电液接头固定座	断裂、脱落	电路短路，液压管线泄漏	2	3	一般风险	黄	安装及每次使用前检查确认无旷动开裂	一岗位
		钻台连接拉筋	变形、缺失	不能控制输送机与钻台距离，工作中输送机位置改变导致井口管具异味或变形	1	3	低风险	蓝	(1)设备安装前检查确认完好无变形；(2)每次使用前确认无异味或变形	一岗位
		钻台连接拉筋销	变形、缺失	钻台连接拉筋不能正确安装，工作中钻台连接脱落	1	3	低风险	蓝	每次使用前检查无变形，限位销完好	一岗位
		钻台连接拉筋耳板	变形、缺少销子	无法连接钻台连接拉筋	1	3	低风险	蓝	设备及安装每次使用前检查确认无变形	一岗位
		承载平台支架	承载平台支架开裂	工作中承载平台倾倒、翻落	1	3	低风险	蓝	设备启动前对其进行检查，支架无变形、无锈蚀	一岗位
		承载平台支架弹簧	脱落	承载平台下降过程中失去减震，易造成变形，管具损坏	3	3	一般风险	黄	设备启动后对其检查无变形，弹簧无缺失	一岗位
…		…	…	…	…	…	…	…	…	…
3	上下料架及转臂总成	上料挡块	变形、开裂	变形或开裂后造成上下料无法正常工作，管具运行状态出现异常	2	2	低风险	蓝	(1)上料工况前检查确认安装正确，限位销完好无缺失；(2)下料工况检查确认未安装在下料架上	一岗位

续表

序号	管理单元	管理内容	危害因素	风险描述	可能性	后果	风险等级	颜色标识	控制措施	控制岗位
3	上下料架及转臂总成	下料架	丢失、变形	丢失或变形造成失去限位能力，管具上料时不能完全进入V型槽，可能在V型槽转时造成管具掉落	2	2	低风险	蓝	设备启动前检查下料架无变形开焊	一岗位
		下料架连接销	丢失、变形	丢失或变形造成管具下料时管具直接由V型槽掉至管桥，造成管具损坏，管具飞起	2	2	低风险	蓝	设备启动前检查确认无变形，限位销齐全	一岗位
		下料滑杆	丢失、变形	丢失或变形造成管具无法正常滑下，掉入管桥与机架之间造成管具及设备	4	2	一般风险	黄	(1) 上料工况前确认滑杆拆除；(2) 下料工况前检查滑杆无变形，连接销和限位销齐全无变形	一岗位
		转臂总成	变形、开裂、卡死	转臂变形造成运动失去同步性，卡死后无法正常运转	2	3	一般风险	黄	设备启动前检查转臂无弯曲变形，运转灵活	一岗位
		转臂总成轴座	松动、变形	松动后易造成转臂总成脱落	2	3	一般风险	黄	设备启动前检查轴座焊接牢固	一岗位
		转臂限位块	丢失、变形	上料作业时失去限位能力，造成管具飞出	2	2	低风险	蓝	设备启动前检查转臂限位块齐全	一岗位
		转臂限位块销轴	丢失	丢失后转臂限位块掉落	2	2	低风险	蓝	设备启动前检查限位块销轴齐全	一岗位
⋯	⋯	⋯	⋯	⋯	⋯	⋯	⋯	⋯	⋯	⋯
6	液压油缸	支撑臂液压缸	油封失效，缸壁磨损	液压油泄漏，工作中无法运动或随负荷变化出现不受控制的快速伸缩	2	3	一般风险	黄	设备使用前空载运行一次检查缸壁、活塞杆，油封完好无泄漏	一岗位

236

续表

序号	管理单元	管理内容	危害因素	风险描述	可能性	后果	风险等级	颜色标识	控制措施	控制岗位
6	液压油缸	支撑臂液压缸座	开裂、变形	导致液缸工作时因受力不匀而变形或飞出	2	3	一般风险	黄	使用前检查支撑臂液压缸座完好无变形	一岗位
		支撑臂液压缸销	缺失、卡死	液缸无法正常工作	2	2	低风险	蓝	检查支撑臂液压缸销完好无缺失	一岗位
		滑靴液压缸	油封失效、缸壁磨损	液压油泄漏,工作中无法运动或随负荷变化出现不受控制的快速伸缩	2	1	低风险	蓝	设备使用前空载运行一次检查缸壁、活塞杆,油封完好无泄漏	一岗位
		滑靴液压缸座	开裂、变形	导致液缸工作时因受力不匀而变形或飞出	2	2	低风险	蓝	使用前检查滑靴液压缸座完好无变形	一岗位
		滑靴液压缸销	缺失、卡死	液缸无法正常工作	2	2	低风险	蓝	检查滑靴液压缸销完好无缺失	一岗位
		V型槽液压缸	油封失效、缸壁磨损	液压油泄漏,工作中无法运动或随负荷变化出现不受控制的快速伸缩	2	2	低风险	蓝	设备使用前空载运行一次检查缸壁、活塞杆,油封完好无泄漏	一岗位
		V型槽液压缸座	开裂、变形	导致液缸工作时因受力不匀而变形或飞出	2	2	低风险	蓝	使用前检查V型槽液压缸座完好无变形	一岗位
		V型槽液压缸销	缺失、卡死	液缸无法正常工作	3	1	低风险	蓝	检查V型槽液压缸销完好无缺失	一岗位
		V型槽翻转液压缸	油封失效、缸壁磨损	液压油泄漏,工作中无法运动或随负荷变化出现不受控制的快速伸缩	2	2	低风险	蓝	设备使用前空载运行一次检查缸壁、活塞杆,油封完好无泄漏	一岗位
		V型槽翻转液压缸座	开裂、变形	导致液缸工作时因受力不匀而变形或飞出	2	2	低风险	蓝	使用前检查V型槽翻转液压缸座完好无变形	一岗位

续表

序号	管理单元	管理内容	危害因素	风险描述	可能性	后果	风险等级	颜色标识	控制措施	控制岗位
6	液压油缸	V型槽翻转液压缸销	缺失、卡死	液缸无法正常工作	3	1	低风险	蓝	检查V型槽翻转液压缸销好无缺失	一岗位
		上料液压缸	油封失效、缸壁磨损	液压油缸泄漏,工作中无法运动或随负荷变化出现不受控制的快速伸缩	2	1	低风险	蓝	设备使用前空载运行一次检查缸壁、活塞杆、油封完好无泄漏	一岗位
		上料液压缸座	开裂、变形	导致液缸工作时因受力不均而变形或飞出	2	2	低风险	蓝	使用前检查上料液压缸座完好无变形	一岗位
		上料液压缸销	缺失、卡死	液缸无法正常工作	2	2	低风险	蓝	检查上料液压缸销完好无缺失	一岗位
		液压油管线	破损	高压工作时出现刺漏,造成人员伤害,设备损坏以及环境污染	3	3	一般风险	黄	设备运转前及每次设备运行前检查,存在严重磨损时及时调整管线位置	一岗位
		液压油管线固定座	破损	液压管线因无法固定而受到过大的应力损坏	4	1	低风险	蓝	设备安装后及运行之前进行检查,发现存在破损或松动时及时更换或紧固	一岗位
…	…	…	…	…	…	…	…	…	…	…

第六章 大修作业活动风险防控

表6-19 设备设施操作危害因素辨识及评价表（油管输送机）

管理单元	管理内容	危害因素	风险描述	可能性	后果	风险等级	颜色标识	风险措施	是否有操作规程	建议措施	控制岗位
启动前检查	液路	液路渗漏液压油	压力不足影响使用，污染环境	2	1	低风险	蓝	(1)管线无破损无断裂；(2)管线连接紧固畅通；(3)使用油品无变质、清洁	否	建立操作规程	一岗位
	底座支腿	支腿有悬空现象	举升操作时举升机晃动严重，油管掉落	2	2	低风险	蓝	支腿无变形开焊落地平稳	否	建立操作规程	一岗位
	管具挡块	管具挡块缺失，油管从滑道中掉出	管具掉落砸坏设备	2	2	低风险	蓝	启动前做好检查固定销固定牢固	否	建立操作规程	一岗位
	滑道对正井口	举升油管时碰撞护栏、钻台	损坏设备	2	1	低风险	蓝	设备摆放位置地面平整坚实；输送机距离钻台外沿3m摆放；滑道与井口位于一条直线上	否	建立操作规程	班长
	控制柜	控制柜距油管输送机过近	损坏设备	2	2	低风险	蓝	将控制柜摆放在距输送机5~10m的位置	否	建立操作规程	一岗位
	接地线	未接地线或接地不合格	接地失效，触电伤害	2	4	一般风险	黄	使用合格的接地极进行接地，确保接地电阻合格	否	建立操作规程	一岗位
启动运行	电机冷却风扇	未启动、线路短路、虚接	油温过高，电机烧毁	2	2	低风险	蓝	(1)检查电机连接线路，风扇叶，壳体无变形；(2)液压油箱油量充足；(3)按键标示清晰	否	建立操作规程	一岗位
	液压安全阀	未验证安全阀有效性	安全阀失效，举起时误操作滑道侧翻，油管掉出砸坏设备	2	2	低风险	蓝	举升油管前空载验证安全阀有效性	否	建立操作规程	一岗位

续表

管理单元	管理内容	危害因素	风险描述	可能性	后果	风险等级	颜色标识	风险措施	是否有操作规程	建议措施	控制岗位
启动与运行	举升	操作时举升机安全距离内无人员停留，观察井口人员站位	管具掉落砸伤人员，碰撞井口人员	2	1	低风险	蓝	（1）举升油管3m内严禁站人，举升油管至钻台时看钻台指挥人员手势；（2）无人指挥时严禁将管具送至钻台内	否	建立操作规程	一岗位
启动与运行	收回	大钩起升管具未完全脱离轨道，操作滑道后退	管具摆动幅度大，撞伤井口人员	2	1	低风险	蓝	（1）操作举升机人员确认管具脱离轨道后再进行收回滑道操作；（2）人员相互配合防止误操作	否	建立操作规程	一岗位
启动与运行	操作	非操作人员操作	人员伤害，设备损坏	2	2	低风险	蓝	非专门操作人员严禁操作油管输送机	否	建立操作规程	一岗位
启动与运行	停止	未及时停机	长时间溢流造成油温过高	2	1	低风险	蓝	超过15min不操作设备应关闭电机	否	建立操作规程	一岗位
停止与保养	管线接头防尘	未装防尘护套	液压油低渗污染环境，灰尘污染油路	2	1	低风险	蓝	拆卸管线后及时安装防尘套	否	建立操作规程	一岗位
停止与保养	液压油	液压油过期或者不足	设备无法正常工作	2	1	低风险	蓝	液压油（牌号）更换周期为2000h；每班检查液压泵，液压管线接头是否有无渗漏，液压油是否充足	否	建立操作规程	一岗位

表 6-20 大修操作规程修改与增补情况

序号	操作规程	责任科室	备注
1	立放井架操作规程	主管装备部门	修改完善
2	NBQ25-380 钻井泵操作保养规程	主管装备部门	修改完善
3	ZJQ300X2 除砂器操作规程	主管装备部门	修改完善
4	ZCQ4 真空除气器操作规程	主管装备部门	修改完善
5	LW450X860 卧式离心机操作规程	主管装备部门	修改完善
6	正压式呼吸器操作保养规程	主管装备部门	修改完善
7	长管呼吸器操作保养规程	主管装备部门	修改完善
8	充气泵操作保养规程	主管装备部门	修改完善
…	……	……	……
18	修井机井架拆装操作规程	主管装备部门	新增
19	SDSSJ-0.3-2.5 管杆输送机安全操作保养规程	主管装备部门	新增
20	SDSSJ-0.5-5 管杆输送机安全操作保养规程	主管装备部门	新增
…	……	……	……

表 6-21 大修作业规程修改与增补情况

序号	操作规程	责任科室	备注
1	勘查现场	质量安全环保科	修改完善
2	搬迁作业	质量安全环保科	修改完善
3	修井机动迁作业	质量安全环保科	修改完善
4	钻台与船型底座安装、拆卸作业	质量安全环保科	修改完善
5	修井机井架立放作业	质量安全环保科	修改完善
6	修井机换大绳作业	质量安全环保科	修改完善
7	二层台逃生装置安装与使用	质量安全环保科	修改完善
8	冲、拔鼠洞作业	质量安全环保科	修改完善
9	洗压井作业	质量安全环保科	修改完善
10	起下钻杆立柱作业	质量安全环保科	修改完善
…	……	……	……
28	修井机滑大绳作业	质量安全环保科	新增
29	清罐作业	质量安全环保科	新增
30	锻铣、套铣作业	质量安全环保科	新增
31	吊卸抽油机	质量安全环保科	新增
…	……	……	……

通过识别发现,新购置油管输送设备未建立操作保养规程,以表6-18及表6-19为依据,由主管装备部门组织制定《SDSSJ-0.5-5管杆输送机安全操作保养规程》。依据单吊卡起钻杆立柱作业施工作业活动危害因素辨识及评价结果,对大修作业规程中"第十七章 起下钻杆立柱作业"部分进行修订,在原有9条的基础上增加2条,修订3条(加粗部分)。修订如下:

> 第十七章 起下钻杆立柱作业
>
> 1 作业准备
> 1.1 各岗位进行起钻前的巡回检查。
> 1.2 二三岗位人员作业前对钻台面进行清理,包括对湿滑介质及钻台的工具的清理。(新增)
> 1.3 操作前详细检查修井机油料、防喷器、液控箱、防碰天车装置、气路系统、指重表、大绳和刹车系统,确保正常。(新增)
> 1.6 二岗、三岗位准备好螺纹脂,钻台手工具齐全。检查吊卡、吊卡保险销、液压钳、B型大钳、应急旋塞阀、旋塞阀扳手和防喷单根,拴好吊卡销子保险绳。调整大钩角度,使凹槽对准钻台坡道方向,锁定固定销。(新增)
> 1.8 将转盘开关手柄锁定,锁死转盘,防止由于误操作转盘手柄使转盘转动而发生事故。(新增)
> 1.9 起下钻时小鼠洞中不得留有单根,盖好小鼠洞口,防止作业人员踩入。
> 1.12 已安装防喷器检查防喷器,确认闸板已经打开。(新增)

注意事项:
(1)全面系统梳理已有的操作规程及作业规程是实施操作规程及作业规程制修订的前提和基础,要重视对已有操作规程及作业规程的梳理和分析。
(2)确定增加、减少和修订的作业及操作项目既要根据当前生产作业活动的实际,又要考虑其长远性,避免因某一项设备或操作的临时或短时调整而删除已有的作业及操作项目,造成对作业及操作规程的反复修改而产生混淆。
(3)操作规程及作业规程制修订和风险控制措施的修改与增补意见要经领导小组审查后批准。

三、岗位HSE职责的修订与完善

形成的大修作业风险防控清单进一步明确了各岗位HSE职责,疏通了各项管理、操作流程,可指导大修队各岗位HSE职责内容的修订完善。大修队岗位职责修改与增补情况见表6-22。

以大修队一岗位岗位HSE职责的修订为例,依据表6-23设备设施管理矩阵及表6-18油管输送机辨识清单、表6-19油管输送机操作辨识清单,对一岗位的岗位说明书进行修订,在工作职责中增加了"负责SDSSJ-0.5-5管杆输送机安装、操作、保养"的内容;在岗位

表 6-22　大修队岗位职责修改与增补情况

序号	岗位工作说明书	责任科室	备注
1	队长岗位工作说明书	人事劳资科	修改
2	指导员岗位工作说明书	人事劳资科	修改
3	副队长岗位工作说明书	人事劳资科	修改
4	技术员岗位工作说明书	人事劳资科	修改
5	大班司机岗位工作说明书	人事劳资科	修改
6	安全员岗位工作说明书	人事劳资科	修改
7	班长岗位工作说明书	人事劳资科	修改
8	副班长岗位工作说明书	人事劳资科	修改
9	一岗位岗位工作说明书	人事劳资科	修订
10	二岗位岗位工作说明书	人事劳资科	修订
11	三岗位岗位工作说明书	人事劳资科	修改
12	小班司机岗位工作说明书	人事劳资科	修改
13	场地工岗位工作说明书	人事劳资科	修订
14	厨师岗位工作说明书	人事劳资科	修改

HSE 职责中增加了"负责 SDSSJ-0.5-5 管杆输送机及所在区域的防污染工作,负责操作期间外来人员的安全提示工作"的内容;在履责的主要工作的第二项"作业中的工作要求"中增加了"5. 下单根作业时,严格按照操作规程使用 SDSSJ-0.5-5 管杆输送机";第四项"设备保养工作"增加了"3. 对 SDSSJ-0.5-5 管杆输送机各部件加注黄油并检查,做好维护保养工作"的内容。大修队一岗位岗位工作说明书见表 6-24。

表 6-23　设备设施管理矩阵

序号	设备名称	岗位								
		班长	副班长	一岗位	二岗位	三岗位	小班司机	大班司机	安全员	厨师
1	修井机运载底盘							√		
9	修井机井架		√					√		
10	修井机游车系统	√	√							
22	撬装泵底盘						√			
23	油管举升机			√			√	√		
24	修井参数仪	√								
…	……	……	……							

表 6-24　大修队一岗位岗位工作说明书

四、工作职责：
1. 副班长不在时，行使其职责；
……
3. 起下作业时，负责二层平台的操作，负责二层平台逃生器、助爬器和防坠落差速器的安装、保养，上下井架使用助爬器和防坠落差速器、负责 SDSSJ–0.5–5 管杆输送机安装、操作、保养。熟练掌握逃生器的使用方法，紧急状态下，能从二层平台逃生；（新增）
……
五、QHSE（交通消防、属地化管理）职责：
1. 参加班组安全活动和班前、班后会；
……
6. 负责本岗位涉及的直梯攀爬保护器、二层台逃生器等安全设施的检查、维护、保养；
7. 负责 SDSSJ–0.5–5 管杆输送机及所在区域的防污染工作，负责操作期间外来人员的安全提示工作；（新增）
……
六、履责的主要工作
（一）作业前的准备工作：
……
（二）作业中的工作要求：
1. 立放井架的排空工作；
……
5. 下单根作业时，严格按照操作规程使用 SDSSJ–0.5–5 管杆输送机；（新增）
6. 做好储液罐的卫生清理工作。
（四）设备保养工作：
3. 对 SDSSJ–0.5–5 管杆输送机各部件加注黄油并检查，做好维护保养工作。（新增）

注意事项：

（1）基层员工的岗位工作说明书包括"工作职责""QHSE 职责"等内容，较全面地对岗位的工作进行了规定，要做到职责清楚、贴近实际，所以在制修订岗位"工作职责""QHSE 职责"时一定要充分考虑现场实际情况，从实际出发。

（2）当作业现场因新增设备等原因影响到岗位时，要明确责任人，综合考虑，及时修订完善岗位职责。

（3）岗位工作说明书的制修订与完善结果要经领导小组审查后批准。

四、岗位巡回检查表的修订与完善

根据设备设施、设备设施操作及施工作业活动新的要求重新梳理各岗位的巡回检查表，结合岗位属地管理职责，重新修订完善岗位巡回检查表。

通过梳理发现在现有的 13 个岗位巡回检查表中未明确"管杆输送机""气动卡瓦"等项目的检查内容，现场论证后将"管杆输送机"及安全带关于检查"缓冲包"等要求增加至一岗位检查表，一岗位 HSE 巡回检查表见表 6-25；二岗位新增了防爆轴流风机及气动卡瓦等巡检内容；为避免一线发生液化气闪燃、闪爆事故，分公司已将所有的液化气炉灶更换为电磁炉，消除了液化气罐带来的风险，故厨师岗位巡回检查表中删除了液化气灶、气瓶，新增了电磁炉等内容。

注意事项：

（1）岗位巡回检查表是检查现场安全的原始记录，也是现场危害因素识别、安全隐患分析与评估、制订风险防控措施的前提和基础。因此，根据操作规程等要求对现场进行逐一检查，并对检查的问题提出落实整改措施、整改时间、整改结果和相应的责任人。

（2）现场检查表的制修订与完善结果要经领导小组审查后批准。

五、应急处置预案和岗位应急处置程序的制修订与完善

1. 梳理现有的应急处置预案

根据已完善的危害因素辨识清单，识别出应急处置预案与实际不符、操作性差的应急处置预案，查找应急处置卡的不足和需要提高的地方，并加以修订和完善，以达到持续改进的目的，提高应急处置预案的科学性、有效性和可操作性。

2. 确定增加、减少和修订的应急处置预案目录

应急处置预案的梳理中，主要从事故灾难、自然灾害、公共卫生、社会安全等四个方面开展。对大修作业现有的 13 个应急处置预案进行了修订，并新增社会安全类的"群体性突发事件应急处置预案"及"恐怖袭击应急处置预案"两个应急处置程序。岗位应急处置预案修订与完善情况见表 6-26。根据修订情况完善了井喷应急处置预案、储液罐着火应急处置预案、溢流、井涌（起下管柱）应急处置预案、污染物泄漏（陆地）应急处置预案、台风风暴潮应急处置预案等 28 个应急处置预案，并根据修订的应急处置预案制定了相对应的应急处置流程图。

修订过程中结合实际对部分应急处置预案进行了细化，如根据工况不同将"溢流井涌应急处置预案"进行了再次的分解，分为"溢流、井涌（起下管柱）应急处置预案""溢流、井涌（起下组合管柱）应急处置预案""溢流、井涌（旋转作业）应急处置预案""溢流、井涌（空井作业）应急处置预案"，细化后的应急预案，对汇报程序、应急程序、人员分工等都进行了明确，见表 6-27。

溢流、井涌（起下管柱）应急处置流程如图 6-8 所示。

表 6-25　大修队一岗一HSE 巡回检查表

岗位负责人：　　　　　　　　　　　　　　　　　　岗位上级责任管理人：　　　　　　　　　　　　　　　　年　　月　　日

检查频次要求	接班前及特殊作业前按照本表内容进行一次检查																		
填写要求：符合：√　异常：□　存在隐患：△　未涉及项：/																			
巡回检查路线	地锚、绷绳→助爬器→安全带→防坠落差速器→逃生器→井架（二层台）→天车→游动滑车→管杆输送机																		
对出现异常和存在隐患的项目要立即报告值班领导																			
	检查内容	检查情况（按岗位实际要求列明检查时机）																	
		1	2	3	4	5	6	7	8	9	10	11	12	…	20	21	22	23	24	25	26	27	28	29	30	31
修井机地锚、绷绳	1. 井架绷绳地锚无松动，周围无积水 ……																									
安全带	2. 安全绳不得严重磨损，打结，缓冲节完好 ……																									
游动滑车	1. 游动滑车的螺栓、销子及护罩齐全紧固，黄油嘴齐全 ……																									
管杆输送机	1. 设备放在平整的地面上，机架部分无悬空歪斜																									
	2. 设备距离钻台位置合适，并目滑道与井口在同一直线上																									
	3. 电路安装板按照对应插头连接正确，紧固																									
	4. 总电源线的一端没有连接外部电源，接好地线																									

续表

检查频次要求	接班前及特殊作业前按照本表内容进行一次检查		填写要求：符合：√ 异常：○ 存在隐患：△ 未涉及项：/																														
巡回检查路线	地锚→绷绳→助爬器→安全带→防坠落差速器→逃生器→井架（二层台）→天车→游动滑车→管杆输送机		对出现异常和存在隐患的项目要立即报告值班领导																														
			检查情况（按岗位实际要求列明检查时机）																														
		检查内容	1	2	3	4	5	6	7	8	9	10	11	12	…	20	21	22	23	24	25	26	27	28	29	30	31
管杆输送机		5.液路的连接处，确保所有接头均已连接完好																										
		6.液压油箱油位正常																										
		7.设备运行时液压站耐震压力表指示压力应该在6MPa～8MPa之间																										
		8.耐震压力表应在有效期																										
		9.控制柜放置在机架旁方便观察设备运转项目便于操作的空地，距离机架不超过10m																										
		10.机架各部位螺栓紧固，保险销齐全，无脏、松、漏、缺现象																										
		11.控制箱内各种仪表完好，灵敏、有效																										
		12.定期对18个黄油润滑点加注黄油																										
		13.检查各液缸、结构部分连接销锁片是否锁紧																										
		14.液压管线拆掉后注意保护接头处清洁，防止杂物进入液压管线造成油路堵塞																										

表 6-26 应急处置预案修订与完善情况

序号	应急处置程序	责任科室	备注
1	溢流、井涌(起下管柱)应急处置预案	生产协调科	修改完善
2	溢流、井涌(起下组合管柱)应急处置预案	生产协调科	修改完善
3	溢流、井涌(旋转作业)应急处置预案	生产协调科	修改完善
4	溢流、井涌(空井作业)应急处置预案	生产协调科	修改完善
5	井喷应急处置预案	生产协调科	修改完善
6	硫化氢泄漏应急处置预案	生产协调科	修改完善
7	野营房着火应急处置预案	生产协调科	修改完善
8	储液罐着火应急处置预案	生产协调科	修改完善
9	人员伤害应急处置预案	生产协调科	修改完善
10	人员触电应急处置预案	生产协调科	修订完善
…	……	……	……
25	人员落水应急处置预案	生产协调科	修订完善
26	闪爆应急处置预案	生产协调科	修订完善
27	污染物泄漏(陆地)应急处置预案	生产协调科	修订完善
28	污染物泄漏(涉海)应急处置预案	生产协调科	修订完善

表 6-27 溢流、井涌(起下管柱)应急处置预案

事件名称	溢流、井涌(起下管柱)应急处置
危害描述	若处置不当诱发井喷、井喷失控,甚至引起火灾、爆炸、人员伤亡,环境污染
应急处置程序	1. 发:坐岗人员或其他人员发现溢流向班长报告,班长发出一声 10s 以上长笛报警信号。 2. 停:各岗停止当前作业,迅速到井控操作位置。 3. 抢:班长、二岗、三岗抢装旋塞阀并用管钳上紧;将吊卡上提距井口 10cm 左右。 4. 开:坐岗人员迅速打开 J3 阀门。 5. 关:班长发出关井信号(两声短笛各 3s)。 (1)液动防喷器,副班长关防喷器半封,二岗关旋塞阀,三岗安装考克、压力表。 (2)手动防喷器:二、三岗立即同步转动锁紧杆关闭防喷器,二岗关旋塞阀,三岗安装考克、压力表。 6. 关:坐岗人员关 J1 阀门试关井,关闭 J2 阀门。 7. 看:二岗和坐岗人员观察油套压力,并测量出口罐增减量。 8. 汇报:值班干部报作业部应急办
应急处置要点	1. 抢装旋塞阀时若井内管柱小于 1000m,旋塞阀下部接防窜短节下入井内。 2. 一岗在二层台上,听到报警信号后立即利用逃生器下至地面,协助关井。 3. 副班长确认防喷器锁紧轴关闭到位,检查井控装备有无渗漏
注意事项	1. 控制关井套压不超过允许最大关井套压。 2. 平板阀开关到位后回旋 1/4 圈~1/2 圈。 3. 信息传递要及时准确,手势规范、标准,严防误操作

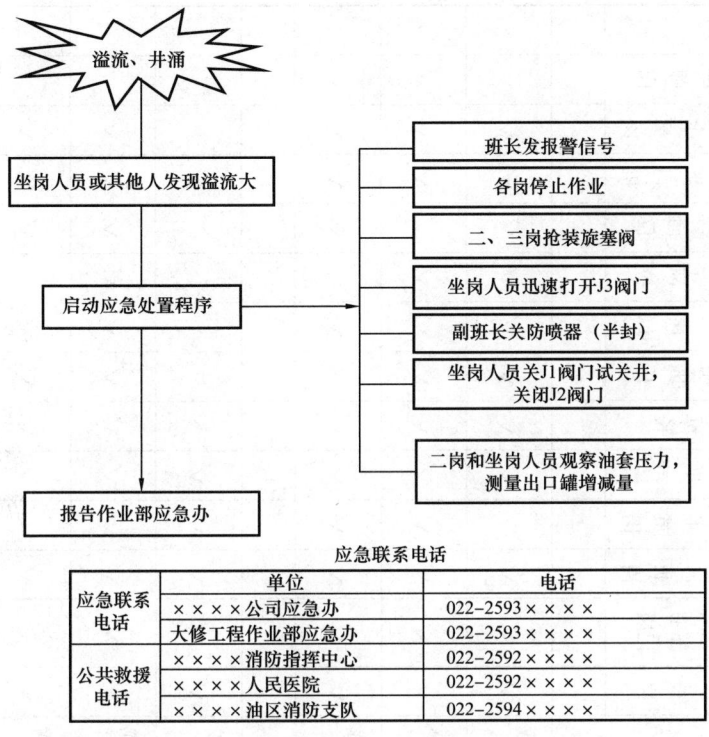

图 6-8　溢流、井涌（起下管柱）应急处置流程图

3. 注意事项

（1）应急预案及其处理程序是事故发生时合适和有效的处理措施，要建立健全各个岗位、设备设施以及各细化管理单元及其操作步骤的应急预案和处理程序，并对岗位员工实施针对性的培训和演练。同时，针对预案和程序中不足之处要及时进行修订与增补，及时完善应急预案与事故处置程序及其细节。

（2）应急预案与处置程序的建立只是应急管理的第一步，重要的是对岗位员工的相关培训和演练，只有做到预案在心、程序在手、熟练记忆和熟练操作，预案和程序在事故发生初期才能真正发挥作用，先期才能控制事故。

（3）应急预案及处置程序的修订与完善结果要经领导小组审查后批准。

六、岗位培训矩阵的完善和培训课件开发

应用危害因素辨识和风险评估的结果，研究完善基层岗位培训矩阵，并将其融入基层培训中。把风险防控成果导入培训矩阵，将涉及各岗位的危害因素、风险与控制措施、应急处置程序等信息纳入基层岗位培训中，制定符合专业生产安全风险防控实际的培训矩阵，编制相关培训课件，由人事部门组织，分批次对一线基层队开展培训工作。

表 6-28 是大修队岗位 HSE 培训矩阵，涵盖大修队 13 个岗位、15 个类别、208 个培训内容的岗位培训矩阵。

表 6-28 大修队基层岗位 HSE 培训矩阵

编号	培训项目	课件编制分配	培训课时	培训周期	培训方式	培训效果	培训师资	1 队长岗	2 党支部书记岗	3 副队长岗	4 技术员岗	5 大班司机	6 班长	7 副班长	8 一岗位	9 二岗位	10 三岗位	11 小班司机	12 安全员岗	13 厨师岗	备注
1	通用安全知识																				
1.4	应急基础知识	质量安全环保科	不限	随时	课堂+现场	掌握	队安全员或培训师	∨	∨	∨	∨	∨	∨	∨	∨	∨	∨	∨	∨	∨	
1.8	"两书一表"应用	质量安全环保科	0.5	1年	课堂+现场	掌握	队安全员或培训师	∨	∨	∨	∨	∨	∨	∨	∨	∨	∨	∨	∨	∨	
1.9	事故事件报告	质量安全环保科	0.5	1年	课堂+现场	掌握	队安全员或培训师	∨	∨	∨	∨	∨	∨	∨	∨	∨	∨	∨	∨	∨	
2	本岗位基本操作技能																				
2.1	搬前准备(勘查现场、计划书、安排)	人事劳资科	0.5	1年	课堂+现场	掌握	队安全员或培训师	∨	∨	∨	∨		∨	∨	∨	∨	∨	∨	∨		
2.2	搬迁作业	生产协调科	0.5	1年	课堂+现场	掌握	队安全员或培训师	∨	∨	∨	∨		∨	∨	∨	∨	∨	∨	∨		
2.2.1	吊装作业(准备、吊装、装车固定)	人事劳资科	0.5	1年	课堂+现场	掌握	队安全员或培训师	∨	∨	∨	∨	∨	∨	∨	∨	∨	∨	∨	∨		
2.2.2	运输、押车	人事劳资科	0.5	1年	课堂+现场	掌握或了解	队安全员或培训师	∨	∨	∨		∨	∨	∨	∨	∨	∨	∨	∨		
2.2.3	卸车	人事劳资科	0.5	1年	课堂+现场	掌握或了解	队安全员或培训师	∨	∨	∨		∨	∨	∨	∨	∨	∨	∨	∨		

续表

编号	培训项目	课件编制分配	培训要求					岗位													备注
			培训课时	培训周期	培训方式	培训效果	培训师资	1 队长岗	2 党支部书记岗	3 副队长岗	4 技术员岗	5 大班司机	6 班长	7 副班长	8 一岗位	9 二岗位	10 三岗位	11 小班司机	12 安全员岗	13 厨师岗	
2.3	修井机动迁作业																				
2.3.1	修井机检查保养(行驶前及途中)	物资装备科	0.5	1年	课堂+现场	掌握	队安全员或班长	√	√	√		√	√	√	√	√	√	√	√		
2.3.2	修井机驻停管理要求	物资装备科	0.5	1年	课堂+现场	掌握或了解	队安全员或培训师	√	√	√		√	√	√	√	√	√	√	√		
2.4	钻台及船型底座安装、拆卸作业																				
2.4.1	钻台基础安装、拆卸作业	物资装备科	0.5	1年	课堂+现场	掌握	队安全员或班长	√	√	√		√	√	√	√	√	√	√	√		
2.4.2	船型底座安装、拆卸作业	物资装备科	0.5	1年	课堂+现场	掌握	队安全员或班长	√	√	√		√	√	√	√	√	√	√	√		
2.4.3	钻台安装、拆卸作业	物资装备科	0.5	1年	课堂+现场	掌握	队安全员或班长	√	√	√		√	√	√	√	√	√	√	√		
2.5	立放井架作业																				
2.5.1	作业准备	物资装备科	0.5	1年	课堂+现场	掌握	队安全员或班长	√	√	√		√	√	√	√	√	√	√	√		
2.5.2	立井架作业	物资装备科	0.5	1年	课堂+现场	掌握	队安全员或班长	√	√	√		√	√	√	√	√	√	√	√		

续表

编号	培训项目	课件编制分配	培训课时	培训周期	培训方式	培训效果	培训师资	岗位													备注
								1 队长岗	2 党支部书记岗	3 副队长岗	4 技术员岗	5 大班司机	6 班长	7 副班长	8 一岗位	9 二岗位	10 三岗位	11 小班司机	12 安全员岗	13 厨师岗	
2.5.3	放井架作业	物资装备科	0.5	1年	课堂+现场	掌握	队安全员或班长	√	√	√		√	√	√	√	√	√	√	√		
2.6	井架逃生装置安装与使用(米特曼)																				
2.6.1	逃生器安装	人事劳资科	0.5	1年	课堂+现场	掌握或了解	队安全员或班长	√	√	√		√	√	√	√	√	√	√	√		
2.6.2	逃生器的检查保养及使用	人事劳资科	0.5	1年	课堂+现场	掌握或了解	队安全员或班长	√	√	√		√	√	√	√	√	√	√	√		
2.6.3	爬井架	人事劳资科	0.5	1年	课堂+现场	掌握或了解	队安全员或班长	√	√	√		√	√	√	√	√	√	√	√		
2.7	冲拔鼠洞作业																				
2.7.1	方钻杆冲鼠洞作业	人事劳资科	0.5	1年	课堂+现场	掌握	队安全员或班长	√	√	√	√	√	√	√	√	√	√	√	√		
2.7.2	拔鼠洞作业	人事劳资科	0.5	1年	课堂+现场	掌握	队安全员或班长	√	√	√	√	√	√	√	√	√	√	√	√		
...	...	...																			

注：培训课时单位为小时(h)。

针对基层岗位常见的 HSE 职责、两书一表、吊索具管理办法、事故事件管理办法、高处作业、起重作业、电气焊（动火）作业等基本的岗位操作为专项进行风险管控系统建立与应用项目的培训，培训类别涵盖通用部分、安全工作制度及解析、基层三标建设、风险管控工作、大修作业规程、设备设施操作保养规程等类别。表 6-29 是大修作业基层岗位风险培训课件清单。

表 6-29 大修作业基层岗位风险培训课件清单

序号	培训类别	培训内容及课件
1	通用部分	企业文化、HSE 职责、两书一表的应用、法律法规等
2	安全工作制度及解析	吊索具管理办法、事故事件管理办法、钻井、井下作业现场污染防控管理办法、HSE "六个评估"管理办法、HSE 个人违章管理办法、动火作业安全管理办法、作业许可管理办法、手持式电动工具安全管理办法、井下作业现场冬防保温及冬季安全生产管理办法、井下作业现场安全用电管理办法等
3	基层三标建设	大修队作业现场 HSE 标准化管理、大修队作业现场 HSE 标准化现场、大修队作业现场 HSE 标准化操作等
4	基层风险管控工具	工作前安全分析、工作循环分析、上锁挂签、安全经验分享、作业许可、启动前安全检查、安全观察与沟通等
5	安全设施管理	现场目视化管理、二层台逃生装置及安全带的使用、消防器材的使用与保养操作、有毒有害气体检测仪的使用与维护、正压式空气呼吸器的使用操作、防爆轴流风机安装及维护保养等
6	高危作业管理	高处作业、起重作业、电气焊（动火）作业、临时用电作业、有限空间作业、挖掘作业、拖物作业等
7	典型案例分析	"10·7"天然气着火事故、川庆"4·22"事故、"10·12"硫化氢中毒事故、"12·23"井喷事故、辽阳石化"11·28"承包商事故等
8	应急基础知识	应急管理的重要性及必要性、应急管理的主要内容与概念、应急管理体系及预案编制、应急演练的组织实施与评估、典型事故案例分析（互动）、大修作业应急处置预案、大修作业应急处置卡等
9	本岗位基本操作技能（作业规程）	勘查现场、搬迁作业、修井机动迁作业、钻台与船型底座安装、拆卸作业、修井机井架立放作业、修井机换大绳作业、修井机滑大绳作业、排摆钻具作业、液压钳安装与使用、冲、拔鼠洞作业、连接拆卸水龙头作业、钻台下拆装防喷器作业、起下钻杆单根作业、起下钻杆立柱作业、打捞作业、活动解卡作业、管柱倒扣作业、套铣磨铣钻塞作业、胀修套管作业、取换套前割井口作业、取换套管作业、锻铣套管作业、套管刮削作业、填砂作业、注水泥塞作业、冲砂作业、清罐作业等
10	本岗位基本操作技能（操作规程）	NBQ25-380 钻井泵操作保养规程、ZJQ300X2 除砂器操作规程、ZCQ4 真空除气器操作规程、LW450X860 卧式离心机操作规程、修井机井架拆装操作规程、SDSSJ-0.3-2.5 管杆输送机安全操作保养规程、SDSSJ-0.5-5 管杆输送机安全操作保养规程等
…	……	……

注意事项：

（1）对岗位员工的培训是风险防控的重要措施，根据大修作业的岗位设置和人员状况，设置相应的培训矩阵、开发相关的培训课程、定期和不定期组织基层进行培训。

（2）在培训课件的开发中要以实际培训的岗位员工为中心，从岗位员工的日常操作和日常工作中的违章案例进行解剖式培训，使培训内容让员工看得见、摸得着、也实践过。

（3）岗位培训矩阵的开发成果要经领导小组审查后批准。

七、风险控制责任分配

根据制订的生产作业活动风险防控措施，按照风险防控工作所需要的资源等，结合企业各管理层次分析，进行责任分级，梳理、分析企业各管理层级与生产作业活动相关的职责，查漏补缺，制修订和完善与生产作业活动直接相关的各管理层级、相关部门的职责。

1. 站队识别风险进行关键责任分配原则

站队是风险识别与评估、风险控制的直接操作者和执行者。要根据大修作业岗位操作和岗位管理的层次分级进行风险识别、评估和风险控制的责任分级和责任分配。其中，各级风险识别与评估结果作为进一步风险控制和风险控制责任分配的主要依据。

主要包括以下几方面：

一是基层操作岗位的风险识别与评估要与运行控制相结合。

在基层岗位操作中识别和评估的一般风险，要视情况考虑在相应的大修生产管理的运行控制文件中，制订相应的风险控制措施。对于常规作业活动中存在的较高及其以上风险必须在相应的操作规程和(或)作业指导书中进行提示，并明确控制措施；非常规作业和特殊施工在相应的作业指导书、计划书和指导卡中进行提示，并明确控制措施。

管理部门识别的涉及管理方面缺陷类的风险要在相应的程序文件、管理制度和(或)管理办法中规定相应的控制措施。对于较高以上的风险将逐项对照修订、完善各类运行控制文件。

二是主管部门要对识别与评估出的基层不可承受风险与管理方案(隐患治理)相结合，重点督办。

通过评价产生的不可承受风险要列入公司重点隐患治理项目并予以重点监控和管理，产生的重大风险将优先考虑制订相应的管理方案，产生的较大风险可采取无费或低费措施进行风险消减。研究开发"危害因素对应管理方案、操作规程等编制修订说明和举例"，规范管理方案的制订。

三是风险识别与评估结果要与应急管理相结合。

要对评估而产生的重大风险制订相应的应急预案及其相应的处置程序，较大风险视情况考虑制订相应的应急预案。

同时，风险分级控制的相关操作和管理岗位对HSE教育培训承担相应层次的实施、管理和监督检查的责任。

通过上述风险识别与评估的分级控制和责任分级管理，建立科学、规范的风险识别、风险评估和控制的风险管理方案。促使岗位员工熟练开展危害因素辨识、有效控制风险、应急处置有效，防止各类安全事故的发生。

2. 注意事项

（1）风险责任的分配要逐级逐岗落实，做到人人操作有责任、层层管理有责任。

（2）风险责任分配要根据条件的变化而及时调整完善，要与危害因素识别、风险分析与评估和风险控制相结合。

（3）风险责任分级分配的结果要经领导小组审查后批准。

第七章　风险防控机制建设的持续改进

第一节　风险防控与其他相关工作的关系

生产安全风险防控工作是以安全风险辨识和管控为基础,从源头上系统辨识风险、分级管控风险,努力把各类风险控制在可接受范围内,杜绝和减少事故隐患。风险防控工作是HSE管理体系建立的基础,是HSE管理体系有效运行的重要抓手,把风险防控工作与基层HSE标准化站队建设、基层岗位培训矩阵的编制和应用、全员安全环保履职能力评估、现场风险警示和告知等相结合,做到关口前移、预防为主。

一、正确处理风险防控与 HSE 管理体系的关系

HSE管理体系是组织管理体系的一部分,用于制定和实施组织的健康、安全与环境方针并管理其业务相关的健康、安全与环境风险。它基于风险管理思维,实施风险识别、分析、控制、监控,在生产活动中落实风险控制措施。

风险防控与HSE管理体系两者是相辅相成、相互递进的关系,风险防控工作是HSE管理体系建立的基础,是管理体系运行的核心。HSE管理体系建立之初,就是要通过风险防控的方法,识别评价企业现状的风险,针对风险落实风险管控目标,用一套科学的系统的方法管控生产过程中的风险。在HSE管理体系运行过程中,无论是哪一级要素,都把过程风险管理作为核心来管理。所以HSE管理体系其本质核心是围绕风险管理开展实施运行的管理系统。而风险防控是基于风险管理的思想和要求,强调的是方法论,提供了一套从识别、评估到防控的风险管理模式。

二、正确处理风险防控与基层站队 HSE 标准化建设的关系

基层站队HSE标准化建设是以强化风险管控为核心,以提升执行力为重点,以标准规范为依据,以达标考核为手段,建立起的基层站队HSE标准化建设工作机制。它的工作原则是,立足基层现场,紧密围绕生产作业活动风险识别、管控和应急处置工作主线,确定重点内容,突出专业要求,明确建设标准,严格达标考核,做到标准简洁明了,操作简便易行。风险防控是基层站队HSE标准化管理的基础和核心,也是目的和手段,是基层风险管理文化的现场展现。两者是相互促进、相互依存的关系。基层站队HSE标准化是建立在风险识别评估的基础上,将岗位风险防控措施纳入基层岗位操作规程、现场检查表、HSE职责、应急

处置卡和矩阵培训(即"五位一体")。将高风险作业纳入非常规作业管理。通过落实"五位一体"的风险措施,也促进了基层站队 HSE 标准化建设的管理标准化、操作标准化和现场标准化。

通过全面辨识风险,夯实标准化工作基础;通过风险分级管控,消除或减少隐患,降低事故发生风险;通过标准化体系规范运行,促进风险防控机制有效实施。

三、正确处理风险防控与应急管理的关系

应急管理是指应对事故灾难类突发事件而开展的应急准备、监测、预警、应急处置与救援和应急评估等全过程管理。针对重大危险源、重要生产装置、重点工程建设项目、要害部位、关键生产环节、危险生产与作业场所、公共聚集场所及重大活动等,开展危害因素辨识和风险评估,制订突发事件应急预案。

风险识别与评估是应急预案编制的前提。预案编制前,需对各种风险进行识别,分析其潜在的危害后果和影响,形成风险分析评估报告;预案编制时,依据风险分析评估报告,对突发事件进行分级,确定相应的预警、响应级别;对预案编制完成后的评审,也要重点评审危害因素分析、风险识别的准确性。

从大的方面来说,应急准备和响应也是风险防控的一个组织部分,是风险失控后,所采取的风险减轻措施。

四、正确处理风险防控与 HSE 履职能力的关系

安全环保履职能力评估,是对员工是否具备相应岗位所要求的安全环保能力进行评估,以确保实现能岗匹配。安全环保履职能力评估内容应突出岗位特点,依据岗位职责和风险防控等要求分专业、分层级确定。领导人员的安全环保履职能力评估内容包括安全领导能力、风险掌控能力、安全基本能力及应急指挥能力等方面。风险掌控能力是作为各级管理人员应具备的基础能力,做好岗位风险防控工作,落实风险防控责任是各级管理人员具备风险掌控能力的评估基础。风险防控是各级干部履行 HSE 职责的核心,是提升履职能力的方法和手段。通过识别岗位的风险,掌握风险管控方法和风险管理工具的应用,促进各级干部安全环保履职能力的提升。

五、正确处理风险防控与培训矩阵的关系

培训矩阵是将培训需求与有关岗位列入同一个表中,以明确说明岗位需要接受的培训内容、掌握程度、培训频率等。通过岗位风险调查,辨识岗位操作中的危害因素,评估风险,并将基层岗位风险防控方法,纳入基层培训矩阵中,通过基层岗位培训提高员工风险防控能力。风险防控工作是基层培训矩阵建立的基础和核心,是基层岗位员工风险防控能力提升的方法和手段。只有通过基层岗位风险识别和评估,将风险防控措施纳入基层培训矩阵中,应用基层培训矩阵的方法,才能提升岗位员工风险防控能力和素质。

六、正确处理风险防控与双重预防机制的关系

双重预防机制是国家重点推行的针对遏制重特大事故,着眼于安全风险的有效管控,紧盯事故隐患的排查治理两个方面的一套系统工作,通过双重预防机制建设,可以有效提升安全生产整体预控能力,夯实遏制重特大事故的工作基础。两者之间是相辅相成、相互促进的关系。安全风险分级管控是隐患排查治理的前提和基础,通过强化安全风险分级管控,从源头上消除、降低或控制相关风险,进而降低事故发生的可能性和后果的严重性。隐患排查治理是安全风险分级管控的强化与深入,通过隐患排查治理工作,查找风险管控措施的失效、缺陷或不足,采取措施予以整改,同时,分析、验证各类危险有害因素辨识评估的完整性和准确性,进而完善风险分级管控措施,减少或杜绝事故发生的可能性。安全风险分级管控和隐患排查治理共同构建起预防事故发生的双重机制,构成两道保护屏障,有效遏制重特大事故的发生。

两者管理目的相同。双重预防机制是构筑防范生产安全事故的两道防火墙。第一道是管风险。以安全风险辨识和管控为基础,从源头上系统辨识风险、分级管控风险,努力把各类风险控制在可接受范围内,杜绝和减少事故隐患;第二道是治隐患。以隐患排查和治理为手段,认真排查风险管控过程中出现的缺失、漏洞和风险控制失效环节,坚决把隐患消灭在事故发生之前。可以说,安全风险管控到位就不会形成事故隐患,隐患一经发现及时治理就不可能酿成事故。要通过双重预防的工作机制,切实把每一项风险都控制在可接受的范围内,把每一个隐患都治理在形成之初,把每一起事故都消灭在萌芽状态。

第二节 风险防控工作存在的困难与问题

一、正确认识风险防控工作存在的困难与问题

1. 风险防控工作开展得不均衡、不全面

主要表现在:一是从当前推进风险防控工作总体来看,各企业风险防控工作基层好于机关、操作好于管理、员工好于干部;二是直线部门参与不够。各企业风险防控工作往往由部门的几名员工各自辨识本部门办公室存在的风险,然后将风险辨识结果进行简单汇总形成风险评估报告,对管理业务的风险辨识不到位,没有体现"管工作、管安全、管风险";三是企业风险防控工作不系统、不科学。有的片面理解安全生产风险管理就是预防和控制人身伤害事故,而对设备事故、自然灾害引发的事故等其他事故类型的风险辨识评估不充分、不全面,甚至没有开展风险辨识评估;四是企业风险防控不深入,导致制订的风险管控措施没有针对性,风险防控工作职责得不到落实,安全风险分级管控难以发挥作用。

2. 风险辨识方法简单、凭经验

主要表现在:一是对基层危害因素的辨识没有有效方法,靠经验、拍脑袋,一些企业在

风险辨识评估过程中,选取的辨识范围过于狭窄,没有覆盖全流程、全区域;二是没有建立危害因素辨识的工作机制,靠突击或者以"大检查"代替危害辨识;三是重点防控风险本应建立在基层单位辨识、评估的基础上,但现实也是由几个人凭经验、拍脑袋,危害因素辨识不全面,风险评估不准确,控制措施不具体,防控责任不落实;四是高危作业风险管控要求执行不严格,未能建立起分类、分级、分层、分专业的风险防控机制。

二、开展风险防控工作的思考与建议

尽管各企业在开展风险防控工作中,存在技术层面和管理层面及认识上的问题,但是我们还应从企业安全管理系统的角度来认识这项工作。风险防控是安全管理的基础,风险防控是做好各项安全工作、预防和避免事故的前提,风险防控工作是企业安全管理的核心。通过开展风险防控工作,从技术、管理、方法和机制建设上提出解决事故预防和控制的思路和方法,从根本上建立识别危害、控制风险、消除隐患、减少亡人事故、遏制重大事故的风险防控模式。

在基层岗位运用科学的方法,自主辨识岗位操作中存在的风险和危害因素,自主评价风险等级,自主控制操作中存在的风险,自主检查日常风险受控状态,形成自辨自评自控自检的"四自"岗位风险过程管控闭环管理工作机制,并通过安全管理科学方法,将风险管控措施融入基层岗位建设中,形成责任机制、操作机制、应急机制、检查机制和培训机制,并将这些机制推广开来,在基层岗位员工行为、现场标准和基础管理上形成中国石油基层班组风险过程管控的安全文化。

第三节 风险防控机制建设和持续改进

加强生产安全风险分级防控工作的关键是将风险防控要求落实到日常工作中,做到关口前移、预防为主,落实风险分层分级的风险防控责任,才能使风险管控更具规范性、操作性。

一、风险防控机制建设内容

按照集团公司组织架构,一般划分为总部、企业、下属单位、车间(站队)、基层岗位五级层级,确定风险防控内容与职责。

1. 总部层面风险防控内容与职责

风险防控主要内容包括借鉴以往事故教训,结合生产实际,确定总部层面具有颠覆性影响的重大风险。

风险防控职责包括:负责统一组织、协调风险防控机制建设;配套完善风险防控的相关制度标准,组织开展培训、指导和评估;为风险防控提供资源保障;组织制订总部层面风险防控方案、重大风险应急协调和响应。

2. 企业层面风险防控内容与职责

风险防控主要内容包括根据业务领域的生产经营活动,针对业务类型、关键装置和重点要害部位,从工艺安全管理、设备设施管理等方面,确定风险防控重点。例如:油气田企业可以从油气井井喷失控,"三高"油气田开发,大型站库、集输管道泄漏及火灾爆炸等方面确定防控重点。

风险防控职责包括:梳理企业内部各管理层级、职能部门、管理环节之间的职能界面,理顺风险管理流程;制订企业风险防控的相关制度;组织开展培训、指导和评估;为风险防控提供必要的资源;负责本企业风险应急协调和响应。

3. 下属单位层面风险防控内容与职责

风险防控主要内容包括从重点队种、关键装置和要害部位、关键岗位操作人员、关键施工作业、建设项目、承包商等方面确定风险防控重点。

风险防控职责包括:在基层风险评估的基础上,确定本单位防控的主要风险;梳理内部各职能部门、管理环节之间的职能界面,理顺风险管理流程;为基层风险防控提供必要的资源投入;组织、协调应急管理。

4. 车间(站队)层面风险防控内容与职责

风险防控主要内容包括:从生产组织、设备设施和关键作业活动等方面确定风险防控重点,包括日常生产活动、临时检维修、交叉作业、非常规作业、高危作业以及运行管理中存在的安全风险。

风险防控职责包括:承担属地安全风险防控责任;按照生产作业环节和操作单元辨识危害、评估风险,制订落实安全环保风险防控措施;负责组织现场应急处置。

5. 基层岗位风险防控内容与职责

风险防控主要内容包括:承担本岗位操作风险的全面防控责任,包括常规作业以及非常规作业中可能存在的岗位操作、设备设施、作业环境(包括承包商及外来人员)等方面的风险。

风险防控职责包括:负责岗位风险防控;按照操作步骤和设备设施辨识危害、评估控制风险;严格执行操作规程;正确处置岗位异常和突发事件。

二、风险防控持续改进的内容

(1)在现有管理架构的基础上,完善组织体系,建立和完善企业负责人、业务主管负责人、直线责任部门、基层生产单位的纵向管理,明确每个管理者的生产安全风险防控责任。

明确生产安全风险防控工作不仅是安全管理部门的职责,更是各职能部门、各单位、各岗位员工共同承担的责任。人事、生产、技术、设备、安全等直接相关部门要按照职责规定,履行直线责任、落实"管工作必须管安全""管业务必须管安全"的要求,从管理源头上管控风险。

强化直线责任，推行和落实生产管理活动的风险管控措施。企业应重视生产管理业务对生产安全风险防控的影响，认真梳理生产管理活动中的非常规作业的管理活动，做好管理风险分析与评估，制定风险管控流程，明确企业各项安全管理制度制修订、作业许可、工艺流程及变更、承包商监督管理以及"四新"安全评估等具体管理措施与责任主体，确定工艺、设备、生产以及安全等各个管理部门的职责范围，分级落实风险管控的直线责任。

（2）完善风险防控制度体系，为风险防控机制建设提供制度保障。

企业生产管理制度是规范企业生产经营行为的准则，也是建立生产安全风险防控机制的重要内容。要制定完善双重预防机制建设的相关制度，落实分层管理、分级防控责任，进一步树立"用制度管人、按程序办事"的理念，让规章制度成为双防机制建设的行动规范。把管理制度规定的职责、工作标准和要求，纳入各部门、各单位业务流程和岗位规范、职责中，作为考核双防机制建设的重要内容和依据，强化管理制度的实施监督，确保管理制度的全面落实。

（3）应用风险防控管理方法和工具，为风险防控机制建设提供技术支撑。

适用的风险防控工具和方法，是做好风险防控工作的基础。企业基层员工适合采用头脑风暴等简便、适用的方法，管理和技术人员适合采用专业技术要求较高的矩阵评估法等。建立起企业实用的风险防控评估标准，使风险评价级别与生产实际相符合。生产作业岗位风险防控措施要重视五个结合，即与岗位职责、操作规程、监督检查、应急处置程序以及教育培训相结合，实现五位一体。即在危害因素辨识、风险分析与评估的基础上，针对操作规程、安全检查表和应急处置程序进行完善。对操作规程要细化，操作步骤要具体、可操作。安全检查表针对不同人员、不同周期要有区别，要根据风险分级和防控措施，规定基层单位领导、班长、岗位员工检查内容和频次等。结合风险，修改完善应急处置程序。生产管理活动风险防控要以非常规作业管理活动的梳理为关注重点，做好管理风险分析，制定风险管控流程，明确非常规作业许可管理、工艺流程及变更管理、承包商监督管理、四新安全评估管理等具体措施与责任主体，分级落实管控责任。

（4）强化风险防控人才培养，为风险防控机制建设人力资源储备。

建立企业风险防控机制，必须强化企业领导人的生产安全风险防控意识和注重培养岗位员工操作技能，提高风险管控能力，使其熟练掌握本专业的生产安全风险防控合规要求，增强其生产安全风险的预防与管控能力。

企业应建立岗位培训矩阵，开展符合岗位基本规定动作的培训，通过培训使岗位员工熟悉不同危害因素所在的生产作业环节与步骤、设备设施部位与部件、作业环境区域与位置，以及事故后果严重程度。培训师队伍建设应以基层单位为主，采取基层单位领导对班组长、班组长对岗位员工，逐步形成一级对一级的层级培训方式。要采取短课时、小范围、多形式的方式，充分利用图片、动画和案例等，增强培训效果，真正提高员工风险防控的技能。

根据双重预防机制建设的需要，从集团公司层面建立起双重预防机制建设培训师培养机制，研究制订培训方案、确定培训内容、编制培训材料，分类分层级开展风险防控业务骨干的培训，确保这些骨干人员熟悉掌握风险管控流程、方法和工作要求，在本单位发挥双重预防机制建设的策划者、培训者、辅导者、推动者的作用。

（5）利用信息化手段，为风险防控机制建设提供技术保障。

双重预防机制建设基于大量风险防控数据，利用信息化手段保障双重预防机制建设尤为重要。要利用信息化手段将安全风险清单和事故隐患清单电子化，建立并及时更新安全风险和事故隐患数据库；要绘制安全风险分布电子图，并将重大风险监测监控数据接入信息化平台，充分发挥信息系统自动化分析和智能化预警的作用；还要利用已有的安全生产管理信息系统和网络综合平台，尽量实现风险管控和隐患排查信息化的融合，避免信息孤岛，提升双重预防机制建设的工作效率和运行效果。

附录　生产安全风险防控有关文件目录

一、国务院安委会、国家安监总局风险防控相关法规、规章

1. 《中共中央、国务院关于推进安全生产领域改革发展的意见》（中发〔2016〕32号）
2. 《国务院办公厅关于印发危险化学品安全综合治理方案的通知》（国办发〔2016〕88号）
3. 《国务院安委会办公室关于印发标本兼治遏制重特大事故工作指南的通知》（安委办〔2016〕3号）
4. 《国务院安委会办公室关于实施遏制重特大事故工作指南构建双重预防机制的意见》（安委办〔2016〕11号）
5. 《国家安全监管总局关于印发非煤矿山领域遏制重特大事故工作方案的通知》（安监总管一〔2016〕60号）
6. 《国家安全监管总局关于印发遏制危险化学品和烟花爆竹重特大事故工作意见的通知》（安监总管三〔2016〕62号）
7. 《国务院办公厅关于印发安全生产"十三五"规划的通知》（国办发〔2017〕3号）
8. 《国务院安委会办公室关于实施遏制重特大事故工作指南全面加强安全生产源头管控和安全准入工作的指导意见》（安委办〔2017〕7号）
9. 中共中央、国务院办公厅印发《关于推进城市安全发展的意见》（中办发〔2018〕1号）
10. 中共中央办公厅、国务院办公厅《地方党政领导干部安全生产责任制规定》（厅字〔2018〕13号）

二、中国石油天然气集团有限公司风险防控相关管理制度

1. 《关于切实抓好安全环保风险防控能力提升工作的通知》（中油安〔2013〕147号）
2. 《关于对有关施工作业升级管理的通知》（安全〔2013〕272号）
3. 《生产安全风险防控管理办法》（中油安〔2014〕445号）
4. 《安全环保事故隐患管理办法》（中油安〔2015〕297号）
5. 《关于进一步强化周末及节假日期间安全生产工作的通知》（中油安〔2015〕325号）
6. 《关于切实做好标本兼治遏制重特大事故的通知》（安委办〔2016〕20号）
7. 《危险化学品安全综合治理实施方案》（安委〔2017〕2号）
8. 《关于强化关键风险领域"四条红线"管控严肃追究有关责任事故的通知》（中油质安〔2017〕475号）

9.《较大及以上安全环保事故隐患问责管理办法(试行)》(安委〔2018〕3号)

10.《关于加强生产安全六项较大风险管控的通知》(安委办〔2018〕12号)

11.《较大安全环保事故隐患判定标准》(质安〔2018〕190号)

12.《关于印发安全环保风险企业分类标准的通知》(质安〔2018〕1117号)

三、标准规范

1. GB/T 6441—1986《企业伤亡事故分类》

2. GB/T 13861—2009《生产过程危险和有害因素分类与代码》

3. GB/T 23694—2013《风险管理 术语》

4. GB/T 24353—2009《风险管理 原则与实施指南》

5. GB/T 27921—2011《风险管理 风险评估技术》

6. GB/T 28001—2011《职业健康安全管理体系 要求》

7. Q/SY 08002.1—2018《健康、安全与环境管理体系第1部分:规范》

8. Q/SY 1805—2015《生产安全风险防控导则》

9. ISO 17776:2000《石油天然气工业—陆上开采装置—危险识别、风险评估方法和技术指南》